자본론
경제학 비판

제2권
자본의 유통과정

제2분책

칼 맑스 **자본론**: 경제학 비판

프리드리히 엥엘스 편   제2권 제2분책

번역: 채만수
발행: 노사과연
표지 디자인: 이규환

등록: 제2021-000036호 (2005. 04. 20.)
주소: 서울시 영등포구 양산로 77, 2층 (우 07255)
전화: (02) 790-1917 | 팩스: (02) 790-1918
이메일: wissk@lodong.org
홈페이지: http://www.lodong.org

제1쇄 발행: 2024년 5월 5일

ISBN 978-89-93852-47-9 04320
    978-89-93852-25-7 (전13권 세트)

*책값은 뒤표지에 있습니다.
*잘못된 책은 바꿔 드립니다.

칼 맑스

자본론
DAS KAPITAL

경제학 비판
Kritik der politischen Ökonomie

제2권
Zweiter Band
(제2분책)
Buch II:

자본의 유통과정
Der Zirkulationsprozeß des Kapitals

Herausgegeben von Friedrich Engels

프리드리히 엥엘스 편
채만수 역

노사과연
노동사회과학연구소 부설

Karl Marx, 1875

일러두기

1. 이 책은 칼 맑스, ≪자본론≫ 제2권의 번역이다. 3권의 분책으로 간행된다.
2. 독일민주공화국(구동독) 독일사회주의통일당(SED) 중앙위원회 부설, 맑스-레닌주의연구소 편 *Karl Marx · Friedrich Engels Werke*(*MEW*), Band 24 (Dietz Verlag, Berlin, 1973)를 대본으로 하고, 영어판(*MECW*, Vol. 35, Progress Publishers, 1956), 일본어판들(마르크스 · 엥엘스전집간행위원회 역, 大月書店판; 사키사카 이츠로 역, 岩波文庫판; 자본론번역위원회 역, 新日本出版社판), 최영철 · 전석담 · 허동 번역판, 김수행 번역판, 조선로동당출판사판(도서출판 백의판) 등을 참고하면서 번역하였다.
3. *MEW*판의 각주들은 페이지별로 각주로, *MEW*편집자의 후주/해설은 후주[ ]로 처리했으며, '역주' 등은 *1, *2 등의 번호를 붙여 페이지별로 처리하였다. 본문 좌 · 우의 숫자와 각 후주 말미 ( ) 속의 숫자는 *MEW*판의 페이지수다.
4. *MEW*판의 독일어 이외의 언어들은 원칙적으로 그것을 병기하였고, 이탤릭체로 강조된 부분은 밑줄로, 굵은 글씨로 강조된 부분은 밑줄과 굵은 글씨로 강조해 두었다.
5. 표기는 한글 맞춤법(특히 '두음법칙'과 관련하여) 및 외래어표기법(특히 경음[硬音]과 관련하여)을 반드시 따르지는 않았다.

*   *   *

오 · 탈자의 교정은 노동사회과학연구소의 회원 동무들이 맡아 주었다. 여기에 감사의 마음을 표한다. – 역자.

칼 맑스

자본론

경제학 비판

제2권
자본의 유통과정

차례

제2권
자본의 유통과정

제2편
자본의 회전

제7장. 회전시간과 회전수	235
제8장. 고정자본과 유동자본	241
제1절. 형태 차이	241
제2절. 고정자본의 구성부분들, 보전, 수리, 축적	259
제9장. 선대 자본의 총회전. 회전순환	280
제10장. 고정자본 및 유동자본에 관한 학설들. 중농주의자들과 애덤 스미쓰	290
제11장. 고정자본 및 유동자본에 관한 학설들. 리카도	336
제12장. 노동기간	358
제13장. 생산시간	373
제14장. 회류시간	388
제15장. 자본선대의 크기에 대한 회전시간의 영향	401
제1절. 노동기간이 유통기간과 동일한 경우	414
제2절. 노동기간이 유통기간보다 큰 경우	420
제3절. 노동기간이 회류기간보다 작은 경우	427

제4절. 결과들 432
  제5절. 가격변동의 영향 441
제16장. 가변자본의 회전 454
  제1절. 잉여가치의 년률 454
  제2절. 개별 가변자본의 회전 475
  제3절. 사회적으로 고찰한, 가변자본의 회전 481
제17장. 잉여가치의 유통 491
  제1절. 단순재생산 498
  제2절. 축적과 확대재생산 528
후주/해설 (537)

제1분책
제1편. 자본의 변태들과 그것들의 순환
- 제1장. 화폐자본의 순환
- 제2장. 생산자본의 순환
- 제3장. 상품자본의 순환
- 제4장. 순환과정의 세 도식
- 제5장. 회류시간
- 제6장. 유통비용

제3분책
제3편. 사회적 총자본의 재생산과 유통
- 제18장. 서론
- 제19장. 대상에 대한 이전의 서술들
- 제20장. 단순재생산
- 제21장. 축적 및 확대재생산

제2편
자본의 회전

제7장
회전시간과 회전수

이미 본 바와 같이, 주어진 한 자본의 총유통시간은 그것의 회류시간(Umlaufszeit)과 그것의 생산시간의 합과 같다. 그것은 자본가치가 일정한 형태로 선대된 순간부터 과정을 진행 중인 자본가치가 동일한 형태로 복귀할 때까지의 기간이다.

자본주의적 생산의 규정적 목적은 언제나 선대된 가치의 증식인바, 이 가치가 자립적인 형태로, 즉 화폐형태로 선대되든, 아니면 상품형태로 선대되고, 그리하여 그 가치형태는 선대된 상품들의 가격 속에 단지 관념적인 자립성을 가질 뿐이든 마찬가지다. 두 경우 모두 이 자본가치는 그것이 순환하는 동안에 상이한 존재형태들을 거쳐 간다. 이 자본가치의 자기 자신과의 동일성은 자본가의 장부 속에서, 혹은 계산화폐의 형태 속에서 확인된다.

형태 G...G′를 보든, 형태 P...P를 보든, 두 형태는 모두, 1. 선대된 가치가 자본가치로서 기능하여 자신을 증식했다는 것, 2.

선대된 가치는, 자신의 과정을 그린 후에 그 과정을 개시한 형태로 복귀했다는 것을 포함하고 있다. 선대된 가치 G의 증식 및 동시에 이 형태(화폐형태)로의 자본의 복귀는 G...G′에서는 명약관화하다. 그러나 두 번째 형태에서도 동일한 일이 일어난다. 왜냐하면, P라는 출발점은 생산요소들의, 즉 주어진 가치를 가진 상품들의 존재이기 때문이다. 이 형태는 가치의 증식(W′와 G′)을 포함하고, 또한 최초의 형태로의 복귀를 포함하는바, 왜냐하면, 제2의 P에서는 선대된 가치가 다시, 그것이 최초에 선대된 생산요소들의 형태를 취하고 있기 때문이다.

이미 앞에서 본 바와 같이, "생산이 자본주의적 형태를 취하고 있으면, 재생산도 그렇다. 자본주의적 생산양식에서는 노동과정이 단지 가치증식과정을 위한 수단으로서만 나타나는 것처럼, 재생산은 오직 선대된 가치를 자본으로서, 즉 자기를 증식하는 가치로서 재생산하기 위한 수단으로서만 나타난다."(제1권, 제21장, S. 588.[*1])

세 형태 I) G...G′, II) P...P 및 III) W′...W′는, 형태 II(P...P)에서는 과정의 갱신, 즉 재생산과정이 실제적으로 표현되어 있지만, 형태 I에서는 단지 가능성으로서만 표현되어 있다는 점에서 구별된다. 그러나 이 두 형태는, 선대된 자본가치— 그것이 화폐로서든, 소재적 생산요소들의 자태로서든 —가 출발점을 이루고, 그리하여 또한 복귀점을 이룬다는 점에서 형태 III과 구별된다. G...G′에서는 복귀는 G′ = G + g이다. 과정이 동일한 규모로 갱신되면, G가 다시 출발점을 이루며, g는 그것에 들어가지 않고, 단지 우리에게 G는 자본으로서 증식되며 그리하여 잉여가치 g를

[*1] [*MEW* 편집자 주] *MEW*, Bd. 23, S. 591[채만수 역, 제1권, 제4분책, pp. 923-924]을 보라.

낳지만, 그것을 자신으로부터 떨쳐냈다는 것을 보여줄 뿐이다. 형태 P…P에서는 생산요소들 P의 형태로 선대된 자본가치가 마찬가지로 출발점을 이룬다. 이 형태는 자본가치의 증식을 포함하고 있다. 단순재생산이 일어나면, 동일한 자본가치가 동일한 형태 P로 자신의 과정을 새로 시작한다. 축적이 일어나면, P′(가치 크기에서 보면, = G′ = W′)가 이제 증대된 자본가치로서 과정을 개시한다. 그러나 이 과정은, 전보다 더 큰 자본가치로써이지만, 다시 최초의 형태의 선대된 자본가치로써 시작된다. 그에 반해서 형태 III에서는 자본가치는, 선대된 자본가치로서 과정을 시작하는 것이 아니라, 이미 증식된 자본가치로서, 즉 상품들의 형태에 있는 전체 부(富)로서 과정을 시작하며, 선대된 자본가치는 단지 이 부의 일부일 뿐이다. 이 마지막 형태[형태 III: 역자]는, 개별자본들의 운동이 사회적 총자본의 운동과의 연관 속에서 파악되는 제3편을 위해서 중요하다. 그러나 그것은, 언제나, 화폐의 형태로서든 상품의 형태로서든, 자본가치의 선대로써 시작되고, 또한 순환하는 자본가치가 언제나 그것이 선대된 형태로 복귀하는 것을 전제로 하는 자본의 회전에 대해서 이용해서는 안 된다. 순환 I과 II 중에서, 잉여가치 형성에 대한 회전의 영향이 주로 주목되는 한에서는 제1의 순환이, 생산물 형성에 대한 그 영향이 주로 주목되는 한에서는 제2의 순환이 고수(固守)되어야 한다.*1

경제학자들은 순환의 상이한 형태들을 구별하지 않았으며, 그것들을 자본의 회전과 관련하여 따로따로 고찰하지도 않았다. 통상적으로 형태 G…G′가 선택되고 있는데, 왜냐하면 이 형태는, 개개의 자본가를 지배하고 있기 때문이고, 화폐가 단지 계산화폐의

---

*1 [역주] "고수되어야 한다(festzuhalten sein)"가 영어판에는, "유용하다(be of service)".

자태로 출발점을 이루는 경우에조차 그가 계산할 때에 그에게 도움이 되기 때문이다. 다른 경제학자들은 생산요소들의 형태에서의 지출로부터 출발하여 환류가 이루어질 때까지를 고찰하는데, 그 경우 환류의 형태에 대해서는, 상품으로인지, 화폐로인지, 전혀 한마디도 없다. 예컨대:

"경제 순환, ... 다시 말해서, 지출될 때부터 환류가 이루어질 때까지의 생산의 전체 경로." (Economic Cycle, ... the whole course of production, from the time that outlays are made till returns are received. In agriculture seedtime is its commencement, and harvesting its ending. — S. P. Newman, "*Elements of Pol. Econ.*", Andover and New York, p. 81.[*1])

다른 경제학자들은 W'(III 형태)로부터 시작한다.

"사업의 세계는 우리가 경제 순환이라고 부르고자 하는 것 속에서 회전하고 있다고 볼 수 있을 것이며, 이 순환은 사업이, 그 순차적인 거래를 통해서, 그것이 출발한 점으로 되돌아옴으로써 한 회전을 완료한다. 그 회전의 시작은 자본가가 그의 자본을 보전(補塡)하는 수익을 획득한 시점부터라고 할 수 있을 것이다. 그 시점부터 자본가는 계속해서 다시 그의 노동자들을 고용하고, 그들 사이에 그들의 생활비를, 아니 오히려 생활비를 지불할(lift) 힘을 임금으로 분배하며, 그가 특히 거래하는 물품들을 완성품으로 획득하고, 이 물품들을 시장에 가지고 가 거기에서 판매하고, 그 수익금으로, 그 기간의 지출 전체를 회수함으로써 일련의 운동의 순환을 종결짓는다." (Th. 차머스(Chalmers), ≪경제학에 관하여(*On Political Economy*)≫, 제2판, 1832, 글라스고우, p. 85.)

[*1] [역주] "경제 순환, ... 지출될 때부터 환류될 때까지 생산의 전체 경로. 농업에서는 파종기(播種期)가 그 순환의 시작이고, 수확이 그 끝이다. — S. P. 뉴먼, ≪경제학 입문≫, [1835], 앤도버 및 뉴욕, p. 81."

개별자본가가 임의의 생산부문에 투하하는 총자본가치가 그 운동의 순환을 다 그리면, 그 자본가치는 다시 그 최초형태에 있으며, 따라서 동일한 과정을 반복할 수 있다. 그 가치가 자본가치로서 영구화되고 증식되려면, 그 자본가치는 그 과정을 반복하지 않으면 안 된다. 개개의 순환은 자본의 생애에서, 단지, 끊임없이 반복되는 한 토막, 따라서 한 기간을 이룰 뿐이다. G…G′라는 주기(週期)의 끝에서는 자본은 다시, 그 재생산과정 또는 가치증식과정이 포함되어 있는 일련의 형태전화를 새로 통과하는, 화폐자본의 형태에 있다. 주기 P…P의 끝에서는 자본가치는 다시, 그 갱신된 순환의 전제를 이루는 생산요소들의 형태에 있다. 자본의 순환은, 개별적인 과정으로서가 아니라, 주기적인 과정으로 규정되면, 자본의 회전이라고 불린다. 이 회전의 지속기간(Dauer)은 그 생산시간과 그 회류시간(Umlaufszeit)의 합에 의해서 주어진다.*1 이 총시간(Zeitsumme)이 자본의 회전시간을 이룬다. 그리하여 그것은 총자본가치의 한 순환주기와 다음의 순환주기 사이의 간격이며, 자본의 생활과정에서의 주기성, 혹은, 다른 말로 하자면, 동일한 자본의 가치증식과정 또는 생산과정의 갱신, 즉 반복의 시간이다.

한 개별자본을 위해서 회전시간을 가속하거나 단축할지도 모를 개인적인 모험을 차치하면, 자본들의 회전시간은 그것들의 투자 영역들이 상이함에 따라 서로 다르다.

노동일이 노동력의 기능에 대한 자연적 도량단위를 이루고 있는 것처럼, 1년은 과정 진행 중인 자본의 회전에 대한 자연적 도량단위를 이루고 있다. 이 도량단위의 자연적 기초는, 자본주의적 생산

---

*1 [역주] 이 문장이 영어판에는, "회전의 지속기간은 그 생산시간과 그 유통시간의 합에 의해서 결정된다."

의 모국(母國)인 온대(溫帶)의 가장 중요한 농작물들(Erdfrüchte)이 해마다의 생산물들이라는 데에 있다.

회전시간의 도량단위로서의 1년을 U, 어떤 특정한 자본의 회전시간을 u, 그 자본의 회전수를 n이라고 하면, $n = \frac{U}{u}$ 이다. 따라서, 예컨대, 회전시간 u가 3개월이라면, $n = {}^{12}/_3 = 4$이고, 이 자본은 1년에 4회전을 수행한다. 즉, 4번 회전한다. $u = 18$개월이라면, $n = {}^{12}/_{18} = {}^2/_3$, 즉 이 자본은 1년에 그 회전시간의 단지 $^2/_3$만을 진행할 뿐이다. 그 회전시간이 만일 수년에 달한다면, 그것은 1년의 배수(倍數)로 계산된다.

자본가에게 있어서는 그의 자본의 회전시간은, 그가 자신의 자본을 증식하여 본래의 자태로 회수하기 위해서 그 자본을 내내 선대해두지 않으면 안 되는 시간이다.

생산과정 및 가치증식과정에 대한 회전의 영향을 더 상세히 연구하기 전에 우리는, 유통과정으로부터 자본에 발아(發芽)하여 자본의 회전 형태에 영향을 끼치는 두 개의 새로운 형태들을 고찰해야만 한다.

제8장
고정자본과 유동자본

제1절 형태 차이

 제1권 제6장[*1]에서 본 바와 같이, 불변자본의 일부는, 그것의 기여로 형성되는 생산물들에 대하여, 그것이 생산과정에 들어갈 때의 일정한 사용형태를 유지한다. 따라서 그것은, 보다 길거나 보다 짧은 기간 동안, 끊임없이 반복되는 노동과정 속에서 동일한 기능을 끊임없이 다시 수행한다. 예컨대, 노동용 건물, 기계 등등, 요컨대, 우리가 <u>노동수단</u>이라는 명칭 하에 총괄하는 모든 것이 그렇다. 불변자본의 이 부분은, 그것이 그 자체의 사용가치와 더불어 그 자체의 교환가치를 잃는 데에 비례하여, 생산물에 가치를 이전한다. 이러한 가치이전, 즉 그러한 생산수단이 협력하여 형성된 생산물로의 그 생산수단의 가치의 이러한 이행(移行)은 평균계산에 의해서 규정된다. 그것은, 그 생산수단이 생산과정에 들어가는 순간부터, 그것이 완전히 마모되고 죽어버려, 동종의 신품에 의해서 대체되거나 재생산되지 않으면 안 되는 순간까지의 그 기능의 평균 지속기간에 의해서 측정되는 것이다.

 불변자본의 이 부분의 — 본래의 노동수단의 — 특성은 따라서

---

*1 [*MEW* 편집자 주] *MEW*, Bd. 23, S. 218.[채만수 역, 제1권, 제2분책, pp. 340-342.]

다음과 같다:

자본의 일부분은 불변자본 즉 생산수단들의 형태로 선대되어 있고, 그것은 이제, 그것이 노동과정에 들어갈 때의 자립적 사용자태를 유지하는 한, 노동과정의 요인들로서 기능한다. 완성된 생산물은, 따라서 생산물 형성요소들(Produktbildner)도 그것들이 생산물로 전화된 한에서는 또한 생산과정으로부터 밀쳐 나와 상품으로서 생산영역으로부터 유통영역으로 넘어간다. 그에 반해서 노동수단들은, 일단 생산영역에 들어간 후에는, 결코 거기를 떠나지 않는다. 그것들의 기능이 그것들을 거기에 단단히 붙잡아두는 것이다. 선대된 자본가치의 일부는, 과정 내에서의 노동수단들의 기능에 의해서 규정되는 이러한 형태에 고정되어 있다. 노동수단이 기능함에 따라서, 그리하여 그것이 마모됨에 따라서 그 노동수단의 가치의 일부는 생산물로 이전되고, 다른 부분은 노동수단에, 그리하여 생산과정에 고정된 채로 있다. 그렇게 고정된 가치는, 그 노동수단이 낡아서 못쓰게 될 때까지, 그리하여 또한 끊임없이 반복되는 일련의 노동과정들에서 생겨나는 다량의 생산물들에 그 가치가 보다 길거나 보다 짧은 기간에 분배돼버릴 때까지, 끊임없이 감소한다. 그러나 그것이 아직 노동수단으로서 작용하는 한, 따라서 동종의 신품에 의해서 필히 대체되어야 하지 않는 한, 불변자본 가치는, 본래 그 노동수단에 고정된 가치의 다른 부분이 생산물로 이전되고 그리하여 상품재고의 구성부분으로서 유통하는 동안, 항상 그 노동수단에 고정된 채로 있다. 노동수단이 더 오래 유지될수록, 즉 그것이 더 서서히 소모될수록, 불변자본 가치는 그만큼 더 오래 이 사용형태에 고정되어 있다. 그러나 노동수단의 내구성의 정도가 어떻든, 그것이 이전하는 가치의 비율은 언제나 그것의 총기능시간에 반비례한다. 같은 가치를 가진 두 개의 기계 중에서 하나는 5년에 걸쳐 마모되고, 다른 하나는 10년에 걸쳐 마모된다면, 같은 기간에 전자는 후자보다 2배의 가치를 이전한다.

자본가치 중 노동수단에 고정된 이 부분도, 다른 모든 부분과 마찬가지로, 유통한다. 무릇 우리가 이미 보았던 것처럼, 자본가치 전체는 끊임없이 유통하고 있고, 그리하여 이러한 의미에서는 모든 자본이 유통하고 있는 자본(zirkulierendes Kapital)이다. 그러나 여기에서 고찰되는 자본부분의 유통은 독특하다. 첫째로, 이 자본부분은, 그 사용형태로 유통하는 것이 아니라, 단지 그 가치만이 유통하며, 더욱이 그 가치가 이 가치부분으로부터, 상품으로서 유통하는 생산물로 이전되는 정도에 따라 점차적으로, 조금씩 유통한다. 노동수단이 기능하는 기간 전체에 걸쳐서 그 가치의 일부는, 그것이 도와서 생산하는 상품들에 대하여 자립적으로 언제나 그 노동수단에 고정된 채로 있다. 이러한 특성에 의해서 불변자본의 이 부분은 고정자본(*fixes Kapital*)이라는 형태를 취한다. 그에 반해서, 생산과정에 선대된 자본의 다른 소재적 구성부분들은 그와는 대조적으로 유동자본(*zirkulierendes oder flüssiges Kapital*)을 형성한다.

생산수단들 중 일부— 즉, 증기기관에 의해서 소비되는 석탄처럼, 노동수단들이 기능하는 동안 그것들에 의해서 소비되는 보조재료들, 혹은 조명용 가스 등등과 같이, 단지 과정을 지원할 뿐인 보조재료 —는 소재적으로는 생산물에 들어가지 않는다. 단지 그 가치가 생산물 가치의 일부분을 형성할 뿐이다. 생산물은 그것 자체가 유통하면서 그 보조재료들의 가치를 유통시킨다. 이 점에서는 보조재료들은 고정자본과 공통적이다. 그러나 그것들이 들어가는 어떤 노동과정에서나 보조재료들은 전부 소비되고, 따라서 새로운 노동과정마다 동종의 신품에 의해서 보전(補塡)되지 않으면 안 된다. 그것들은 기능하는 동안 그 자립적인 사용자태를 유지하지 않는다. 따라서 또한 그것들이 기능하는 동안 자본가치의 결코 어떤 부분도 그것들의 종전의 사용자태, 즉 그것들의 현물형태(Naturalform)에 고정된 채로 있지 않다. 보조재료들의 이 부분은, 소재적으로 생산물에 들어가지 않고, 다만 그 가치의 면에서 생산물 가치에 가치부분으로서 들어갈 뿐이라는 사정, 그리고, 그와 연관되는 것이지만, 이들 소재의 기능이 생산영역의 내부에 단단히 묶여 있다는 사정은 램지(Ramsay)와 같은 경제학자들로 하여금 (고정자본과 불변자본을 혼동하는 동시에) 고정자본이라는 범주를 보조재료들에 적용하도록 오도했다.[*1]

생산수단들 중에서 소재적으로 생산물에 들어가는 부분, 따라서 원료 등은 그렇게 들어감으로써 부분적으로, 나중에 향락수단으로서 개인적 소비에 들어갈 수 있는 형태들을 취한다. 본래적 노동수단들, 즉 고정자본의 소재적 담지자들은 단지 생산적으로만 소비될 뿐이며, 그것들은 그것들이 도와서 형성하는 생산물 즉 사용가치에 들어가지 않고 오히려 그것들이 완전히 마모될 때까지 그 생산물에 대하여 자립적인 자태를 유지하기 때문에, 개인적 소비에 들어갈 수 없다. 운송수단들은 예외이다. 운송수단들이 생산적으로 기능하는 동안에, 따라서 그것들이 생산영역에 머무는 동안에 낳는 유용효과, 즉 장소 변경은 동시에, 예컨대, 여행자의 개인적 소비에 들어간다. 여행자는, 그가 다른 소비수단들의 사용에 대하여 대금을 치르듯이, 그 사용에 대해서도 대

[*1] [MEW 편집자 주] MEW, Bd. 26.3[《잉여가치학설사》, 제3분책], S. 320-322*를 보라. (* [역주] MEW, Bd. 24에는 "S. 323-325"로 되어 있으나, 新日本出版社 판의 역주 덕택에 MEW, Bd. 26.3의 해당 쪽들을 확인하여 수정했다.)

금을 치른다. 이미 본 바와 같이, 예컨대, 화학공업에서는 원료와 보조재료는 서로 뒤섞여 [그 구별이: 역자] 불분명해진다.[*1] 노동수단과 보조재료와 원료도 그렇다. 예컨대, 농업에서는 토지개량에 쏟아부은 소재들이 부분적으로 식물생산물에 생산물 형성자로서 들어간다. 다른 한편에서는, 그들 소재의 작용은 어떤 보다 장기간에 걸쳐서, 예컨대, 4-5년에 걸쳐서 분배된다. 그리하여 그것들의 일부분은 소재적으로 생산물에 들어가고, 그럼으로써 동시에 그 가치를 생산물에 이전하는 반면에, 다른 일부분은 그것의 원래의 사용형태 속에 그 가치 역시 고정시킨다. 이 부분은 생산수단으로서 존속하며, 그리하여 고정자본의 형태를 취한다. 역축(役畜)으로서는 소는 고정자본이다. 잡아먹히게 되면, 그것은 노동수단으로서 기능하지 않고, 따라서 또한 고정자본으로서도 기능하지 않는다.

생산수단들에 투하된 자본가치의 일부분에 고정자본이라는 성격을 부여하는 규정은, 오로지, 이 가치가 유통하는 독특한 양식에 있다. 이 특유한 유통양식은, 노동수단이 자신의 가치를 생산물에 이전하는, 혹은 생산과정 중에 가치형성자로서 행동하는 특유한 양식으로부터 유래한다. 그리고 이 양식 그 자체는 또한 노동과정에서 노동수단들이 기능하는 특수한 방식으로부터 유래한다.

알다시피, 어떤 노동과정으로부터 생산물로서 나오는 그 동일한 사용가치가 다른 노동과정에 생산수단으로서 들어간다. 오직 어떤 생산물의, 생산과정에서의 노동수단으로서의 기능만이 그 생산물을 고정자본이게끔 한다. 그에 반해서 그것 자체가 어떤 과정으로부터 겨우 나오는 것만으로는, 그것은 결코 고정자본이

[*1] [*MEW* 편집자 주] *MEW*, Bd. 23, S. 196[채만수 역, 제1권, 제2분책, p. 305]을 보라.

아니다. 예컨대, 기계는, 기계 제조업자의 생산물 혹은 상품으로서는, 그의 상품자본에 속한다. 구매자, 즉 그것을 생산적으로 충용하는 자본가의 수중에서 그것은 비로소 고정자본이 된다.

다른 모든 사정이 동일하다면, 노동수단의 고정성의 정도는 그 내구성의 정도에 따라서 증대한다. 즉, 노동수단에 고정된 자본가치와, 이 가치크기 중에서 반복되는 노동과정 속에서 노동수단이 생산물에 이전하는 부분 간의 차이의 크기는 이 내구성에 달려 있다. 이러한 가치이전이 완만히 일어나면 완만히 일어날수록 — 그리고 가치는 동일한 노동과정이 반복될 때마다 노동수단으로부터 이전된다 —, 고정된 자본은 그만큼 더 크다. 즉, 생산과정에서 사용되는 자본과 생산과정에서 소비되는 자본 간의 차이는 그만큼 더 크다. 이 차이가 사라져버리자마자, 그 노동수단은 수명을 다했고, 그 사용가치와 더불어 그 가치를 상실해 버렸다. 그것은 더 이상 가치의 담지자이기를 그만둔 것이다. 노동수단은, 불변자본의 다른 어떤 소재적 담당자와 마찬가지로, 오직 그것이 그 사용가치와 더불어 그 가치를 상실하는 정도에 따라서만 생산물에 가치를 이전하기 때문에, 그 사용가치를 완만하게 잃어가면 완만하게 잃어갈수록, 즉 그것이 생산과정에 오래 존속하면 오래 존속할수록, 불변자본이 그것 속에 고정되어 있는 기간이 그만큼 더 길어진다는 것은 명백하다.

본래적 의미에서는 결코 노동수단이 아닌 어떤 생산수단, 예컨대, 보조재료·원료·반제품 등이, 가치이전과 관련하여, 그리하여 그 가치의 유통양식과 관련하여, 노동수단과 같은 상황에 있다면, 그것도 마찬가지로 고정자본의 소재적 담지자, 즉 고정자본의 존재형태이다. 이는, 그 작용이 비교적 많은 생산기간 혹은 수년에 미치는 화학적 성분들을 토지에 쏟아붓는, 이미 언급한 토지개량과 같은 경우이다. 여기에서는 아직 가치의 일부가, 어떤 다른 가치부분은 생산물에 이전되어 있고, 그리하여 그 생산물과 더불어 유통하고 있는 반면에, 그 생산물과 나란히 그 자립적인 자태로, 즉 고정자본의 자태로 존속한다. 이 경우에는, 고정자본의 한 가치부분이 생산물에 들어갈 뿐만이 아니라, 이 가치부분이 존재하는 사용가치, 즉 물질(Substanz)도 역시 생산물에 들어간다.

근본적인 오류— 고정자본과 유동자본이라는 범주들과, 불변자본과 가변자본이라는 범주들의 혼동 —를 차치하면, 경제학자들의 경우 종래의 개념 규정에서의 혼란은 무엇보다도 우선 다음과 같은 점들에 기인한다:

사람들은, 예컨대, 가령 가옥의 물리적 부동성(不動性)과 같은, 소재적으로 노동수단들에 속하는 일정한 속성들을 고정자본의 직접적 속성들이라고 한다. [하지만] 그 경우 그 자체로서 역시 고정자본인 다른 노동수단들이, 예컨대, 가령 선박의 물리적 가동성(可動性)과 같은, 반대의 속성을 갖는다는 것은 언제나 쉽게 지적할 수 있다.

또는 사람들은, 가치의 유통에서 생기는 경제적 형태규정성을 물적(物的) 속성과 혼동한다. 그 자체로서는 무릇 자본이 아니고, 단지 일정한 사회적 관계 속에서만 자본이 되는 물건들이 마치 <u>그 자체로서</u> 그리고 천성적으로 이미 어떤 일정한 형태의 자본, 즉 고정자본이나 유동자본일 수 있는 것처럼 혼동하는 것이다. 제1권, 제5장[*1]에서 본 바와 같이, 생산수단들은, 노동과정이 어떠한 사회적 조건들 하에서 진행되든 상관없이, 어떤 노동과정

---

*1 [*MEW* 편집자 주] *MEW*, Bd. 23, S. 192–196.[채만수 역, 제1권, 제2분책, pp. 297–305.]

에서나 노동수단과 노동대상으로 나누어진다. 그러나 자본주의적 생산양식 내부에서 비로소 이 양자는 자본으로 되고, 더욱이 전편(前篇)에서 규정된 것과 같은 "생산자본"으로 된다. 그와 더불어, 노동수단과 노동대상이라는, 노동과정의 본성에 기초한 구별이 고정자본과 유동자본의 구별이라는 새로운 형태로 반영된다. 이에 의해서 비로소 노동수단으로서 기능하는 물건이 고정자본으로 된다. 만일 어떤 물건이 그 소재적 속성들에 따라 노동수단의 기능 이외에 다른 기능들에도 이용될 수 있다면, 그것은, 그 기능이 다름에 따라서, 고정자본이거나, 고정자본이 아니다. 가축은 역축으로서는 고정자본이며, 비육가축(肥肉家畜)으로서는 결국엔 생산물로서 유통에 들어가는 원료이고, 따라서 고정자본이 아니라 유동자본이다.

어떤 생산수단은 반복되는, 그러나 서로 연결되어 있고 연속적이며 그리하여 하나의 생산기간— 다시 말해서, 생산물을 완성하기 위해서 필요한 총생산시간 —을 형성하는 노동과정들에 비교적 장기간 고정되어 있어, 전적으로 고정자본과 마찬가지로 자본가에게 보다 길거나 보다 짧은 기간의 선대를 요구하는데, 그러나 비교적 장시간 그렇게 고정되어 있다고 해서 그것만으로써는 그의 자본을 고정자본으로 만드는 것은 아니다. 예컨대, 씨앗은 결코 고정자본이 아니며, 대략 1년 동안 생산과정에 고정되어 있는 원료일 뿐이다. 모든 자본은, 그것이 생산자본으로서 기능하는 한, 생산과정에 고정되어 있고, 따라서 생산자본의 모든 요소들 역시, 그 소재적 자태와 그 기능, 그 가치의 유통양식이 어떻든, 생산과정에 고정되어 있다. 생산과정의 종류나 소기(所期)의 유용효과에 따라, 이렇게 고정되어 있는 것이 보다 오래 지속되는가, 아니면 보다 짧게 지속되는가는 고정자본과 유동자본의 구

별을 야기하지 않는다.[20]

일반적인 노동조건들을 포함한 노동수단들의 일부는, 예컨대, 기계들처럼, 노동수단으로서 생산과정에 들어가자마자, 혹은 생산적 기능을 위해서 준비되자마자, 장소적으로 고정된다. 또는, 예컨대, 토지개량들·공장건물들·용광로들·운하들·철도들 등처럼, 처음부터 이러한 고정된, 장소에 결박된 형태로 생산되기도 한다. 노동수단이, 그것이 기능해야 할 생산과정에 지속적으로 결박되어 있는 것은 이 경우에는 동시에 그 노동수단들의 감성적[*1] 존재양식에 의해서 요구되어 있다. 다른 한편에서는 어떤 노동수단은, 기관차·선박·역축 등처럼, 끊임없이 물리적으로 장소를 변경하고, 움직일 수 있으며, 그럼에도 불구하고 끊임없이 생산과정에 있을 수 있다. 전자의 경우, 부동성이 노동수단에 고정자본의 성격을 주는 것도 아니고, 후자의 경우, 가동성이 노동수단으로부터 노동수단의 성격을 박탈하는 것도 아니다. 하지만, 노동수단들이 토지에 단단히 뿌리를 박고 장소적으로 고정되

---

20 고정자본과 유동자본을 규정하는 어려움 때문에, 로렌츠 쉬타인(Lorenz Stein)* 씨는, 이 구별은 단지 설명을 보다 쉽게 하기 위한 것일 뿐이라고 여기고 있다.

* [역주] 로렌츠 쉬타인(Lorenz von Stein, 1815-1890) — 독일의 역사가, 국가학자, 경제학자. 헤겔 우파. 킬대학교(Universität Kiel)의 철학 및 국가법 교수. 新日本出版社판 역주에 의하면, "헤겔 철학에서 출발한 독일의 행정학자, 경제학자. 독일 재정학과 사회정책론의 선구자. 그의 ≪현대 프랑스의 사회주의와 공산주의(*Der Sozialismus und Kommunismus des heutigen Frankreich*)≫(1842)는 지식인층에 영향을 주었다. 맑스는 ≪경제학 비판을 위하여(*Zur Kritik der Politischen Ökonomie*)≫[S. 16.]에서 그의 저작 ≪국가학 체계(*System der Staatswissenschaft*)≫(전2권, 1852, 1857), 제1권 (*Statistik*)의 재화론(財貨論, 'Gütern')을 혹심하게 비판했고, 엥엘스는 '아는 체하는 공론가(klugtuender Spekulant)'[*MEW*, Bd. 13, S. 469.]라고 평했다."

*1 [역주] "감성적(sinnlich)"이 영어판에는, "물질적(physical)".

어 있다는 사정은 고정자본의 이 부분에 국민경제에서의 독특한 역할을 할당한다. 그것들은 외국으로 보내질 수 없고, 상품으로서 세계시장에서 유통할 수 없다. 이 고정자본의 소유명의(所有名義)는 바뀔 수 있고, 이 고정자본은 매매될 수 있으며, 그러한 한에서는 관념적으로 유통할 수 있다. 이 소유명의는, 예컨대, 주식의 형태로 심지어 외국의 시장들에서 유통할 수 있다. 그러나 고정자본의 이런 류의 소유자들인 인물의 교체에 의해서 한 나라에서의 부(富)의 가동적 부분에 대한, 그 나라의 부의 부동적이고 물질적으로 고정된 부분의 비율이 바뀌는 것은 아니다.21

고정자본의 독특한 유통으로부터 독특한 회전이 나온다. 고정자본이 마모에 의해서 그 현물형태에서 상실하는 가치부분은 생산물의 가치부분으로서 유통한다. 생산물은 그 유통을 통해서 상품으로부터 화폐로 전화되고, 따라서 생산물에 의해서 유통되는 노동수단의 가치부분도 또한 화폐로 전화되며, 더욱이 그 가치는, 이 노동수단이 생산과정에서 가치의 담지자가 아니게 되는 것과 같은 비율로 유통과정으로부터 화폐로서 방울져 떨어진다. 따라서 노동수단의 가치는 이중의 존재를 획득한다. 그 가치의 일부는 여전히 생산과정에 속해 있는 노동수단의 사용형태 즉 현물형태에 결박된 채로 있고, 다른 일부는 그 형태로부터 화폐로서 분리된다. 노동수단의 기능이 진행됨에 따라서 현물형태로 존재하는, 노동수단의 가치부분은 끊임없이 감소하는 반면에, 화폐형태로 변환된 그것의 가치부분은, 노동수단이 결국 수명을 다하여 그 총가치가 그 사체(死體)로부터 분리되어 화폐로 전화되어 버릴 때까지 끊임없이 증가한다. 여기에 생산자본의 이 요소의 회전의 특징이 나타난다. 이 요소의 가치의 화폐로의 전화는 그

---

21 여기까지는 원고 IV. — 여기에서부터는 원고 II에서.

가치의 담지자인 상품의 화폐로의 용화(蛹化, Geldverpuppung)[*1]와 같은 보조(步調)로 진행된다. 그러나 화폐형태로부터 사용형태로의 그것의 재전화는 그밖의 생산들로의 상품의 재전화와 분리되며, 오히려 그 자신의 재생산기간에 의해서, 다시 말하면, 그 노동수단이 다 소모되어 동종의 다른 제품에 의해서 대체되지 않으면 안 되는 기간에 의해서 규정된다. 가령 10,000파운드 스털링의 가치를 가진 어떤 기계의 기능기간이, 예컨대, 10년이라면, 그 기계에 처음 선대된 가치의 회전시간은 10년이다. 이 기간이 만료되기 전에는 그 기계는 갱신될 필요가 없고, 그 현물형태로 계속 작용한다. 그 동안에 기계의 가치는, 그 기계를 이용하여 계속적으로 생산되는 상품들의 가치부분으로서 조금씩 유통하고, 마침내 10년의 끝에 이르러 그 가치가 전부 화폐로 전화될 때까지 그렇게 서서히 화폐로 변환되어, 화폐로부터 기계로 재전화되어 있고, 그리하여 그 회전을 완수했다. 이러한 재생산시간에 도달할 때까지 이 기계의 가치는 우선 화폐준비금의 형태로 서서히 축적된다.

생산자본의 나머지 요소들은, 일부는 보조재료들과 원료들로 존재하는 불변자본의 요소들로 구성되어 있고, 일부는 노동력에 투하된 가변자본으로 구성되어 있다.

노동과정 및 가치증식과정의 분석(제1권, 제5장)이 입증한 것처럼, 이들 상이한 구성부분들은 생산물형성자로서 그리고 가치형성자로서 전적으로 상이(相異)하게 작용한다(sich verhalten). 불변자본 가운데 보조재료와 원료로 이루어지는 부분의 가치는 — 노동수단으로 이루어지는 불변자본 부분의 가치와 전적으로

[*1] [역주] 참고로, "자신의 가치형태 속에서는 상품은, 자신의 자연발생적인 사용가치의 모든 흔적과 그것이 유래한 특수한 유용노동의 모든 흔적을 벗어버리고, 무차별적 인간노동의 균일한 사회적 체현물로 용화(蛹化)한다."(*MEW*, Bd. 23, S. 123-124.[채만수 역, 《자본론》, 제1권, 제1분책, p. 185.]

마찬가지로 — 생산물의 가치에 단지 이전된 가치로서 다시 나타나는 데에 반해서, 노동력은 노동과정을 매개로 그 가치의 등가를 생산물에 부가한다. 즉, 그 가치를 현실적으로 재생산한다. 나아가서, 보조재료의 일부, 즉 연료용 석탄, 조명용 가스 등은, 소재적으로 생산물에 들어가지 않고, 노동과정에서 모두 소비되어 버리는 반면에, 보조재료의 다른 부분은 물체적으로 생산물에 들어가 생산물의 실체의 재료가 된다. 하지만 이러한 모든 상이함은 유통에 대해서는, 그리하여 또한 회전양식에 대해서는 아무런 상관이 없다. 보조재료와 원료가 생산물의 형성에 전부 소비되는 한, 그것들은 그것들의 가치 전체를 생산물에 이전한다. 그리하여 그 가치도 또한 전부 그 생산물을 통해서 유통하여, 화폐로 전화되고, 화폐로부터 상품의 생산요소들로 재전화된다. 이 가치의 회전은, 고정자본의 회전처럼 중단되지 않고, 그 형태들의 순환 전체를 계속해서 통과해서, 생산자본의 이들 요소는 끊임없이 현물로(in natura) 갱신된다.

노동력에 투하되는, 생산자본의 가변적 구성부분과 관련해서는, 노동력은 일정한 시간 동안 구매된다. 자본가가 노동력을 구매하여 생산과정에 합체시키자마자, 그 노동력은 그의 자본의 한 구성부분, 그리고 그것도 그의 자본의 가변적 구성부분을 이룬다. 노동력은 매일 일정한 시간 동안 작용하여, 그 동안에 그 노동력의 하루가치 전체뿐만이 아니라, 우리가 여기에서는 우선 도외시하는, 여분의 잉여가치 또한 생산물에 부가한다. 노동력은, 예컨대, 한 주일 동안 구매되어 작용을 다 하고 나면, 관습적인 기간 내에 그 구매가 끊임없이 갱신되지 않으면 안 된다. 노동력이 그 작용 중에 생산물에 부가하는, 그리고 생산물의 유통과 함께 화폐로 전화되는, 노동력의 가치의 등가는, 연속적인 생산의 순환이 중단되지 않으려면, 끊임없이 화폐로부터 노동력으로 재전화되지 않으면 안 된다. 즉, 끊임없이 그 형태들의 완전한 순환을 그리지 않으면, 다시 말해서, 회전하지 않으면 안 된다.

따라서 생산자본 가운데 노동력에 선대된 가치부분은 그 전체가 생산물에 이전되어(우리는 여기에서도 계속 잉여가치는 도외시한다), 유통과정에 속하는 두 개의 변태를 그 생산물과 함께 그리며, 이 끊임없는 갱신에 의해서 언제나 생산과정에 합체된 채로 있다. 따라서 노동력이 그밖의 점에서, 즉 가치형성과 관련하여, 고정자본을 형성하지 않는, 불변자본 구성부분들과 아무리 다르게 작용하더라도, 노동력의 가치의 이러한 순환 양식은, 고정자본과 달리, 고정자본을 형성하지 않는, 불변자본 구성부분들과 공통적이다. 생산자본의 이 구성부분들— 생산자본 가운데 노동력에 그리고 고정자본을 형성하지 않는 생산수단들에 투하된 가치부분들 —은 그것들에 공통적인 이러한 회전의 성격에 의해서 고정자본에 유동자본(*zirkulierendes* oder *flüssiges* Kapital)으로서 대립된다.

이전에 본 바와 같이,[*1] 자본가가 노동력을 사용하는 대가로 노동자에게 지불하는 화폐는, 실제로는 노동자의 필요 생활수단에 대한 일반적 등가형태에 불과하다. 그러한 한에서는, 가변자본은 소재적으로 생활수단들로 구성되어 있다. 그러나 회전을 고찰하는 여기에서는 형태가 문제이다. 자본가가 구매하는 것은, 노동자의 생활수단들이 아니라, 그의 노동력 자체이다. 자본가의 자본의 가변적 부분을 구성하는 것은, 노동자의 생활수단들이 아니라, 그의 활동하고 있는 노동력이다. 자본가가 노동과정에서

---

*1 [*MEW* 편집자 주] *MEW*, Bd. 23, S. 181-191.[채만수 역, ≪자본론≫ 제1권, 제2분책, pp. 278-296.]

생산적으로 소비하는 것은 노동력 그 자체이지 노동자의 생활수단들이 아니다. 생활수단들을 노동력으로 재전화하기 위해서, 즉 자신의 생존을 유지하기 위해서 자신의 노동력의 대가로 받은 화폐를 생활수단들로 전환하는 것은 노동자 자신인바, 이는, 예컨대, 자본가는 화폐를 받고 판매하는 상품의 잉여가치의 일부를 그 자신을 위해서 생활수단들로 전환하는 것과 전적으로 마찬가지이며, 그렇다고 해서 사람들이 그의 상품의 구매자가 그에게 생활수단들로 지불했다고는 말하지 않을 것이다. 노동자에게 그의 임금의 일부가 생활수단들로, 즉 현물로(in natura) 지불되더라도, 이것은 오늘날에는 제2의 거래(Transaktion)이다. 노동자는 자신의 노동력을 어떤 일정한 가격에 판매하는 것이며, 이 경우 그는 이 가격의 일부를 생활수단들로 받는다는 것이 협정되는 것이다. 이것은 단지 지불의 형태만을 변경시킬 뿐이며, 그가 현실적으로 판매하는 것은 그의 노동력이라는 사실을 변경시키는 것은 아니다. 그것은, 더 이상 [노동력의 판매자로서의: 역자] 노동자와 [노동력의 구매자로서의: 역자] 자본가 사이에서가 아니라, 상품의 구매자로서의 노동자와 상품의 판매자로서의 자본가 사이에서 일어나는 제2의 거래인 반면에, 제1의 거래에서는 노동자는 상품(그의 노동력)의 판매자이고, 자본가는 그것의 구매자이다. [제2의 거래는: 역자] 자본가가 자신의 상품을 상품에 의해서, 예컨대, 그가 제철소에 판매하는 기계를 철에 의해서 보전(補塡)하게 하는 경우와 전적으로 마찬가지이다. 따라서 고정자본과 반대로 유동자본이라는 규정을 획득하는 것은 노동자의 노동수단들이 아니다. 그것은 또한 그의 노동력도 아니고, 생산자본 가운데 노동력에 투하된 가치부분이며, 이 가치부분이 그 회전의 형태에 의해서 불변자본의 몇몇 구성부분들과 공통으로, 그리고 다른 부분들과는 반대로 이러한 성격을 획득한다.

유동자본의 가치— 노동력과 생산수단들 속의 —는, 단지, 고정자본의 크기에 의해 주어진 생산의 규모에 따라 생산물이 완성되는 시간 동안만 선대된다. 이 가치는 전부 생산물로 들어가며, 따라서 생산물의 판매에 의해서 전부 다시 유통으로부터 복귀하여 다시 새롭게 선대될 수 있다. 자본의 유동적 구성부분이 그 안에 존재하는 노동력과 생산수단들은, 완성 생산물의 형성과 판매를 위해 필요한 범위에서 유통으로부터 인출되는데, 그러나 그것들은 끊임없이 재구매에 의해서, 즉 화폐형태로부터 생산요소들로의 재전화에 의해서 보전(補塡)·갱신되지 않으면 안 된다. 그것들이 시장으로부터 한번에 인출되는 량은 고정자본의 요소들보다 적지만, 그것들은 그만큼 더 빈번하게 시장으로부터 인출되지 않으면 안 되며, 그것들에 투하되는 자본의 선대는 보다 더 짧은 기간에 갱신된다. 이 끊임없는 갱신은, 그것들의 총가치를 유통시키는, 생산물의 끊임없는 매매(Umsatz)에 의해서 매개된다. 마지막으로, 그것들은, 그 가치상으로만이 아니라, 그것들의 소재적 형태에서도, 부단히 변태들의 순환 전체를 그리며, 그것들은 상품으로부터 동일한 상품의 생산요소들로 끊임없이 재전화된다.

노동력은, 그 자신의 가치와 더불어, 부불노동의 화신(化身)인 잉여가치를 생산물에 끊임없이 부가한다. 따라서 이 잉여가치도, 완성 생산물의 다른 가치요소들과 마찬가지로, 완성 생산물에 의해서 끊임없이 유통되어 화폐로 전화된다. 하지만, 문제는 우선 자본가치의 회전이지, 그것과 함께 동시에 회전하는 잉여가치가 아닌 여기에서는 후자는 당분간 도외시할 것이다.

지금까지의 논의로부터 다음과 같은 결론이 나온다:

1. 고정자본 및 유동자본이라는 형태 규정들은 오직 생산과정에서 기능하는 자본가치, 즉 <u>생산자본</u>의 회전의 차이에서만 생길 뿐이다. 회전의 이러한 차이는 그 또한 생산자본의 상이한 구성부분들이 자기의 가치를 생산물에 이전하는 방식의 차이에서 생기는 것이며, 생산물가치의 생산에서의 그것들의 몫(Anteil)의 차이나 가치증식과정에서의 그것들의 특징적 작용(Verhalten)에서 생기는 것이 아니다. 끝으로, 생산물로의 가치의 양도의 차이는 — 그리하여 또한 이 가치가 생산물에 의해서 유통하고, 그 변태들에 의해서 그 본래의 현물형태로 갱신되는 방식의 차이도 —, 생산자본이 취하고 있는 소재적 자태의 차이, 그리고 개개의 생산물이 형성되는 동안에 그 소재의 일부는 전부 소비되고, 다른 일부는 단지 점차적으로만 소모될 뿐인 소재적 차이에서 생긴다. 따라서 고정자본과 유동자본으로 나누어질 수 있는 것은 오직 생산자본뿐이다. 그에 반해서 이러한 대립은 산업자본의 다른 두 존재양식에게는, 따라서 상품자본에게도, 화폐자본에게도 존재하지 않으며, 또한 생산자본에 대한 이 두 자본의 대립으로서도 존재하지 않는다. 이 대립은 오직 <u>생산자본에게만</u>, <u>그리고 그 내부에서</u>만 존재할 뿐이다. 화폐자본과 상품자본은, 아무리 대단히 자본으로서 기능하고, 아무리 유동적으로 유통하더라도, 생산자본의 유동적 구성부분들로 전화될 때에야 비로소 고정자본에 대립하는 유동자본이 될 수 있다. 그러나 자본의 이 두 형태는 유통영역에 머물러 있기 때문에, A. 스미쓰 이래 경제학은, 뒤에서[*1] 보게 되는 바와 같이, 이에 미혹되어, 유동자본이라는 범주 하에 그것들을 생산자본의 유동적 부분과 함께 뒤섞어 놓아왔다. 그것들은 실제로는 생산자본에 대립하는 유통자본이지, 고정자본에 대립

---

*1 [역주] 이 책, 제10장 및 제11장.

하는 유동자본이 아니다.

2. 자본의 고정적 구성부분의 회전, 따라서 또한 그에 필요한 회전시간은 자본의 유동적 구성부분들의 여러 차례의 회전을 포괄한다. 고정자본이 한 번 회전하는 시간에 유동자본은 여러 번 회전하는 것이다. 생산자본의 어떤 가치구성부분이 고정자본이라는 형태 규정을 획득하는 것은, 단지, 그 안에 그 가치구성부분이 존재하는 생산수단이, 생산물이 완성되어 생산과정으로부터 상품으로서 방출되는 시간 동안에 완전히 소모돼버리지 않는 한에서이다. 그 가치의 일부분은, 다른 일부분이 완성 생산물에 의해서 유통되는 동안, 지속되고 있는 종래의 사용형태에 묶여 있지 않으면 안 되는데, 그에 반해서 완성 생산물의 유통은 동시에 자본의 유동적 구성부분들의 총가치를 유통시킨다.

3. 생산자본 가운데 고정자본에 투하된 가치부분은, 생산수단들 가운데 고정자본을 구성하는 부분이 기능하는 기간 전체를 위해서 한꺼번에 전부 선대되어 있다. 따라서 이 가치는 자본가에 의해서 한꺼번에 유통에 투입되는데, 그러나 그것은 고정자본이 상품들에 조금씩 부가하는 가치부분들의 실현을 통해서 단지 조금씩 그리고 점차적으로 유통으로부터 다시 인출될 뿐이다. 다른 한편에서는, 생산자본의 한 구성부분이 고정되는 생산수단들 자체는 유통으로부터 한꺼번에 인출되어 그것들이 기능하는 기간 전체에 걸쳐서 생산과정에 합체되지만, 이 기간 동안에는 동종의 신품에 의한 보전(補塡)을 필요로 하지 않으며, 재생산을 필요로 하지 않는다. 그것들은, 그것들 자체의 갱신 요소들을 유통으로부터 인출하지 않고, 유통에 투입되는 상품들의 형성을 위해서 길거나 짧은 기간 동안 계속 공헌하는 것이다. 따라서 이 기간 내에는 그것들은 또한 자본가 측으로부터의 어떤 선대의 갱신도 필

요로 하지 않는다. 마지막으로, 고정자본에 투하된 자본가치는, 그것이 그 안에 존재하는 생산수단들이 기능하는 동안에 그 형태들의 순환을 통과하는데, 소재적으로가 아니라, 단지 그 가치의 면에서, 그리고 그것도 또한 단지 부분적으로 점진적으로 통과할 뿐이다. 다시 말하자면, 그 가치의 일부는 상품의 가치부분으로서 끊임없이 유통하고 화폐로 전화되지만, 화폐로부터 자신의 본래의 현물형태로 재전화되지는 않는다. 생산수단의 현물형태로의 화폐의 이 재전화는 그 생산수단의 기능기간의 종말에야, 즉 생산수단이 완전히 소모되었을 때에야 비로소 발생한다.

4. 유동자본의 요소들도 — 생산과정이 연속적이려면 — 고정자본의 요소들과 마찬가지로 끊임없이 생산과정에 고정되어 있다. 그러나 그렇게 고정된 유동자본의 요소들은 (생산수단들은 동종의 실물들에 의해서, 노동력은 부단히 갱신되는 구매에 의해서) 끊임없이 현물로(in natura) 갱신되는데, 반면에 고정자본의 요소들의 경우에는 그것들이 존속하는 동안 그것들 자체가 갱신되지도 않고, 그것들의 구매가 갱신되어야 하는 것도 아니다. 생산과정에는 언제나 원료와 보조재료들이 있지만, 오래된 것들이 완성 생산물을 형성하는 중에 소모된 다음에는 언제나 동종의 신품들이 거기에 있다. 생산과정에는 마찬가지로 언제나 노동력도 있지만, 단지 그 구매를 끊임없이 갱신함으로써 그런 것이고, 또한 자주 인물들이 교체되면서 그렇다. 그에 반해서, 건물, 기계 등은, 유동자본의 회전이 반복되는 동안, 동일한 것들이 반복되는 생산과정 속에서 계속 기능한다.

제2절 고정자본의 구성부분들, 보전, 수리, 축적

 동일한 자본투하에 있어서도 고정자본의 개개의 요소들은 그 수명이 서로 다르고, 따라서 그 회전시간도 서로 다르다. 예컨대, 철도에서는 레일·침목·토루(土壘)·역사(驛舍)·교량·터널·기관차 및 차량은 기능기간과 재생산시간이 다양하며, 따라서 그것들에 선대된 자본도 회전시간들이 다양하다. 건물·승강장·급수탑·육교·터널·절개지(切開地) 및 제방, 요컨대, 영국의 철도 업무에서 시설물(works of art)이라고 불리는 모든 것은 다년간에 걸쳐서 어떤 갱신도 필요로 하지 않는다. 제일 주요하게 마모되는 것은 궤도와 차량(rolling stock)이다.

 본래, 근대의 철도가 부설되던 때에 가장 뛰어난 실무 기사들이 품고 있던 지배적 견해는, 철도의 내구성은 세기적(世紀的)이며, 레일의 마모는 전혀 감지하기 어려워서 어떤 재정적·실무적 목적에서도 무시할 수 있다는 것이었으며, 좋은 레일의 수명은 100-150년일 것으로 간주되었다. 그러나, 당연히 기관차의 속도, 열차의 무게와 수량, 레일 자체의 굵기 및 기타 많은 부차적 사정들에 달려 있는 레일의 수명은 평균 20년을 넘지 않는다는 것이 곧 밝혀졌다. 거대한 교통의 중심지인 개별적 정거장들에서는 레일이 심지어 매년 마멸되기도 한다. 1867년 무렵에는 강제(鋼製) 레일을 도입하기 시작했는데, 그것은 철제(鐵製) 레일보다 대략 2배의 비용이 들었지만, 그 대신에 2배 이상 오래 지탱한다. 침목의 수명은 12-15년이었다. 철도 차량의 경우에는 객차(客車)보다 화차(貨車)의 마모가 훨씬 크다는 것이 밝혀졌다. 기관차의 수명은 1867년에는 10-12년으로 계산되었다.

 마모는 첫째로 사용 그 자체에 의해서 야기된다. 일반적으로 레일은 열차의 수량에 비례하여 마모된다 (R.C., 제17645호)[22]. 속도가 증가하면, 마모는 속도의 증가율의 제곱보다도 높은 비율로 증가했다. 다시 말하면, 열차의 속도가 2배로 되면, 마모는 4배 이상으로 높아졌다. (R.C., 제17046호.)

그 다음 마모는 자연력의 작용에 의해서 일어난다. 그리하여,[*1] 침목은, 현실적인 마모에 의해서만이 아니라, 부식(腐蝕)에 의해서도 손상된다.

> "철도의 유지비는, 그 위를 지나는 교통량에 의한 마모보다는, 오히려 대기에 노출되는 목재·철·건물들(bricks and mortars)의 품질에 달려 있다. 1개월의 엄동(嚴冬)은 1년간의 교통량보다도 더 많은 손해를 철도에 끼칠 것이다."(R. P. 윌리엄즈(Williams), "철도의 유지·보수에 관하여, 토목기사협회에서의 보고, 1866년 가을(On the Maintenance and Renewal of the Permanent Way, paper read at the Institute of Civil Engineers, Autumn, 1866)"[12])

마지막으로는, 대공업에서는 어디에서나 그렇듯이, 여기에서도 도덕적 마모[*2]가 그 역할을 논다. [예를 들면: 역자] 10년이 지나면, 이전에는 40,000파운드 스털링의 비용이 들었던, 같은 수량의 차량과 기관차를 보통 30,000파운드 스털링에 살 수 있다. 그리하

---

22 R.C.라는 기호가 붙은 인용문들은, ≪칙명철도위원회. 위원들 앞에서의 증언 기록. 의회의 양원(兩院)에 제출(*Royal Commission on Railways. Minutes of Evidence taken before Commissioners. Presented to both Houses of Parliament*)≫, (1867, 런던)에서 취한 것이다. — 질문과 답변에는 번호가 붙어 있고, 그 번호들이 여기에 기입되어 있다.

*1 [역주] 영어판에는, "예컨대(for instance)".

*2 [역주] "도덕적 마모(moralischer Verschleiß)" — 무형(無形)의, 혹은 사회(관행)적 마모를 의미한다.

여 이러한 재료에 대해서는, 사용가치의 어떤 감가도 발생하지 않더라도, 시장가격의 25%의 감가를 감안하지 않으면 안 된다.(라드너(Lardner), ≪철도경제(*Railway Economy*)≫, [p. 120].)

> "관형교량(管形橋梁)들은 현재의 형태로는 갱신되지 않을 것이다."
> (왜냐하면, 지금은 그러한 교량들에 보다 더 좋은 형태들이 있기 때문이다.)
> "통상적인 수리, 점차적 제거와 교체는 실용적이지 않다."(W. B. 애덤즈(Adams), ≪도로와 철로(*Roads and Rails*)≫, 1862, 런던, [p. 136].)

노동수단들은 산업의 진보에 의해서 대부분 끊임없이 변혁된다. 그리하여 그것들은, 그 본래의 형태로 보전(補塡)되는 것이 아니라, 변혁된 형태로 보전된다. 한편에서는, 어떤 일정한 현물형태로 투하되어 있어 그 형태에서 어떤 일정한 평균수명을 지속해야 하는 대량의 고정자본은, 새로운 기계 등이 단지 점차적으로만 도입되는 하나의 원인이 되며, 그리하여 개량된 노동수단들을 신속하고 전반적으로 도입하는 데에 대한 하나의 장애가 된다. 다른 한편에서, 경쟁전(競爭戰)은, 특히 결정적인 변혁의 경우, 낡은 노동수단들을 그것들의 자연적 수명이 끝나기 전에 새로운 것들로 교체하도록 강제한다. 공장설비(Betriebsgerät)[*1]의 이러한 조기(早期) 갱신을 보다 더 거대한 사회적 규모로 강제하는 것은 주로 파국, 즉 공황이다.

마모는, (도덕적 마모를 도외시하면) 고정자본이 사용됨으로써 그 사용가치를 잃는 평균적 정도로 생산물에 점차 넘겨주는 가치부분이다.

---

*1 [역주] 영어판의 "factory equipment"를 참조하여 번역하였다.

이 마모는 부분적이어서, 고정자본은 어떤 일정한 평균적 수명을 가지며, 고정자본은 이 기간에 전부 선대되고, 이 기간이 경과된 후에 그것은 전부 보전되지 않으면 안 된다. 살아 있는 노동수단들, 예컨대, 말들의 경우, 재생산시간은 자연 그 자체에 의해서 규정되어 있다. 노동수단으로서의 그것들의 평균적 수명은 자연법칙에 의해서 규정되어 있는 것이다. 이 기간이 경과하자마자 소모된 것들은 새로운 것들에 의해서 보전되지 않으면 안 된다. 말은 조금씩 보전될 수 없고, 단지 다른 말에 의해서만 보전될 수 있다.

고정자본의 다른 요소들은 주기적인 혹은 부분적인 갱신이 가능하다. 이 경우 부분적인 혹은 주기적인 보전은 사업경영의 점차적인 확장과는 구별되지 않으면 안 된다.

고정자본은 부분적으로 동종의 구성부분들, 그러나, 똑같이 오래 가는 것이 아니라, 다양한 기간에 조금씩 갱신되는 동종의 구성부분들로 이루어져 있다. 정거장의 레일이 그러해서, 그것들은 다른 철로 위의 것들보다 더 자주 교체되지 않으면 안 된다. 침목도 마찬가지여서, 라드너에 의하면, 50년대에 벨기에의 철도에서는 매년 8%, 따라서 12년이 경과하는 중에 모든 침목이 갱신되었다.[13] 따라서 이 경우 상황은 다음과 같다: 어떤 금액이, 예컨대, 10년간 어떤 일정한 종류의 고정자본에 선대된다. 이 투자는 한꺼번에 이루어진다. 그러나 이 고정자본의 어떤 일정한 부분, 즉 그 가치가 생산물의 가치로 들어가서 이 생산물과 함께 화폐로 전환되어 있는 부분은, 다른 부분이 계속 그 본래의 현물형태로 존재하고 있는 동안에, 매년 현물로(in natura) 보전된다. 고정자본으로서의 이 자본을 유동자본으로부터 구별하는 것은, 투자는 한꺼번에 이루어지고, 현물형태로의 재생산은 단지 야금야금 이루어질 뿐이라는 것이다.

고정자본의 다른 부분들은, 다른 기간에 걸쳐 마멸되고 그리하여 다른 기간에 보전되지 않으면 안 되는 이질적인(ungleich)[*1] 구성부분들로 이루어져 있다. 특히 기계의 경우에 그렇다. 우리가 방금 한 고정자본의 다양한 구성부분들의 다양한 수명과 관련하여 말한 것은, 여기에서는 이 고정자본의 일부로서 등장하는 한 기계의 다양한 구성부분들의 수명과 관련해서도 타당하다.

부분적인 갱신이 진행 중인 사업의 점차적인 확장과 관련해서는 다음과 같은 것을 말해두자. 이미 본 바와 같이, 고정자본이 계속해서 생산과정에서 현물로(in natura) 작용하고 있더라도, 그 가치의 일부는, 평균적 마모에 따라서, 생산물과 함께 유통해 있고, 화폐로 전화되어 있으며, 그 고정자본이 현물로(in natura) 재생산되는 기일을 대비하여 자본의 보전을 위한 화폐준비금의 요소를 형성한다. 고정자본 가운데 그렇게 화폐로 전화된 이 부분은, 사업을 확장하는 데에, 혹은 기계를 개량하여 그 성능을 증대시키는 데에 이용될 수 있다. 그리하여 보다 길거나 짧은 시기 중에 재생산이, 더욱이 — 사회적인 관점에서 보면 — 확대된 규모에서의 재생산이, 생산영역이 확대되면, 외연적으로, 생산수단이 더 고성능이 되면, 내포적으로, 일어난다. 확대된 규모에서의 이러한 재생산은 축적 — 즉, 잉여가치의 자본으로의 전화 — 으로부터 생기는 것이 아니라, 고정자본의 몸통으로부터 분리되어 화폐형태로 분기(分岐)되는 가치가, 동종의 추가적인 또는 한층 더 고성능의 고정자본으로 재전화하는 데에서 생긴다. 어느 만큼 그리고 어떤 규모로 사업경영이 이러한 점차적 추가를 할 수 있는가, 따라서 또한 이러한 방식으로 재투자될 수 있기 위해서는 어

[*1] [역주] 영어판의 "heterogeneous"에 따라 번역했다.

떤 규모로 준비기금이 적립되어 있지 않으면 안 되는가, 그리고 어느 만큼의 기간에 이 점진적 추가가 일어날 수 있는가는 부분적으로는 물론 그 사업경영의 특유한 성격에 달려 있다. 다른 한편에서, 기존 기계장치에 어느 만큼 세부 개량을 가할 수 있는가는 물론 그 개량의 성격과 기계 자체의 구조에 달려 있다. 그러나, 예컨대, 철도 부설의 경우 처음부터 이 점을 얼마나 많이 주목하는가를 애덤즈가 증명하고 있다:

> "모든 구조는 벌집을 지배하는 원리— 무한한 확장 가능성 —에 따라야만 한다. 어떤 고정적이고 결정적인 대칭적 구조도, 나중에 확장할 경우 허물 필요가 있기 때문에, 강력히 반대해야 한다."(p. 123.)

대부분 이는 자유롭게 이용할 수 있는 공간에 달려 있다. 일부 건물의 경우는 층을 위로 증축할 수 있지만, 다른 경우에는 측면확장이, 따라서 더 많은 지면이 필요하다. 자본주의적 생산의 내부에서는, 아무것도 사회적 계획에 따라 수행되지 않고, 개별자본가가 행동할 때의 무한히 다양한 사정들과 수단들 등에 달려 있기 때문에, 한편에서는 많은 수단들(Mittel)[*1]이 낭비되고, 다른 한편에서는 사업을 점차적으로 확장할 때에 이런 식의 (부분적으로는 노동력에 유해하게) 불합리한(zweckwidrig) 측면확장이 행해진다. 이로부터 생산력의 거대한 낭비가 생기는 것이다.

화폐준비금을 (즉, 고정자본 중 화폐로 재전화된 부분을) 이렇게 조금씩 재투하하는 것은 농업에서 가장 용이하다. 농업에서는 공간적으로 주어진 생산영역이 자본의 점차적인 흡수를 최대한 가능하게 하는 것이다. 축산에서처럼, 자연적인 재생산이 이루어

---

*1 [역주] "재력(財力)"으로도 번역할 수 있을 것이다.

지는 경우에도 마찬가지이다.

고정자본은 특수한 유지비용들을 야기한다. 유지의 일부는 노동과정 자체를 통해서 실현되며, 고정자본은, 노동과정에서 기능하지 않으면, 망가진다.(제1권, 제6장, p. 196[*1]과 제13장, p. 423[*2]: 사용하지 않음으로써 생기는 기계의 마모를 보라.) 그리하여 영국의 법률도, 임대된 토지가 국가의 관습에 따라 경작되지 않으면, 그것을 명시적으로 훼손(waste)으로 간주하고 있다. (법정(法廷)변호사(Barrister at Law), W. A. 홀즈워쓰(Holdsworth), ≪지주 및 차지인(借地人) 법(*The Law of Landlord and Tenant*)≫, 1857, 런던, p. 96.) 노동과정에서의 사용에 기인하는 이러한 유지는 살아 있는 노동의 무상(無償)의 천부적 재능이다. 그리고 더욱이 노동의 이 유지력은 이중적 성질의 것이다. 한편에서는 노동은, 노동재료들의 가치를 생산물에 이전함으로써 그 가치를 유지하고, 다른 한편에서는 노동은, 노동수단들의 가치를 생산물에 이전하지 않는 한에서, 생산과정에서의 노동수단들의 작용을 매개로 그것들의 사용가치를 유지함으로써, 노동수단들의 가치를 유지한다.

그러나 고정자본은 그 정비(整備)를 위한 적극적인 노동투하도 필요로 한다. 기계장치는 때때로 청소하지 않으면 안 된다. 여기에서 문제가 되는 것은, 그것이 없이는 기계장치가 사용할 수 없게 되는 추가적 노동, 즉 생산과정과 불가분한, 유해한 자연적 영향의 방지, 따라서 가장 말 그대로의 의미에서 작업 가능한 상

[*1] [*MEW* 편집자 주] *MEW*, Bd. 23, S. 221-222.[채만수 역, ≪자본론≫, 제1권, 제2분책, pp. 345-347.]

[*2] [*MEW* 편집자 주] 같은 책, S. 426.[채만수 역, ≪자본론≫, 제1권, 제3분책, pp. 663-664.]

태로 유지하는 것이다. 고정자본의 표준적 수명은 당연히 그것이 이 기간 동안에 정상적으로 기능할 수 있는 조건들이 충족된다는 전제 하에 계산되는데, 이는 인간이 평균적으로 30년을 산다고 할 때, 그가 목욕도 한다는 것을 전제하는 것과 전적으로 마찬가지이다. 여기에서 또한 문제가 되는 것은, 기계에 포함되어 있는 노동의 보전이 아니라, 그 기계를 사용하는 데에 필요한 끊임없는 추가적 노동이다. 여기에서의 문제는, 기계가 행하는 노동이 아니라, 그 기계에 행해지는 노동이며, 이 노동에서는 기계는, 생산행위자(Produktionsagent)가 아니라, 원료[*1]이다. 이 노동에 투하된 노동은, 생산물이 나오는 본래의 노동과정에 들어가지 않지만, 유동자본에 속한다. 이 노동은 생산 중에 끊임없이 지출되지 않으면 안 되며, 따라서 또한 생산물의 가치에 의해서 끊임없이 보전되지 않으면 안 된다. 이 노동에 투하되는 자본은 유동자본 가운데, 일반적 부대비용으로 지출되어야 하고, 년간 평균계산에 따라 가치생산물에 분배되어야 하는 부분이다. 이미 본 바와 같이,[*2] 본래의 공업에서는 이 청소 노동은 휴식시간 중에 노동자들에 의해서 무상으로(gratis) 행해지며, 바로 그 때문에 또한 생산과정 중에조차 자주 행해지는데, 이 경우 이 노동은 대부분의 재해의 근원이 된다. 이러한 노동은 생산물의 가격에 산입되지 않는다. 그러한 한에서는 소비자는 그것을 무상으로(gratis) 획득한다. 다른 한편에서는 자본가는 그리하여 자기 기계의 유지비를 공짜로 챙긴다. [이 유지비는: 역자] 노동자가 자신의 몸으로 지불

[*1] [역주] 조심스럽게 얘기하자면, 여기에서의 "원료"는 "노동대상"으로 이해되어야 할 것으로 생각된다.

[*2] [*MEW* 편집자 주] *MEW*, Bd. 23, S. 449-450, 주 190a.[채만수 역, 제1권, 제3분책, pp. 700-701, 주 190ª.]

하고, 이는 자본의 자기유지의 비결들 중의 하나인데, 이들 비결은 사실은 기계장치에 대한 노동자의 법률적 청구권을 형성하며 심지어 부르주아지의 법적 관점에서조차 그를 그 기계장치의 공동소유자이게끔 한다. 그러나, 예컨대, 기관차의 경우처럼 그것을 청소하기 위해서는 기계장치를 생산과정으로부터 격리하지 않으면 안 되고, 그리하여 청소가 슬그머니 수행될 수 없는 다양한 생산부문에서는 이 유지노동은 경상비(經常費)에 산입되고, 따라서 유동자본의 요소로서 계산된다. 기관차는 기껏해야 3일 동안 작업한 후에는 차고에 넣어서 거기에서 청소하지 않으면 안 된다. 보일러는, 그것을 손상하지 않고 씻어내기 위해서는, 먼저 냉각시키지 않으면 안 된다. (R.C., 제17823호.)

본래의 수리 또는 수선 작업은, 최초의 선대자본에는 포함되어 있지 않고, 따라서 또한 고정자본의 점차적인 가치보전(價値補塡)에 의해서 어떤 경우든 반드시 보전·보상될 수는 없는 자본과 노동의 지출을 필요로 한다. 예컨대, 고정자본의 가치가 10,000파운드 스털링이고, 그 전체 수명이 10년이라면, 10년 후에 전부 화폐로 전화되는 이 10,000파운드 스털링은, 최초의 투하자본의 가치만은 보전하지만, 그 동안에 수리에 새로 추가로 들인 자본이나 노동은 보전하지 않는다. 이것은, 한꺼번에 선대되는 것이 아니라 필요에 따라 선대되는, 추가적인 가치구성부분이며, 그 다양한 선대 시점들은 당연히 우연적이다. 생산수단들과 노동력에의 이러한 추후의, 약간씩의, 추가적 자본투하는 모든 고정자본에 필요하다.

기계장치 등의 개개의 부분들에 생기는 손상들은 당연히 우연적이며, 따라서 그로 말미암아 필요해지는 수리들도 역시 우연적이다. 그럼에도 불구하고 이것들은, 많든 적든 고정적 성격을 띠고 고정자본 수명의 다양한 시기에 속하는 두 종류의 수리작업으로 갈라진다. — 유년기의 고장들과 중년기를 넘은 후의 훨씬 수많은 고장들이 그것이다. 예컨대, 어떤 기계가 아무리 완전한 구조를 가지고 생산과정에 들어오더라도, 실제로 사용해보면 결함들이 나타나고, 그 결함들은 추가적 노동에 의해서 고쳐지지 않으면 안 된다. 다른 한편에서는, 그 기계가 그 중년기를 넘으면 넘을수록, 따라서 정상적인 마모가 누적되어, 그 기계를 구성하는 재료가 소모되고 노쇠해질수록, 그 평균적 수명이 끝날 때까지 그 기계가 작동하도록 하기 위해 필요한 수리작업은 그만큼 더 빈번해지고 그만큼 더 중요해지는바, 이는 마치 노인이, 너무 일찍 죽지 않기 위해서, 혈기 왕성한 젊은이보다 많은 의료비를 지출하는 것과 전적으로 마찬가지이다. 따라서 그 우연적 성격에도 불구하고, 수리작업은 고정자본의 생애의 다양한 시기에 불균등하게 배분된다.

이 점으로부터도, 기계 수리작업의 기타 우연적 성격으로부터도 다음과 같이 말할 수 있다:

한편에서, 수리작업을 위한 노동력과 노동수단들의 현실적인 지출은, 이 수리를 필요하게끔 하는 사정들과 마찬가지로, 우연적이며, 필요한 수리의 규모는 고정자본의 수명의 다양한 시기에 다양하게 배분된다. 다른 한편에서, 고정자본의 평균수명을 추산하는 경우에는, 일부는 청소(장소의 청결유지도 여기에 속한다)에 의해서, 일부는 필요할 때마다 수리에 의해서, 그 고정자본이 항상 가동(稼動) 상태에 유지된다고 가정한다. 고정자본의 마모에 의한 가치이전은 그 평균수명에 기초하여 계산되지만, 이 평균수명 자체는 정비에 필요한 추가자본이 끊임없이 선대된다는 것에 기초하여 계산된다.

다른 한편에서는, 자본과 노동의 이러한 추가적 지출에 의해서 부가되는 가치는 현실적인 지출과 동시에 상품의 가격에 들어갈 수는 없다는 것도 또한 명백하다. 예컨대, 방적업자는, 이번 주에 톱니바퀴가 부서졌다거나 피대(皮帶)가 끊어졌다고 해서, 자기의 실을 전번 주보다 더 비싸게 팔 수 없다. 방적업의 일반적인 비용은, 어떤 개별 공장에서의 이러한 사고에 의해서는 절대로 변하지 않았다. 여기에서도, 모든 가치규정의 경우와 마찬가지로, 평균이 규정한다. 어떤 일정한 사업부문에 투하된 고정자본의 평균수명 중에 일어나는 그러한 사고들이나 필요한 유지·수리 작업의 평균 규모는 경험이 보여준다. 이 평균 지출은 [고정자본의: 역자] 평균수명에 걸쳐 배분되어, 상응하는 부분들이 생산물의 가격에 첨가되며, 따라서 생산물의 판매를 통해 보전된다.

이렇게 하여 보전되는 추가 자본은, 그 지출 양식은 불규칙적이지만, 유동자본에 속한다. 기계장치의 어떤 고장이든 즉각 고치는 것이 극히 중요하기 때문에, 비교적 큰 공장에는 어디에나 본래의 공장노동자들과 더불어 기사(技師)·소목(小木)·기계공·철물공 등의 인원이 존재한다. 그들의 임금은 가변자본의 일부분을 이루고, 그들의 노동의 가치[*1]는 생산물에 배분된다. 다른 한편에서, 생산수단들을 위해 필요한 지출들은, 실제로는 불규칙적인 시기에 선대되고, 따라서 또한 불규칙적인 시기에 생산물이나 고정자본에 들어가지만, 예의 평균 계산에 따라 규정되고, 이 계산에 따라 끊임없이 생산물의 가치부분을 형성한다. 본래의 수리에 투하되는 이러한 자본은 많은 점에서 독특한 종류의 자본을 이루어, 그것은 유동자본에도 고정자본에도 배열될 수 없지만,

---

*1 [역주] "그들의 노동의 가치"는 정확하게 표현하면, "그들의 노동이 생산하는 가치"이다.

경상적 지출에 속하기 때문에 전자(前者)에 좀 더 속한다.

부기의 방식은 물론 기록되는 사물들의 현실적 연관을 아무것도 변경하지 않는다. 그러나, 수리비를 고정자본의 현실적인 마모와 다음과 같은 방식으로 합산하는 것이 많은 사업부문에서 관례임을 언급하는 것은 중요하다. 선대된 고정자본이 10,000파운드 스털링이고, 그 수명이 15년이라면, 년간 마모는 $666^2/_3$파운드 스털링이다. 하지만 마모는 단지 10년에 대해서만 계산된다. 즉, 고정자본의 마모분으로 매년, $666^2/_3$파운드 스털링 대신에, 1,000파운드 스털링이 생산되는 상품의 가격에 첨가된다. 다시 말하면, $333^1/_3$파운드 스털링이 수리작업 등을 위하여 보류된다. (10이나 15라는 수들은 단지 예로 들었을 뿐이다.) 따라서 그 고정자본이 15년 존속하기 위해서는 평균적으로 그만큼이 수리에 지출되는 것이다. 이 계산은 물론, 고정자본과 수리에 투하된 추가 자본이 상이한 범주를 형성하는 것을 방해하지 않는다. 이러한 계산방식에 기초하여, 예컨대, 기선의 유지와 보전을 위한 비용의 최저 견적은 년 15%이며, 따라서 재생산기간은 $6^2/_3$년으로 가정되었다. 60년대에 영국 정부는 그 비용으로서 페닌슐러 앤드 오리엔탈사(Peninsular and Oriental Co.)[*1]에 년 16%로 보상했는데, 이는 따라서 $6^1/_4$년[*2]의 재생산기간과 같다. 철도의 경우 기관차의 평균수명은 10년이지만, 수리를 감안하여, 마모는 $12^1/_2$%로 가정되고, 이로써 수명은 8년으로 단축된다. 객차와 화차의 경우는 9%로 계산되고, 따라서 수명이 $11^1/_9$년으로 가정된다.

---

*1 [역주] 1837년에 런던에 본부를 두고 설립된, 영국과 스페인·포르투갈, 이집트, 인도, 극동, 호주 간의 우편물·여객·화물 운송을 위한 공개회사. 정식 명칭은, 'Peninsular and Oriental Steam Navigation Company'.

*2 [*MEW* 편집자 주] 제1판과 제2판에는, $6^1/_3$년.

입법은 어디에서나, 소유자에게는 고정자본이고 또한 고정자본으로서 임대되는 가옥과 기타 물건의 임대계약의 경우 시간과 자연력의 영향, 정상적인 사용 자체에 의해서 야기되는 정상적인 마모와, 가옥의 정상적인 수명 중에 그리고 그것을 정상적으로 이용하는 중에 정비를 위해서 때때로 필요해지는 그때그때의 수리 간의 구별을 인정해왔다. 일반적으로 전자는 소유자의, 후자는 임차인의 부담으로 된다. 수리는 나아가 보통의 수리와 근본적인 수리로 구별된다. 후자는 고정자본의 현물 형태의 부분적인 갱신이며, 계약이 반대의 것을 명기하고 있지 않은 한, 역시 소유자의 부담으로 된다. 그리하여, 예컨대, 영국의 법률에 의하면:

"임차인은 매년, 다른 한편에서는, '근본적인' 수리를 하지 않고도 할 수 있는 한에서, 건물들(premises)[*1]을 풍우(風雨)로부터 보존하고, 일반적으로는 명백히 '보통의' 항목 속에 해당하는 수리들을 하는 이상의 의무를 지지 않는다. '보통의' 수리 대상인 건물 부분들과 관련해서도 그가 인수했을 당시의 년령과 일반적 상태, 조건을 고려하지 않으면 안 되는바, 왜냐하면 그는 낡고 마멸된 재료들을 새로운 것들로 교체할 의무도, 시간의 경과와 통상적인 마모로 생기는 불가피한 감가를 보상할 의무도 없기 때문이다." (홀즈웨쓰, ≪지주와 임차인에 관한 법률≫, pp. 90, 91.)

이례적인 자연재해들, 화재, 홍수 등에 의한 파괴와 관련된 **보험**은, 마멸의 보전(補塡)과도, 유지 및 보수 작업들과도 전혀 다르다. 보험은 잉여가치로부터 보전되지 않으면 안 되며, 잉여가치로부터 공제(控除)된다. 혹은, 사회 전체의 관점에서 보면: 우연과 자연력이 야기하는 이례적인 파괴를 보상하기 위한 생산수단들을 자유롭게 사용하기 위해서는 어떤 항상적인 과잉생산, 즉

---

*1 [역주] 독일어 판의 "Baulichkeiten"에 따라 번역했음.

― 인구 증가를 전적으로 도외시하더라도 ― 현존하는 부를 단순히 보전하고 재생산하기 위해서 필요한 것보다 더 큰 규모의 생산이 이루어지지 않으면 안 된다.

실제로는 보전(補塡)을 위해서 필요한 자본의 극소 부분만이 화폐준비기금으로 존재한다. 가장 중요한 부분은, 일부는 현실적인 확장이고, 일부는 고정자본을 생산하는 생산부문들의 정상적인 범위에 속하는, 생산규모 그 자체의 확대에 있다. 그리하여, 예컨대, 기계 제조 공장은, 그 고객의 공장들이 매년 확장되는 것에도, 또한 그들의 일부는 끊임없이 전체적인 혹은 부분적인 재생산을 필요로 하는 것에도 대비하고 있다.

마모를 그리고 수리비들을, 사회적 평균에 따라서, 규정하는 경우, 동일한 생산부문에서의 동일한 크기의, 그리고 그밖에도 동일한 사정에 있는 투자들에 있어서조차 필연적으로 큰 차이가 발생한다. 실제로 기계 등이, 어떤 자본가에게는 평균수명을 넘어 오래가는데, 다른 자본가에게는 그렇게 오래가지 않는다. 어떤 자본가의 수리비는 평균 이상이고, 다른 자본가의 그것은 평균 이하, 등등이다. 마모에 의해서 그리고 수리비에 의해서 규정되는 가격 할증금은 그러나 동일하고, 평균에 의해서 규정된다. 따라서 이 할증금에 의해서 어떤 자본가는 그가 실제로 추가하는 것보다 더 많이 받고, 다른 자본가는 더 적게 받는다. 이는, 노동력의 착취가 동등한 경우에도 동일한 사업부문의 상이한 자본가들의 이득을 상이하게 만드는 다른 모든 사정들처럼, 잉여가치의 진정한 본성을 이해하는 것을 어렵게 하는 데에 한몫한다.

본래의 수리와 보전 간의, 유지비와 갱신비 간의 경계는 많든 적든 유동적이다. 그리하여, 예컨대, 철도의 경우, 어떤 지출이 수리인가 아니면 보전인가, 그것은 경상비에서 지출되어야 하는

가 아니면 원자본금(元資本金)에서 지출되어야 하는가 하는 끊임없는 논쟁이 벌어지고 있는 것이다. 수리비를 수익계정이 아니라 자본계정에 이기(移記)하는 것은 철도 중역(重役)들이 자신들의 배당금을 인위적으로 부풀리는 주지의 수단이다. 하지만 여기에 대해서도 경험은 가장 본질적인 근거를 제공하였다. 예컨대, 철도의 유년기의 추가적 노동은,

"수리라고 불러서는 안 되고, 철도 건설의 필수적인 부분으로 간주되어야 하며, 재무상의 계정에서는 수익계정이 아니라 자본계정에 기입되어야 하는바, 왜냐하면 마모 혹은 차량의 정상적인 운행에 기인한 비용이 아니라, 선로 건설의 원래의 불가피한 미완성에 기인한 비용이기 때문이다." (라드너, 앞의 책, p. 40.)

"유일하게 정당한 방법은, 매년 수익을 얻기 위해서 필연적으로 발생하는 감가(減價)를, 그 금액이 실제로 소비되든 아니든, 매년의 수익에 부담시키는 것이다." (캡틴 퓌츠모리스(Captain Fitzmaurice), "칼레도니아 철도 조사위원회", ≪모니 마켓 리뷰(*Money Market Review*)≫ (1868년)에 게재된 것.)

농업에서는, 적어도 증기(蒸氣)로 작업하지 않는 한, 고정자본의 보전과 유지의 구별은 실제로는 불가능하고 무의미할 것이다.

"보유 도구들"(경작 및 기타 작업 및 경영에 필요한 온갖 종류의 도구들)"이 완비되어 있으면서도 지나치게 많이는 존재하지 않는 경우, 사람들은 그 보유 도구들의 년간 마모 및 보전을 당면한 사정이 다름에 따라서 대략 평균적으로 구매자본의 15-25%로 평가하곤 한다." (키르히호프(Kirchhof), ≪농업경영학 편람(*Handbuch der landwirthschaftlichen Betriebslehre*)≫, 데싸우, 1852, p. 137.)

철도 차량의 경우에는 수리와 보전은 전혀 구별 불가능하다.

"우리는 우리의 차량을 그 수대로 유지합니다. 몇 대의 기관차를 우리가 가지고 있든, 우리는 그 수를 유지합니다. 만일 한 대가 오래되어 부서져 새로운 것을 건조(建造)하는 것이 더 유리하다면, 우리는 수익을 지출하여 그것을 건조하는데, 그 경우 가능한 한 당연히 옛 것의 재료들을 이용합니다 ... 많은 것들이 남아 있습니다. 차륜(車輪)들, 차축(車軸)들, 기관(汽罐)들(boilers) 그리고 실제로 낡은 기관차의 많은 것들이 남아 있습니다." (그뤠이트 웨스턴 철도회사 (Great Western Railway Co.)사장 T. 구취(Gooch), 철도에 관한 R. C., p. 858. 제17327-17329호.) —"... 수리하는 것은 갱신하는 것을 의미합니다. 저는 대체(代替)라는 말을 믿지 않습니다. ... 철도회사가 차량이나 기관차를 일단 구입하면, 그것을 수리하여 영원히 달릴 수 있도록 하지 않으면 안 됩니다." (제17784호.) "... 우리는 기관차의 비용을 영국의 주행(走行)마일당 $8^1/_2$펜스로 계산하고 있습니다. 이 $8^1/_2$펜스로 우리는 기관차를 영구히 유지합니다.*1 우리 기관차들을 갱신하는 것입니다. 당신이 만일 기관차를 완전히 새로 사려고 한다면, 필요 이상의 화폐를 지불하게 될 것입니다 ... 하지만 낡은 기관차에는 언제나 사용가능한 차륜들이나 차축, 다른 어떤 부분이 있고, 그리하여 실질적으로 새로운 기관차를 생산하는 비용을 저렴하게 합니다." (제17790호.) "저는 지금 새로운 기관차를, 즉 실질적으로 새로운 기관차를 매주 1대씩 만듭니다. 왜냐하면, 그것은 새로운 기관(汽罐, boiler), 씰린더, 혹은 차체(車體)를 가지고 있기 때문입니다." (그레이트 노썬 철도(Great Northern Railway)의 기관차 감독관, 아치볼드 스터롴(Archibald Sturrock), R. C.에서, 1867년.)

차량들의 경우에도 마찬가지이다.

"시간이 경과함에 따라 기관차들과 차량들의 재고는 끊임없이 수리된다. 어떤 때에는 새 차륜들이, 어떤 때에는 새 차체가 장착된다. 가장 마모되기 쉬운 운동 부분들이 점차 갱신된다. 그리고 기관차들

---

*1 [역주] 이 두 문장이 영어판에는, "... 기관차들은 이 $8^1/_2$펜스로 영구히 유지합니다."로 되어 있다.

과 차량들은, 그렇게 연속적으로 수리되어, 그들 중 다수는 본래의 재료들의 흔적도 남지 않는다고도 생각할 수 있다…. 하지만, 이 경우에 조차 낡은 차량들이나 기관차들의 재료들이 많든 적든 다른 기관차들이나 차량들에 이용되고, 그것들이 선로에서 완전히 사라지는 일은 결코 없다. 그리하여 가동 자본은 계속적인 재생산 상태에 있다고 생각할 수 있다. 궤도의 경우에는 미래의 어느 시기에 선로 전체가 재부설될 때에 한꺼번에 이루어져야 하는 일이 차량의 경우에는 매년 점차적으로 이루진다. 차량의 존재는 지속적이며, 끊임없이 젊어지고 있다." (라드너, 같은 책, pp. 115-116.)

라드너가 여기에서 철도와 관련하여 묘사한 이러한 과정은, 개별적인 공장에는 적합하지 않지만, 한 공업부문 전체의 내부, 혹은 일반적으로 사회적 규모에서 고찰된 총생산의 내부에서, 끊임없이 부분적으로 수리와 뒤엉켜 진행되는 고정자본의 재생산의 상(像)으로서는 적합할 것이다.

노련한 중역들이 배당금을 취득하기 위해서 얼마나 광범한 한계 내에서 수리와 보전의 개념으로 농간을 부릴 수 있는지, 여기에 증거가 있다. 위에서 인용한 R. P. 윌리엄즈(Williams)의 강연에 의하면, 영국의 다양한 철도회사들은 선로 및 건물의 수리 및 유지 비용으로 수년간 평균적으로 (선로 1마일당 매년) 다음 금액을 수익계정에서 공제했다:

런던 앤드 노쓰 웨스턴(London & North Western) ..... £370.
미드랜드(Midland) .... £225.
런던 앤드 싸우쓰 웨스턴(London & South Western) .... £257.
그레이트 노썬(Great Northern) .... £360.
랭커셔 앤드 요크셔(Lancashire & Yorkshire) .... £377.
싸우쓰 이스턴(South Eastern) .... £263.

부라이튼(Brighton) .... £266.
맨체스터 앤드 쉐퓔드(Manchester & Sheffield) .... £200.

이들 차이는 그 극소 부분만이 현실적인 비용의 상이(相異)에 기인하며, 그 차이들은 거의 오로지 상이한 계산방식, 즉 지출항목들이 자본계정에 계상(計上)되는가, 수익계정에 계상되는가에서 유래한다. 윌리엄즈는 솔직하게 말하고 있다:

"보다 적은 부담이 계상되는 것은, 좋은 배당을 위해서 그것이 필요하기 때문이고, 보다 높은 부담이 계상되는 것은, 그것을 감당할 만큼 보다 큰 수익이 있기 때문입니다."[12]

어떤 경우들에는 마모는, 따라서 그 보전도 사실상 미소(微小)한 크기로 되고, 그리하여 오직 수리비용들만이 계산에 들어가게 된다. 라드너가 아래에서 철도의 공작물(works of art)에 관해서 말하고 있는 것은, 운하·부두·철교·돌다리 등과 같은 모든 내구적 건조물들에도 일반적으로 해당된다. —

"더욱 견고한 구조물들에 시간의 완만한 작용으로 나타나는 마모는 단기간의 관찰로는 그 효과를 전적으로 감지할 수 없지만, 그러나 그 마모는, 예컨대, 수세기(數世紀) 같은 긴 세월이 흐른 후에는 가장 견고한 구조물들의 경우조차 일부 혹은 전체를 복원하지 않으면 안 되게끔 한다. 이들 변화는, 우주의 천체들의 운동에서 발생하는 주기적·장기적 편차들에 비유해도 부당하지 않을 것이다.[*1] 교량들이나

---

*1 [역주] 이 문장(These changes may not unaptly be assimilated to the periodical and secular inequalities which take place in the movements of the great bodies of the universe.)이 독일어 판에는, "이러한 눈에 띄지 않는 마모는, 그것을 철도의 다른 부분들의 보다 더 확연한 마모와 비교하면, 천체들의 운동에서의 장기적·주기적 편차들과 같다.(Dieser unmerkliche Verschleiß,

터널들, 구름다리 등과 같은, 철도의 더욱 거대한 구조물들에 대한 시간의 작용은 장기적 마모라고 부를 수 있는 것의 실례들을 제공한다. 보다 더 단기간에 수행되는 수리나 복원에 의해서 보전되는, 보다 더 급속하고 가시적인 악화는 주기적인 편차와 유사하다. 년간 수선비용 중에는 비교적 견고하고 내구성 있는 건조물들의 외부에 이따금 생기는 우연적인 손상도 포함된다. 하지만, 이들 수선비와 관계없이 년령은 이들 구조물에조차 그 영향을 미치는 것이고, 그것들의 복원을 필요로 하는 상태로 되어버리는 시기가, 그것이 얼마나 멀든, 도래하지 않을 수 없다. 재정적·경제적 목적을 위해서는 그러한 시기는 아마 너무나 멀어서 현실적으로 고려할 필요는 없을 것이고, 따라서 여기에서는 단지 지나는 김에 언급할 필요가 있을 뿐이다." (라드너, 같은 책, pp. 38, 39.)

따라서 이는, 선대된 자본이 그 마모에 상응하여 점차적으로 보전(補塡)되어야 하지 않고, 단지 년평균 유지·수선 비용이 생산물의 가격에 이전되어야 할 뿐인, 장기(長期) 내구성을 가진 모든 건축물에 해당된다.

비록, 이미 본 바와 같이, 고정자본의 마멸을 보전하기 위해서 환류하는 화폐의 아주 큰 부분이 매년, 혹은 심지어 보다 더 짧은 기간에, 다시 그 현물형태(Naturalform)로 재전화되지만, 그럼에도 불구하고 각 개별자본가에게는, 수년이 지난 후에야 한꺼번에 그 재생산 기간이 당도하여 그때에 전부 교체되지 않으면 안 되는 고정자본 부분을 위한 상각기금(償却基金)이 필요하다. 고정자본의 현저한 구성부분은 그 속성상 단편적(斷片的)인 재생산을 배제한다. 그밖에도, 감가된 물품에 신품이 비교적 짧은 간격으로 덧붙여지는 방식으로 재생산이 단편적으로 일어나는 경우

---

verglichen mit dem fühlbareren bei andren Teilen der Bahn, läßt sich vergleichen mit den sekulären und periodischen Ungleichheiten in der Bewegung der Weltkörper.)"로 의역되어 있다.

에도, 이 대체가 일어날 수 있기 전에, 생산부문의 특유한 성격에 따라서 보다 크거나 보다 작은 규모의 사전의 화폐축적이 필요하다. 그를 위해서는 어떤 임의의 화폐액으로는 충분하지 않고, 어떤 일정한 규모의 화폐액이 요구된다.

나중에야 비로소 전개되는 신용제도[*1]를 전혀 고려하지 않고 이것을 단지 단순한 화폐유통이라는 전제 하에서만 고찰한다면, 이 운동의 기구는 다음과 같다: 제1권(제3장, 제3절 a)에서는, 한 사회에 현존하는 화폐의 일부가 유통수단으로서, 또는 직접 유통하는 화폐의 직접적 준비기금으로서 기능하는 동안, 다른 일부가 언제나 축장화폐로서 유휴상태에 있는 경우, 화폐의 총량이 축장화폐와 유통수단으로 분할되는 비율은 끊임없이 변동한다. 지금 우리의 경우, 어떤 대자본가의 수중에 축장화폐로서 대규모로 쌓여 있지 않으면 안 되는 화폐는 고정자본을 구입할 때에 한꺼번에 유통에 투입된다. 이 화폐는 그 자체가 다시 사회 속에서 유통수단과 축장화폐로 분할된다. 그 마모에 비례하여 고정자본의 가치가 그 출발점으로 환류하는 상각기금에 의해서 유통화폐의 일부는, 고정자본을 구입했을 때에 그의 축장화폐가 유통수단으로 전화되어 그를 떠났던 동일한 자본가의 수중에서 다시 — 긴 기간이든 짧은 기간이든 — 축장화폐를 형성한다. 그것은, 유통수단으로서 그러고 나선 유통화폐의 총량으로부터 분리되어 다시 축장화폐로서 번갈아 기능하는, 사회에 존재하는 축장화폐의 끊임없이 변동하는 분할인 것이다. 대공업 및 자본주의적 생산의 발전과 필연적으로 병행하는 신용제도의 발전에 따라서, 이

[*1] [영어판 편집자 주] 자본주의적 신용제도는 ≪자본론≫ 제3권, 제4편 및 제5편에서 다루어진다.

화폐는, 축장화폐로서가 아니라, 자본으로서 기능하는데, 그러나 그 소유자의 수중에서가 아니라, 그 처분이 위임된 다른 자본가들의 수중에서 그렇게 기능한다.

제9장
선대 자본의 총회전. 회전순환

이미 본 바와 같이, 생산자본의 고정적 구성부분들과 유동적 구성부분들은 상이한 방식으로 그리고 상이한 기간에 회전하며, 마찬가지로 동일한 사업 내부의 고정자본의 상이한 구성부분들도 그것들의 수명이, 따라서 재생산기간이 다름에 따라서 다시 회전기간들이 다르다. (동일한 사업 내부의 유동자본의 상이한 구성부분들의 회전에서의 실제의 혹은 외관상의 상위(相違)에 관해서는 이 장의 마지막 제6항을 보라.)

1. 선대 자본의 총회전은 그 자본의 다양한 구성부분들의 평균회전이다. 계산 방법은 뒤에서 밝힌다. 다양한 기간들만이 문제인 한, 그것들의 평균을 내는 것보다 더 간단한 것은 물론 아무것도 없다. 그러나:

2. 여기에서는, 량적 차이만이 아니라, 질적 차이도 발생한다.

생산과정에 들어가는 유동자본은 그것의 모든 가치를 생산물에 이전하며, 따라서 생산과정이 중단없이 진행되려면, 생산물의 판매에 의해서 끊임없이 현물로(in natura) 보전(補塡)되지 않으면 안 된다. 생산과정에 들어가는 고정자본은 자기 가치의 단지 일부(마모분)만을 생산물에 이전하며, 마모에도 불구하고 생산과정에서 계속 기능한다. 따라서 그것은, 아무튼 유동자본처럼 그토록 빈번히가 아니라, 단지 상대적으로 길거나 짧은 기간이 지나서야 현물로(in natura) 보전될 필요가 있을 뿐이다. 이 보전의 필요성, 즉 재생산 기간은 고정자본의 다양한 구성부분들에 대해서 단지 량적으로만 상이할 뿐 아니라, 이미 본 바와 같이, 내구성이 길고 다년간인 고정자본의 어떤 부분은 매년 혹은 보다 짧은 기간에 보전되어, 구(舊)고정자본에 현물로(in natura) 덧붙여질 수 있다. 다른 속성을 가진 고정자본의 경우에는 그 보전은 그 수명이 끝난 후에야 비로소 한꺼번에 이루어질 수 있다.

그리하여, 고정자본의 다양한 부분들의 특수한 회전들을 같은 양식의 회전 형태로 환산하여, 그것들을 단지 량적으로만, 즉 회전기간에 따라서만 서로 다르게 할 필요가 있다.

이러한 질적 동일성은, P...P— 연속적인 생산과정의 형태 —를 출발점으로 삼으면, 생기지 않는다. 왜냐하면, P의 일정한 요소들은 끊임없이 현물로(in natura) 보전되지 않으면 안 되지만, 다른 것들은 그렇지 않기 때문이다. 그러나 형태 G...G′는 회전의 이러한 동일성을 제공한다. 예컨대, 10,000파운드 스털링의 가치가 있고 10년간 유지되는, 그리하여 그 가치의 $1/10$=1,000파운드 스털링이 매년 화폐로 재전화되는 기계를 가정해보자. 이 1,000파운드 스털링은 1년이 경과하는 동안에 화폐자본으로부터 생산자본 및 상품자본으로, 그리고 상품자본으로부터 화폐자본으로 재전화되어 있다. 1,000파운드 스털링은, 우리가 유동자본을 이 형태 하에서 고찰하는 경우 그 유동자본과 마찬가지로, 그 애초의 화폐형태로 복귀되어 있고, 이 경우 1,000파운드 스털링의 화폐자본이 년말에 다시 기계의 자연형태로 재전화되든 않든 상관이 없다. 그리하여, 선대된 생산자본의 총회전을 계산하는 경우 우리는 그 모든 요소들을 화폐형태로 고정하여, 화폐형태로의 복귀가 회전을 종결하게끔 하는 것이다. 우리는 가치를 언제나 화폐로 선대된 것으로 간주하며, 가치의 이 화폐형태가 단지 계산

화폐의 형태에 불과한 연속적 생산과정의 경우에조차 그렇게 간주한다. 그렇게 하여 우리는 평균을 산출할 수 있다.

3. 따라서, 선대된 생산자본의 훨씬 더 큰 부분이, 그 재생산기간, 따라서 또한 그 회전기간이 다년간의 순환을 포괄하는 고정자본으로 구성되어 있는 경우에조차, 1년간에 회전한 자본가치는, 그 1년 동안에 반복된 유동자본의 회전 때문에, 선대된 자본의 총가치보다 클 수 있게 된다.

고정자본 = 80,000파운드 스털링이고, 그 재생산기간 = 10년이며, 따라서 그 가운데 8,000파운드 스털링이 매년 그 화폐형태로 복귀한다고, 즉 그 고정자본이 매년 그 회전의 $1/10$을 수행한다고 하자. 유동자본 = 20,000파운드 스털링이고, 1년에 5번 회전한다고 하자. 그러면 총자본 = 100,000파운드 스털링이다. [1년 동안에: 역자] 회전한 고정자본 = 8,000파운드 스털링이고; 회전한 유동자본은 5×20,000=100,000파운드 스털링이다. 따라서 1년 동안에 회전한 자본 = 108,000파운드 스털링으로서, 선대된 자본보다 8,000파운드 스털링만큼 더 크다. 자본의 $1+2/25$가 회전한 것이다.

4. 따라서 선대된 자본의 가치회전(*Wertumschlag*)은 그 자본의 실제의 재생산기간 혹은 그 자본의 구성부분들의 실제의 회전기간으로부터 분리된다.[*1] 4,000파운드 스털링의 자본이 1년에, 예컨대, 5번 회전한다고 하자. 그러면, [1년 동안에: 역자] 회전하는 자본은 5×4,000=20,000파운드 스털링이다. 그러나 각

---

*1 [역주] 이 문장이 영어판에는, "그리하여 선대된 자본의 가치의 회전기간은 그 자본의 실제의 재생산기간 혹은 그 자본의 구성부분들의 실제의 회전기간과 다르다.(Therefore the *turnover time of the value* of the advanced capital differs from its actual time of reproduction or from the actual time of turnover of its component parts.)"

회전의 끝에서 다시금 새로 선대되기 위해 복귀하는 것은 애초에 선대된 4,000파운드 스털링의 자본이다. 그 크기는, 그것이 새로 자본으로서 기능하는 회전기간들의 수에 의해서 달라지지 않는다. (잉여가치는 제외하고.)

따라서 제3항의 예에서는 전제에 의하면, 년말(年末)에 자본가의 수중에는, a) 그가 자본의 유동적 구성부분들에 새로 투하할 20,000파운드 스털링의 가치액과, b) 선대된 고정자본의 가치로부터 마모에 의해서 분리된 8,000파운드 스털링이라는 액수가 있고, 그것들과 나란히 동일한 고정자본이 생산과정에 종전과 마찬가지로 계속 존재하는데, 다만 80,000파운드 스털링 대신에 72,000파운드 스털링이라는 감소된 가치를 가지고 존재한다. 따라서 선대된 고정자본이 수명을 다하여 생산물 형성자로서도 가치 형성자로서도 기능을 다하고 대체되지 않으면 안 되기까지는 생산과정이 아직도 9년간 더 계속될 필요가 있을 것이다. 따라서 선대된 자본가치는 [다수의: 역자] 회전들로 이루어진 한 순환(ein Zyklus von Umschlägen), 예컨대, 현재의 경우에는 열[10] 년회전(年回轉)으로 이루어진 한 순환(ein Zyklus von zehn jährlichen Umschlägen)을 그리지(beschreiben)[*1] 않으면 안 되며 — 이 순환은 충용(充用)된 고정자본의 수명, 그리하여 그 재생산기간 즉 회전기간에 의해서 규정된다.

따라서, 자본주의적 생산양식의 발전과 더불어, 충용되는 고정자본의 가치 크기와 수명이 증대하는(entwickeln) 것과 같은 정도로, 공업의 생명과, 특수한 각각의 투자[*2]에서의 산업자본의 생

---

*1 [역주] "그리다(beschreiben)"가 영어판에는 "통과하다(pass through)".

*2 [역주] "투자(Anlage)"가 영어판에는 "투자 분야(field of investment)".

명이 여러 해로, 말하자면 평균 10년으로 증대한다. 한편에서 고정자본의 발전이 이 생명을 연장한다면, 다른 한편에서는 자본주의적 생산양식의 발전과 더불어 마찬가지로 증가하는, 생산수단들의 끊임없는 변혁에 의해서 그 수명이 단축된다. 그리하여 그와 더불어,[*1] 생산수단들의 변화도, 그것들이 물리적으로 수명을 다하기 훨씬 전에, 도덕적 마모 때문에 그것들을 끊임없이 대체할 필요성도 증대한다.[*2] 대공업의 가장 결정적인 부문들에 관해서는, 이 수명(Lebenszyklus)이 지금은 평균 10년이라고 추정할 수 있다. 하지만 여기에서는 특정한 숫자가 문제가 아니다. 아무튼 분명한 것은: 서로 연관된 회전들의 여러 해를 포괄하는 이러한 순환— 자본은 그 고정적 구성부분에 의해서 이 순환에 결부되어 있다 —에 의해서 주기적 공황의 물질적 기초가 생기고, 이 순환 속에서 사업은 침체(Abspanung), 중위(中位)의 활기(mittlere Lebendigkeit), 분망(奔忙, Überstürzung), 공황(Krise)이라는, 연속적인 시기들을 통과한다. 사실 자본이 투하되는 시기들은 대단히 다양하고, 분산되어 있다. 그럼에도 불구하고 공황은 언제나 대규모의 신규투자의 출발점을 형성한다. 따라서 또한 — 사회 전체를 고찰하면 — 많든 적든 바로 다음의 회전순환을 위한

[*1] [역주] "그와 더불어(mit ihr)"를, 국내의 최영철·전석담·허동 번역판 (1948. 07. 15. 서울출판사)도, 일본의 大月書店 '전집'판이나 向坂逸郎 번역의 岩波文庫판, 資本論飜譯委員會 번역의 新日本出版社 판도 모두 "자본주의적 생산양식이 발전함에 따라서"로 번역[해석]하고 있다.

[*2] [역주] "그리하여 그와 더불어 ..."로 시작되는 이 문장이 영어판에는, "이는, 생산수단들의 변화와, 그것들이 물리적으로 수명을 다하기 훨씬 전에, 도덕적 감가 때문에 그것들을 끊임없이 대체할 필요성을 포함한다.(This involves a change in the means of production and the necessity of their constant replacement, on account of moral depreciation, long before they expire physically.)"

새로운 물질적 기초를 형성한다.22[a]

5. 회전의 계산방식에 관해서 미국의 한 경제학자의 말을 들어보자.

"몇몇 사업부문에서는 선대된 자본 전체가 1년에 여러 번 회전 혹은 유통된다. 다른 몇몇 부문에서는 일부분은 1년 동안에 1번 이상 회전하고, 다른 부분은 그렇게 자주 회전하지 않는다. 자본가가 자신의 이윤을 계산하지 않으면 안 되는 기간은, 그의 자본 전체가 그의 손을 통과하기 위해서, 혹은 1번 회전하기 위해서 사용하는 평균기간이다. 어떤 사람이 어떤 특정한 사업에서 자기 자본의 절반을, 10년에 1번 갱신되는 건물들과 기계장치에 투하했고, 4분의 1을 2년에 1번 갱신되는 공구 등에 투하했으며, 임금과 원료에 투하된 마지막 4분의 1은 1년에 2번 회전한다고 가정하자. 그의 전체 자본은 50,000달러라고 하자. 그러면 그의 년지출은 다음과 같을 것이다:

10년 동안에 $50{,}000/2$ = 25,000달러 = 1년 동안에 2,500달러
2년 동안에 $50{,}000/4$ = 12,500달러 = 1년 동안에 6,250달러
½년 동안에 $50{,}000/4$ = 12,500달러 = 1년 동안에 25,000달러
                                    ──────────────
                                    1년 동안에 = 33,750달러[*1]

따라서 그의 자본 전체가 1번 회전되는 평균기간은 16개월[14]이다.

22[a] "도시에서의 생산은 날들(Tage)의 순환과 결부되어 있고, 그에 반해서 농촌에서의 생산은 해들(Jahre)의 순환과 결부되어 있다."(아담 H. 뮐러(Adam H. Müller), ≪정치학의 기초(*Die Elemente der Staatskunst*)≫, 베를린, 1809, III, S. 178.) 이것은 공업과 농업에 관한 낭만파의 소박한 표상이다.

*1 [역주] 이 식이 영어판의 인용문에는 다음과 같이 되어 있다.
$25,000 : 10 = \$ 2,500$
$\quad 12,500 : \ 2 = \ \ 6,250$
$\quad 12,500 \times 2 = 25,000$
──────────────
$\quad\quad\quad\quad\quad \$33,750$

... 또 다른 예를 들어보자: 50,000달러의 총자본의 4분의1은 10년에 유통하고, 4분의 1은 1년에, 나머지 절반은 1년에 2번 유통한다고 하자. 그러면 년지출은 다음과 같을 것이다.

$$12{,}500/10 = 1{,}250달러$$
$$12{,}500 = 12{,}500달러$$
$$25{,}000 \times 2 = 50{,}000달러$$
$$1년간의\ 회전액 = 63{,}750달러^{*1}."$$

(스크로프(Scrope), ≪경제학≫, 알론조 포터(Alonzo Potter) 편집, 뉴욕, 1841, pp. 142, 143.)[15]

6. 자본의 상이한 부분들의 회전에서의 실제의 상위(相違)와 외관상의 상위. ― 바로 저 스크로프는 같은 곳[p. 141]에서 다음과 같이 말하고 있다:

"공장주, 농장 경영자, 혹은 상인에 의해서 그의 노동자의 임금 지불에 투하되는 자본은, 그의 청구서들(bills)이나 매출로부터의 매주 수입액에 의해서, (만일 그의 일꾼들이 매주 지불받는다면) 아마 1주일에 1회전되면서, 가장 빠르게 유통한다."*2 그의 원료들과 수중의 재

---

*1 [역주] 이 식이 영어판의 인용문에는 다음과 같이 되어 있다.
$12,500 : 10 = \$ 1,250$
$\quad 12,500 \quad = 12,500$
$\quad 25,000 \times 2 = 50,000$
1년간 회전액은 $63,750

*2 [역주] 인용문 중 이 문장(The capital laid out by a manufacturer, farmer, or tradesman in the payment of his labourer's wages, circulates most rapidly, being turned perhaps once a week (if his men are paid weekly), by the weekly receipts on his bills or sales.)이 독일어판에는, "공장주, 농장 경영자 혹은 상인이 임금의 지불에 투하하는 자본은 가장 빠르게 유통하는데, 왜냐하면 그것은, 만일 그의 일꾼들이 매주 지불받는다면, 그의 매상 혹은 지불되는 납품계산서들로부터의 매주 수입액에 의해서, 아마 1주일에 1

고*¹에 투자되는 자본은, 그가 동등한 신용으로*² 사고 판다고 가정하면, 원료를 구입하고 재고를 판매하는 사이에 소비되는 시간에 따라서, 1년에 아마 2번, [혹은: 역자] 아마 4번 회전되면서, 덜 빠르게 유통한다. 그의 도구들과 기계장치에 투자되는*³ 자본은, 평균적으로, 5년에 혹은 10년에 단 1번 회전되면서, 즉, 소비되어 갱신되면서 훨씬 더 느리게 유통한다. 단지 일련의 작업들만으로 다 마모되어버리는 도구들도 많긴 하지만. 공장·점포·창고·헛간 같은 건물들, 도로·관개시설 등에 투자되는 자본은 거의 전혀 유통하지 않는 것처럼 보일지도 모른다. 그러나, 사실은, 이러한 것들도, 앞에서 열거한 것들과 마찬가지로, 생산에 기여하는 동안 완전히 소비되어 버리며, 생산자가 그 작업들을 계속할 수 있도록 하기 위해서는 재생산되지 않으면 안 된다. 여기에서 차이는 단지, 그것들은 다른 것들보다 천천히 소비되고 재생산된다는 점뿐이다. ... 그리고 그것들에 투자된 자본은 아마 20년이나 50년만에야 회전될 것이다."

스크로프는 여기에서, 지불기간 및 신용관계에 의해서 개별자본가에게 야기되는, 유동자본의 특정 부분들의 흐름에서의 차이를 자본의 성질로부터 생기는 회전들과 혼동하고 있다. 그는, 임금은 지불되는 판매나 납품계산서로부터의 매주의 수입에 의해서 매주 지불되지 않으면 안 된다고 말한다. 맨 먼저 여기에서 주

번 회전할 것이기 때문이다.(Das Kapital, das ein Fabricant, Landwirt oder Kaufmann in der Zahlung von Arbeitslöhnen auslegt, zirkuliert am schnellisten, da es vielleicht einmal in der Woche, wenn seine Leute wöchentlich bezahlt werden, durch die wöchentlichen Einkünfte aus seinen Verkäufen oder bezahlten Fakturen umschlagen wird.)"

*1 [역주] "원료들과 수중의 재고(stock in hand)"가 독일어판에는, "원료들이나 완성된 저장품들(Rohstoffen oder fertigen Vorräten)".

*2 [역주] "동등한 신용으로(on equal credits)"가 독일어판에는, "동등한 신용기간으로(auf gleiche Kreditfrist)".

*3 [역주] "투자되는(invested)"이 독일어판에는, "포함되어 있는(steckend)".

의해야 하는 것은, 지불기일의 길이, 다시 말해서 노동자가 자본가에게 신용을 제공하지 않으면 안 되는 시간의 길이에 따라서, 그러니까 임금의 지불기일이 매주인가, 매월인가, 3개월마다인가, 반년마다인가 등등에 따라서 임금 그 자체와 관련하여 차이들이 생긴다는 것이다. 여기에는, 이전에 전개되었던, "지불수단의 (따라서 한번에 선대되어야 하는 화폐자본의) 필요량은 지불기간의 길이에 정비례[*1]한다"(제1권, 제3장, 제3절 b, 페이지 124.[*2])는 법칙이 타당하다.

둘째로: 매주의 생산물에는, 그것을 생산하는 중에 그 주의 노동에 의해서 부가되는 새로운 가치의 총량만이 아니라, 그 주의 생산물에 소비된 원료와 보조재료의 가치도 들어간다. 생산물과 함께 그것에 포함된 이 가치도 유통한다. 이 생산물의 판매에 의해서 그 가치는 화폐형태를 취하고, 새로 동일한 생산요소들로 전환되지 않으면 안 된다. 이는 노동력에도, 원료 및 보조재료에도 마찬가지로 해당된다. 그러나 이미 본 바(제6장, 제2절, 1)와 같이, 생산을 계속하기 위해서는 생산수단들의 재고가 필요한데, 이 재고는 사업부문이 다름에 따라 다르고, 또한 동일한 사업부문에서도 다시 이 유동자본의 요소의 구성부분들이 다름에 따라, 석탄인가 면화인가에 따라 다르다. 그리하여 이들 소재(素材)가 끊임없이 현물로(in natura) 보전(補塡)되지 않으면 안 된다고 하더라도, 그것들이 끊임없이 새로 구매될 필요는 없는 것이다. 구매가 얼마나 자주 갱신되는가는, 비치되어 있는 재고의 크기, 즉 그 재고가 소진될 때까지 얼마나 오래 견디는가에 달려 있다.

---

*1 [MEW 편집자주] 제1판과 제2판에는 "반비례".

*2 [MEW 편집자주] 제1권, S. 156[이 번역판, 제1권, 제1분책, p. 237.]을 보라.

노동력의 경우에는 그러한 재고의 저장은 발생하지 않는다. 노동에 투하된 자본부분의 화폐로의 재전화는 보조재료 및 원료에 투하된 자본부분의 재전화와 나란히 진행된다. 그러나, 한편에서는 노동력으로의, 다른 한편에서는 원료로의 화폐의 재전화는 이들 두 구성부분의 특수한 구매·지불 기한 때문에, 즉 그것들 중 한쪽은 생산용 재고로서 보다 긴 기한에 구매되고, 다른 한쪽, 즉 노동력은 보다 짧은 기한에, 예컨대, 매주 구매되기 때문에, 서로 분리되어 진행된다. 다른 한편에서, 자본가는 생산용 재고 이외에 완성된 상품의 재고도 가지고 있지 않으면 안 된다. 판매의 어려움 등을 차치하더라도, 예컨대, 어떤 일정량은 주문에 따라 생산하지 않으면 안 된다. 그 주문의 최종 부분이 생산되는 동안, 이미 완성된 부분은, 주문이 전부 실행될 수 있을 때까지 창고에서 기다린다. 유동자본의 회전에서의 다른 차이들은 그 유동자본의 개개의 요소들이 다른 것들보다 생산과정의 어떤 사전단계(목재의 건조 등)에 더 오래 머물러 있지 않으면 안 되는 때에도 생긴다.

스크로프가 여기에서 언급하고 있는 신용제도도, 상업자본과 마찬가지로, 개개의 자본가에게는 회전을 변화시킨다. 사회적 규모에서는 그것은 단지, 그것이 생산뿐 아니라 소비도 역시 촉진하는 한에서만, 회전을 변화시킨다.

제10장
고정자본 및 유동자본에 관한 학설들.
중농주의자들과 애덤 스미쓰

케네의 경우 고정자본과 유동자본의 구별은 시초선대(avances primitives)와 매년선대(avances annuelles)로서 나타난다. 그는 이 구별을 정당하게도 생산자본, 즉 직접적 생산과정에 합체(合體)된 자본 내부에서의 구별로서 서술한다. 그에게는 농업에서 사용되는 자본, 따라서 차지농업가의 자본이 유일하게 현실적으로 생산적인 자본으로 간주되기 때문에, 이들 구별도 역시 차지농업가의 자본에 관해서만 생긴다. 이로부터 또한 자본의 일부분의 회전기간은 1년, 다른 부분의 그것은 1년 이상(10년)이라는 것도 생긴다. 부언하자면, 중농주의자들은 그 발전 과정에서 이들 구별을 다른 종류의 자본에도, 즉 산업자본 일반에도 적용한다. 사회에 있어서 년선대와 여러 해에 걸친 선대의 구별은 의연히 중요해서, 많은 경제학자들은 애덤 스미쓰 이후에조차 이 정의(定義)로 되돌아가고 있다.

두 종류 선대의 구별은, 선대된 화폐가 생산자본의 요소들로 전화되었을 때에 비로소 생긴다. 그것은 오로지 생산자본의 내부에서만의 구별이다. 따라서 케네에게는 화폐를 시초선대에 포함시킨다든가, 매년선대에 포함시킨다든가 하는 것은 생각할 수도 없는 것이다. 생산을 위한 선대들로서는 — 즉, 생산자본으로서는 — 그들 두 선대는 모두 화폐와도, 시장에 있는 상품들과도 서로 대립한다. 나아가, 생산자본의 이들 두 요소의 구별은, 케네의 경우 정당하게도, 그것들이 완성생산물의 가치로 들어가는 양식의 상이(相異)로, 따라서 그것들의 가치가 생산물가치와 함께 유통되는 양식의 상이로, 그리하여 또한, 한쪽의 가치는 1년에 전부 보전(補塡)되고, 다른 쪽의 그것은 보다 더 장기간에 걸쳐 야금야금 보전되기 때문에, 그것들의 보전 양식 혹은 재생산 양식의 상이로 환원된다.23

애덤 스미쓰가 이룩한 유일한 진보는 범주들의 일반화이다. 그

---

23 케네에 관해서는, ≪경제표 분석(*Analyse du Tableau Économique*)≫(≪중농주의자들(*Physiocrates*)≫, 데르(Daire) 편, 제1부, 빠리, 1846) 참조. 거기에서는, 예컨대, 이렇게 말하고 있다: "년선대는, 농업경영에서의 노동을 위해 매년 이루어지는 지출들이다. 이들 선대는, 농업경영의 창설을 위한 기금들을 의미하는 시초선대들과 구별되지 않으면 안 된다."(p. 59.) — 후기 중농주의자들의 경우 선대(avances)는 이미 여러 번 직접적으로 자본(capital)으로 지칭되고 있다: "자본 또는 선대(Capital ou avances)". 뒤뽕 드 느무르(Dupont de Nemours), ≪케네 박사의 원칙들, 혹은 그의 사회경제학 원리의 개요(*Maximes du Docteur Quesnay, ou résumé de ses principes d'économie sociale*)≫*1(데르 편, 제1부, p. 391). 나아가, 르 뜨로느(Le Trosne)는 이렇게 말한다: "노동생산물들의 장단(長短)의 내구성 때문에 한 국민은 그의 년간 재생산과 무관한, 부의 현저한 재고를 가지고 있는데, 오래 전부터 축적된 자본을 의미하며 원래는 생산물들로 지불된 이 재고는 언제나 유지되고 증대된다."(데르 편, 제2부, pp. 928, 929.) — 튀르고(Turgot)는 이미 선대(avances) 대신에 한결같이 자본(capital)이라는 말을 사용하고 있으며, 나아가 제조업자들(manufacturiers)*2의 선대(avances)를 차지농업가의 그것들과 동일시하고 있다.(튀르고, ≪부의 형성과 분배에 관한 고찰(*Réflexions sur la Formation et la Distribution des Richesses*)≫, 1766.)

*1 [*MEW* 편집자주] 제1판과 제2판에는 ≪새로운 과학의 기원과 발전(*Origine & Progrès d'une science nouvelle*)≫, 1767.

*2 [*MEW* 편집자주] 공장주들(Fabrikanten).

것[=이 회전 양식의 상이[*1]: 역자]은 그의 경우 더 이상 자본의 한 특수한 형태, 즉 차지농업가 자본에만 해당되지 않고, 어떤 형태의 생산자본에나 모두 해당된다. 그리하여 당연히, 농업에서 나온 매년 회전과 다년에 걸친 회전 사이의 구별 대신에, 상이한 기간의 회전이라는 일반적 구별이 나타나게 되고, 따라서 고정자본의 1회전은, 유동자본의 회전들의 기간이 어떻든, 즉 1년이든, 1년 이상이든 혹은 1년 이하든, 언제나 유동자본의 1회전 이상[*2]을 포함하게 된다. 그리하여 스미쓰의 경우 매년선대(avances annuelles)는 유동자본으로, 그리고 시초선대(avances primitives)는 고정자본으로 전화된다. 그러나 그의 진보는 범주들의 이러한 일반화에 국한되어 있다. 상세한 설명에서는 케네보다 훨씬 뒤떨어져 있다.

스미쓰가 연구를 개시하는 조잡한 경험적 방법이 곧바로 불명료함을 끌어들인다:

"자본이 그 충용자에게 수입(收入) 혹은 이윤을 가져다줄 수 있도록 충용될 수 있는 상이한 두 방식이 있다.(There are two different ways in which a capital may be employed so as to yield a revenue or profit to its employer.)"(《국부론》, 제2권, 제1장, p. 185. 애버딘(Aberdeen) 판, 1848.)[*3]

---

*1 [역주] 참고로, 앞에서의 서술을 받아 독일어판에 "Sie"로 되어 있는 "그것(sie)"이 국내 및 일본의 번역서들에는 대부분 "이 범주들"로 번역되어 있으나 이는 오역이다. "Sie bezieht sich ...."로 되어 있고, 예컨대, 영어판에도 "... it ... applies ..."로 번역되어 있는 것으로 봐도, 즉 모두 단수로 되어 있는 것으로 봐도 오역임이 문법상 명백하다. 의미상으로도 물론 "이 회전 양식의 상이"로 이해하는 것이 타당하다.

*2 [역주] 여기에서 "1회전 이상"이란 "mehr als einen Umschlag", 즉 '1회전보다 많이'를 의미한다.

*3 [역주] Adam Smith, *An Inquiry into the Nature and Causes of the Wealth*

가치가, 자본으로서 기능하기 위해서, 즉 그 소유자에게 잉여가치를 가져다주기 위해서 투하될 수 있는 방식들은 자본의 투하분야들과 마찬가지로 상이하고, 다양하다. 그것은 자본이 투하될 수 있는 상이한 생산부문들에 관한 문제이다. 이렇게 정식화되면, 문제는 더욱 광범해진다. 그것은, 가치가 생산자본으로서 투하되지 않는 경우에도, 어떻게 하여 그것이 그 소유자를 위해서 자본으로서, 예컨대, 이자 낳는 자본, 상인자본 등등으로서 기능할 수 있는가 하는 문제를 포함한다. 따라서 여기에서 우리는 이미 분석의 현실적인 대상으로부터, 즉 생산자본의 상이한 요소들로의 분할이, 그들 요소의 상이한 투하분야와 상관없이, 그들 요소의 회전에 어떤 영향을 미치는가 하는 문제로부터 아득히 멀어져 있다.

A. 스미쓰는 그러고 나서 곧바로 이렇게 계속한다:

"첫째로, 자본은 재화를 조달하거나, 제조하거나, 구매하고, 이윤을 붙여 그것들을 다시 판매하는 데에 이용될 수 있다.(First, it may be employed in raising, manufacturing, or purchasing goods, and selling them again with a profit.)"[*1]

A. 스미쓰는 여기에서, 자본은 농업과 제조업, 상업에 충용될 수 있다는 것 외에는 우리에게 아무것도 말하고 있지 않다. 따라서 그는 단지, 자본의 다양한 투하분야들에 관해서, 그리고 또한 상업에서처럼 자본이 직접적 생산과정에 합체되어 있지 않은, 따라서 생산자본으로서 기능하지 않는 투하분야들에 관해서 얘기

---

of Nations, R. H. Campbell, A. S. Skinner, W. B. Todd edit. Oxfod, 1976, p. 279.; 최임환 역, ≪국부론≫(상), 을유문화사, 1970, p. 278.

[*1] [역주] A. Smith, 같은 책, p. 279.; 최임환 역, 같은 책, p. 278.

하고 있을 뿐이다. 그럼으로써 이미 그는, 중농주의자들이 생산자본의 구별들을, 그리고 회전에 대한 그들 구별의 영향을 서술하는 토대를 버리고 있다. 뿐만 아니라, 그는 또한 생산물 형성과정과 가치 형성과정에서의 <u>생산</u>자본의 차이들, 즉 그 차이들 자체가 다시 생산자본의 회전 및 재생산에서의 차이들을 낳는, 오로지 그 차이들만이 중요한 어떤 문제에서 곧바로 상인자본을 실례로 들기까지 한다.

그는 이렇게 계속한다:

> "이러한 방식으로 충용되는 자본은, 그것이 계속 그 충용자의 소유로 머물러 있거나 계속 동일한 모습으로 있는 한, 그 충용자에게 어떤 수입이나 이윤도 가져다주지 않는다.(The capital employed in this manner yields no revenue or profit to its employer while it either remains in his possession or continues in the same shape.)"[*1]

이러한 방식으로 충용되는 자본(The capital employed in this manner)! 그런데 스미쓰는 농업에, 즉 산업에 투하되어 있는 자본에 관해서 말하고 있으며, 나중에 그는 그렇게 투하된 자본은 고정자본과 유동자본으로 나누어진다고 말한다! 이런 방식으로의 자본의 투하[*2]는 따라서 자본을 고정자본으로도 유동자본으로도 만들 수 없는 것이다.

혹은 그는, 상품을 생산하기 위해서 그리고 이들 상품을 이윤을 붙여 판매하기 위해서 충용된 자본은, 그것이 상품으로 전화된 후에는 판매되지 않으면 안 되며, 그 판매에 의해서 첫째로는

[*1] [역주] A. Smith, 같은 책, p. 279.; 최임환 역, 같은 책. p. 278.

[*2] [역주] 新日本出版社 판은 "이런 방식으로의 자본의 투하"를 "위에서 말한 형태의 상인자본(右に述べた形の商人資本)"으로 해석하고 있다.

판매자의 소유로부터 구매자의 소유로 넘어가고, 둘째로는 상품으로서의 그 현물형태로부터 그 화폐형태로 전환되지 않으면 안 된다는 것, 그리하여 또한, 그것이 계속 그의 소유로 머물러 있거나 또는 — 그에게 — 동일한 형태로 머물러 있는 한, 그 소유자에게 무익하다는 것을 말하려고 했던 것일까? 그러나 그렇다면 문제는 이렇게 된다: 전에는 생산자본의 형태로, 즉 생산과정에 속한 형태로 기능했던 동일한 자본가치가, 이제는 상품자본 및 화폐자본으로서, 즉 그 유통과정에 속한 형태들로 기능하고, 따라서 이미 고정자본도 유동자본도 아니다. 그리고 이것은, 원료와 보조재료에 의해서, 따라서 유동자본에 의해서 부가되는 가치요소들에도, 노동수단들의 소모에 의해서, 따라서 고정자본에 의해서 부가되는 가치요소들에도 마찬가지로 해당된다. 이렇게 우리는 고정자본과 유동자본의 구별에 단 한 걸음도 접근하고 있지 않다.

더 나아가서:

"상인의 재화는 그가 그것들을 돈을 받고 팔 때까지는 그에게 어떤 수입이나 이윤도 가져다주지 않으며, 화폐도 그것이 다시 재화와 교환될 때까지는 그에게 마찬가지로 수입이나 이윤을 가져다주지 않는다. 그의 자본은 끊임없이 하나의 형태로 그를 떠나서, 다른 형태로 그에게 돌아오고 있으며, 오로지 이러한 유통, 혹은 연속적인 교환에 의해서만 그의 자본은 그에게 어떤 이윤을 가져다줄 수 있다. 이러한 자본들은, 그리하여, 아주 적절하게 유동자본이라고 불릴 수 있을 것이다.(The goods of the merchant yield him no revenue or profit till he sells them for money, and the money yields him as little till it is again exchanged for goods. His capital is continually going from him in one shape, and returning to him in another, and it is only by means of such circulation, or successive exchanges, that it can yield him any profit. Such capitals, therefore, may very properly be called circulating capitals.)"[*1]

A. 스미쓰가 여기에서 유동자본(zirkulierendes Kapital)으로 규정하고 있는 것은, 내가 <u>유통자본</u>(*Zirkulationskapital*)이라고 부르려고 하는 자본, 즉 유통과정에 속하는, 즉 교환에 의한 형태변환(소재변환 및 소유자변환)에 속하는 형태에 있는 자본이며, 따라서 생산과정에 속하는 자본의 형태, 즉 생산자본의 형태에 대립하는 상품자본과 화폐자본이다. 이것들은 결코 산업자본가가 자신의 자본을 분할하는 특수한 종류들이 아니라, 동일한 선대 자본가치가 그 생애(curriculum vitae) 중에 잇달아 끊임없이 새로 취했다가 벗어버리는 상이한 형태들이다. 이것을 A. 스미쓰는 — 그리고 이것은 중농주의자들에 비해서 커다란 후퇴인데 —, 자본가치가 <u>생산자본</u>의 형태에 있는 동안에 자본가치의 유통의 내부에서, 즉 자본가치의 순차적인 형태들에 의한 그 순환 속에서 발생하는, 더욱이 생산자본의 상이한 요소들이 가치형성과정에 참여하여 그 가치를 생산물에 이전하는 상이한 양식으로부터 발생하는 형태구별들과 혼동하고 있다. 우리는, 한편에서는 생산자본과 유통영역에 있는 자본(상품자본과 화폐자본) 사이의, 그리고 다른 한편에서는 고정자본과 유동자본 사이의 이 근본적 혼동의 결과를 뒤에서 볼 것이다. 고정자본에 선대된 자본가치도 유동자본에 선대된 자본가치와 마찬가지로 생산물에 의해서 유통되고, 또한 유동자본에 선대된 가치와 마찬가지로 상품자본의 유통에 의해서 화폐자본으로 전화된다. 구별은 단지, 그 가치는 조금씩 유통하고, 그리하여 또한 길거나 짧은 기간에 걸쳐 조금씩 보전되지 않으면, 즉 현물형태로 재생산되지 않으면 안 된다는 데에서만 생길 뿐이다.

---

*1 [역주] A. Smith, 같은 책, p. 279.; 최임환 역, 같은 책, pp. 278-279.

A. 스미쓰가 여기에서 유동자본이라는 말로 유통자본, 다시 말하면, 유통과정에 속하는 형태들에 있는 자본가치(상품자본과 화폐자본) 이외의 아무것도 의미하지 않는다는 것은, 그가 유별나게 서투르게 선택한 례(例)가 입증하고 있다. 그가 예로 들고 있는 것은, 전혀 생산과정에 속하지 않고, 오로지 유통영역에만 머무는, 즉 오로지 유통자본으로만 구성되는 자본 종류, 즉 상인자본이[기 때문이: 역자]다.

자본이 전혀 생산자본으로서 기능하지 않는 예로써 [설명을: 역자] 시작한다는 것이 얼마나 황당무계한가는 그 자신이 곧바로 얘기한다:

"상인의 자본은 전적으로 유동자본이다.(The capital of a merchant is altogether a circulating capital.)"[*1]

그러나 유동자본과 고정자본 사이의 구별은 실로, 그가 뒤에서 말하는 것처럼, 생산자본 그 자체의 내부에서의 본질적인 구별로부터 생기는 것이어야 한다. A. 스미쓰는, 한편에서는 중농주의적 구별을, 다른 한편에서는 자본가치가 그 순환 중에 겪는 형태 차이들을 염두에 두고 있다. 그리고 이 양자가 뒤죽박죽이 되어 있다.

그러나 화폐와 상품의 형태변환에 의해서, 즉 이들 형태의 하나로부터 다른 하나로의 가치의 단순한 전화에 의해서 어떻게 이윤이 발생하는가는 전혀 알 수 없다. 또한, 그는 여기에서 오로지 유통영역에서만 운동하는 상인자본으로써 시작하기 때문에, 설명 역시 전혀 불가능해진다. 이에 관해서는 나중에 다시 다루기로 하고, 우선 그가 고정자본에 관해서 말하고 있는 바를 들어보자:

[*1] [역주] A. Smith, 같은 책, p. 280.; 최임환 역, 같은 책, p. 279.

"둘째로 그것"(자본)"은 토지의 개량에, 유용한 기계들이나 직업상의 도구들의 구매에, 즉 주인을 바꾸지 않고, 혹은 더 이상 유통하지 않고 수입이나 이윤을 가져다줄 물건들의 구매에 충용될 수 있다. 그러므로 이러한 자본은 아주 적절하게 고정자본이라고 부를 수 있다. 직업이 다르면, 거기에 충용되는 고정자본과 유동자본의 비율도 아주 달라야 한다. … 어떤 수공업 장주(匠主) 혹은 제조업자의 자본도 그 일부는 그의 사업의 도구들에 고정되어 있지 않으면 안 된다. 하지만, 이 부분은 어떤 사업들에서는 대단히 작고, 다른 사업들에서는 대단히 크다. … 그러나 이러한 수공업 장주들"(재단사, 제화장(製靴匠), 직조장과 같은)"의 자본의 대부분은 그들의 직공들의 임금으로서, 혹은 그들의 재료의 가격으로서 유통되고, 제품의 가격에 의해서 이윤과 함께 회수되어야 한다.(Secondly, it [capital] maybe employed in the improvement of land, in the purchase of useful machines and instruments of trade, or in such like things as yield a revenue or profit without changing masters, or circulating any further. Such capitals, therefore, may very properly be called fixed capitals. Different occupations require very different proportions between the fixed and circulating capitals employed in them … Some part of the capital of every master artificer or manufacturer must be fixed in the instruments of his trade. This part, however, is very small in some, and very great in others … The far greater part of the capital of all such master artificers [wie Schneider, Schuster, Weber] however is circulated, ether in the wages of their workmen, or in the price of their materials, and to be repaid with a profit by the price of the work.)"[*1]

이윤의 원천에 관한 유치한 규정은 차치하더라도, 결점과 혼란은 다음과 같은 점에 곧바로 나타난다: 예컨대, 기계 공장주에게 기계는 상품자본으로서 유통하는 생산물이며, 따라서 A. 스미쓰의 말로는:

---

*1 [역주] A. Smith, 같은 책, pp. 279-280.; 최임환 역, 같은 책, p. 279.

> "주인과 분리되어, 주인을 바꾸며, 더욱더 유통한다.(is parted with, changes masters, circulates further.)"

따라서 기계는, 그 자신의 규정에 따르면, 결코 고정자본이 아니라, 유동자본일 것이다. 이러한 혼란은 다시, 스미쓰가 생산자본의 상이한 요소들의 상이한 유통 양식에서 생기는 고정자본과 유동자본의 구별을, 동일한 자본이 생산과정의 내부에서는 <u>생산자본으로서</u> 기능하고, 그에 반해서 유통영역의 내부에서는 유통자본으로서, 즉 상품자본으로서 혹은 화폐자본으로서 기능하는 한에서 그 자본이 통과하는 형태상의 차이와 혼동하는 데에서 생긴다. 그리하여 A. 스미쓰의 경우, 동일한 물건들이, 자본의 생활과정 중에 점하는 위치에 따라서, 고정자본으로서 (노동수단들, 생산자본의 요소들로서) 기능할 수도 있고, "유동"자본, 상품자본으로서 (생산영역으로부터 유통영역으로 배출되는 생산물로서) 기능할 수도 있는 것이다.

그런데 A. 스미쓰는 갑자기 분류기준을 완전히 바꾸어, 자신이 몇 줄 앞에서 모든 연구를 개시했던 분류기준과 모순에 빠진다. 이[러한 사태: 역자]는 특히 다음과 같은 명제와 더불어 벌어진다:

> "어떤 자본이 그 충용자에게 수입 또는 이윤을 가져다주도록 충용될 수 있는 상이한 두 방식이 있다(There are two different ways in which a capital may be employed so as to yield a revenue or a profit to its employer)",

즉 유동자본으로서 혹은 고정자본으로서, 이에 따르면, 따라서 이는, 자본들이, 예컨대, 공업에 혹은 농업에 충용될 수 있는 것과 같은, 서로 독립적인 상이한 자본들의 상이한 충용방식들이었

다. — 그런데 이제는 이렇게 말한다:

> "직업이 다르면, 거기에 충용되는 고정자본과 유동자본의 비율도 아주 달라야 한다.(Different occupations require very different proportions between the fixed and circulating capitals employed in them.)"

고정자본과 유동자본이 이제는, 더 이상 상이한 독립적인 자본 투하가 아니라, 동일한 생산자본의 상이한 부분들이며, 그것들은 상이한 투하영역들에서 이 자본의 총가치의 상이한 부분을 형성하고 있다. 따라서 그것은, <u>생산</u>자본의 적절한 분할에서 기인하는 구별이며, 따라서 생산자본에 관해서만 해당되는 구별이다. 그런데 다시 이에 모순되게, 단순한 유동자본으로서의 상업자본을 고정자본에 대립시키는데, 왜냐하면 스미쓰 자신이 이렇게 말하고 있기 때문이다:

> "상인의 자본은 전적으로 유동자본이다."

실제로는 그러나 상업자본은 오로지 유통영역의 내부에서만 기능하는 자본이며 그러한 자본으로서 생산자본, 즉 생산과정에 합체된 자본 일반과 대립되는바, 바로 그 때문에 생산자본의 유동적(flüssig [zirkulierend]) 구성부분으로서 생산자본의 고정적 구성부분에 대립할 수 없는 것이다.

스미쓰가 제시하는 예들에서, 그는 사업 도구들(instruments of trade)[*1]을 고정자본으로 규정하고, 임금 및 보조재료들을 포함한 원료에 투하된 (제품의 가격에 의해서 이윤과 더불어 회수

---

*1 [*MEW* 편집자 주] 노동도구들(Arbeitsinstrumente).

되는[repaid with a profit by the price of the work]) 자본 부분을 유동자본으로 규정하고 있다.

따라서 단지 노동과정의 상이한 구성부분들로부터, 즉 한편에서는 노동력(노동)과 원료들, 다른 한편에서는 노동도구들로부터 출발하고 있을 뿐이다. 그러나 이것들이 자본의 구성부분인 것은, 자본으로서 기능해야 할 가치액이 그것들에 투하되어 있기 때문이다. 그러한 한에서 그것들은 생산자본의, 다시 말해서 생산과정에서 기능하는 자본의 소재적 요소들, 즉 그 존재양식들이다. 왜 그러면 그 일부가 고정적이라고 불리는가? 왜냐하면

> "자본의 어떤 부분들은 사업의 도구들에 고정되어 있지 않으면 안 되기(some parts of the capital must be fixed in the instruments of trade)"

때문이다.

그러나 다른 부분도 역시 임금과 원료에 고정되어 있다. 하지만 기계들과

> "사업 도구들 ... 그러한 물건들은 ... 주인을 바꾸거나, 혹은 더욱더 유통하지 않고 수입 또는 이윤을 가져다준다. 그리하여 그러한 자본들은 아주 적절하게도 고정자본들이라고 불릴 수 있다.(instruments of trade ... such like things ... yield a revenue or profit without changing masters, or circulating any further. Such capitals, therefore, may very properly be called fixed capitals.)"

광산업을 예로 들어보자. 여기에서는, 노동대상, 예컨대, 구리가 노동에 의해서 비로소 획득되어야 할 천연생산물이기 때문에, 원료는 전혀 사용되지 않는다. 비로소 생산되는 구리, 즉 나중에

야 상품 혹은 상품자본으로서 유통하는, 과정의 생산물은 결코 생산자본의 요소를 형성하지 않는다. 생산자본의 그 어떤 부분도 거기에 투하되어 있지 않은 것이다. 다른 한편에서는 생산과정의 다른 요소들, 즉 노동력 및 석탄·물 등등의 보조재료들도 마찬가지로 소재적으로는 생산물에 들어가지 않는다. 석탄은 완전히 소비되어 그 가치만이 생산물에 들어가는바, 이는 기계 등의 일부 가치가 생산물에 들어가는 것과 전적으로 마찬가지이다. 끝으로 노동자 역시 기계처럼 생산물, 즉 구리에 대해서 계속 자립해 있다. 오직 노동자가 자신의 노동에 의해서 생산하는 가치만이 이제 구리 가치의 구성부분일 뿐이다. 따라서 이 예에서는 생산자본의 어떤 한 구성부분도 결코 소유주들(Hände [masters[*1]]) 을 바꾸지 않는바, 즉 그 어떤 구성부분도 결코 더욱더 유통되지 않는바, 왜냐하면 그 어떤 구성부분도 결코 소재적으로는 생산물에 들어가지 않기 때문이다. 그렇다면 여기에서 유동자본이 머물 곳은 어디인가? A. 스미쓰 자신의 규정에 따르면, 구리 광산업에 충용되는 자본 전체가 오직 고정자본으로만 구성될 것이다.

그와 반대로, 생산물의 실체를 형성하는 원료들을 충용하는, 나아가, 가령 연료용 석탄처럼 가치상으로만이 아니라, 물체적으로 생산물에 들어가는 보조재료들을 충용하는 다른 산업을 예로 들어보자. 생산물인, 예컨대, 면사와 함께 그것을 구성하고 있는 원료, 즉 면화도 역시 소유주들을 변경하며, 생산과정으로부터 나와서 소비과정으로 들어간다. 그러나 면화가 생산자본의 요소로서 기능하는 동안은 그 소유주는 그것을 판매하지 않고 그것을 가공하여 그것에서 면사를 만들어낸다. 그는 면화를 내주지 않는

---

*1 [*MEW* 편집자 주] 소유주들(Eigners).

것이다. 혹은, 크게 잘못되고 진부한 스미쓰의 표현을 빌리자면, 그는 "그것을 내줌으로써, 그것의 주인들을 바꿈으로써, 혹은 그것을 유통시킴으로써(by parting with it, by its changing masters, or by circulating it)" 어떤 이윤도 얻지 않는 것이다. 그는, 자기의 기계들과 마찬가지로, 자기의 재료들도 유통시키지 않는다. 그것들은, 방적기계들 및 공장건물들과 전적으로 마찬가지로, 생산과정에 고정되어 있다. 아니, 생산자본의 일부분은, 노동수단들이라는 형태에서 그러한 것처럼, 끊임없이 석탄·면화 등등의 형태에 고정되어 있지 않으면 안 된다. 차이는 단지 다음과 같은 점, 즉 면사를, 예컨대, 1주 동안 생산하기 위해서 필요한 면화·석탄 등등은 끊임없이 주생산물(週生産物)의 생산에 전부 소비되며, 그리하여 면화·석탄 등등의 신품들에 의해서 보전(補塡)되지 않으면 안 된다는 점; 따라서, 동일한 개별적 방적기계, 동일한 개별적 공장건물은, 동종의 신품에 의해서 보전되지 않고, 계속해서 일련의 주생산(週生産)들 전체에 참여함에 반해서, 생산자본의 이들 요소들은, 종류상으로는 여전히 동일하지만, 끊임없이 동종의 신품들로 구성된다는 점뿐이다. 생산자본의 요소들로서는 생산자본의 모든 구성부분들은 끊임없이 생산과정에 고정되어 있는데, 왜냐하면 그것들이 없이는 생산과정이 진행될 수 없기 때문이다. 그리고 생산자본의 모든 요소들은, 고정적 요소들도 유동적 요소들도 마찬가지로 유통자본에, 다시 말하면, 상품자본과 화폐자본에 생산자본으로서 대립한다.

노동력과 관련해서도 역시 마찬가지다. 생산자본의 일부분은 끊임없이 노동력에 고정되어 있지 않으면 안 되며, 언제나 동일한 자본가에 의해서 상당히 장기간 충용되는 것은, 동일한 기계들과 마찬가지로, 동일한 이들 노동력이다. 여기에서 그들 노동력과 기계들의 상이(相異)는, 기계는 단번에 구매되어 버리는데 (그것이, 예컨대, 할부로 구매되는 경우에는 그렇지 않지만), 노동자는 그렇지 않다는 데에 있는 것이 아니라 — 노동자가 지출하는 노동은 전부 생산물의 가치에 들어가지만, 그에 반해서 기계의 가치는 단지 조금씩만 들어갈 뿐이라는 데에 있다.

스미쓰가 고정자본에 대립시켜 유동자본에 대해서 다음과 같이 말할 때, 그는 상이한 규정들을 혼동하고 있다:

"이러한 방식으로 충용되는 자본은, 그것이 그 충용자의 소유로 머물러 있거나 또는 계속 동일한 모습으로 있는 동안은, 그 충용자에게 어떤 수입이나 이윤을 가져다주지 않는다.(The capital employed in this manner yields no revenue or profit to its employer, while it either remains in his possession or continues in the same shape.)"

그는, 생산물, 즉 상품자본이 유통영역에서 겪는, 그리고 상품의 소유자 변경을 매개하는 단지 형식적인 변태를, 생산자본의 다양한 요소들이 생산과정 중에 겪는 물체적인 변태와 동렬에 두고 있다. 여기에서 그는 상품의 화폐로의 그리고 화폐의 상품으로의 전화, 즉 구매와 판매를 생산요소들의 생산물로의 전화와 무분별하게 뒤섞어 놓고 있다. 유동자본에 관한 그의 예(例)는 상품으로부터 화폐로, 화폐로부터 상품으로 전화하는 상인자본이고 — 상품유통에 속하는 형태변화 W—G—W이다. 그런데 유통의 내부에서의 이러한 형태변화는 기능하고 있는 산업자본에게 있어서는, 화폐가 재전화되는 상품들이 생산요소들(노동수단 및 노동력)이라는, 따라서 그 형태변화가 산업자본의 기능의 연속성을 매개한다는, 즉, 연속적인 과정으로서의 혹은 재생산과정으로서의 생산과정을 매개한다는 의의를 가지고 있다. 이 모든 형태변화는 유통 속에서 진행된다. 이 형태변화는, 어떤 사람의 수중에서 다른 사람의 수중으로의 상품들의 현실적인 이행(移行)을 매개한다. 그에 반해서, 생산자본이 그 생산과정의 내부에서 겪는 변태들은, 생산요소들을 소기(所期)의 생산물로 전화시키기 위해서 필요한, 노동과정에 속하는 변태들이다. A. 스미쓰는, 생산수단들(본래의 노동수단들)의 일부는 그 자연적 형태를 바꾸지 않고 단지 점차적으로 마모됨으로써 노동과정에서 복무하고(이것을 그는, 주인에게 이윤을 가져다준다(yield a profit to their master)고 그릇되게 표현한다), 반면에 다른 일부, 즉 재료들은 자신을 변화시키며, 바로 그 자신의 변화를 통해서 생산수단으로서의 자신의 사명을 수행한다는 점에 매달리고 있다. 그러나 노동과정 속에서의 생산자본의 요소들의 이러한 상이한 거동(擧動, Verhalten)은 단지 고정자본과 비고정자본 간의 구별의 출발점을 이룰 뿐, 이 구별 자체를 이루는 것이 아닌바, 이는 이 상이한 거동이 모든 생산양식에, 즉 자본주의적인 생산양식에도 비자본주의적인 생산양식에도, 한결같이 존재한다는 데에서 이미 명백하다. 그런데 소재의 이 상이한 거동에 상응하여 생산물에의 가치이전(價値移轉)이 [상이하게: 역자] 일어나고, 다시 이 [상이한: 역자] 가치이전에 상응하여 판매에 의한 가치보전(價値補塡)이 일어난다(Diesem verschiednen stofflichen Verhalten entspricht aber die *Wertabgabe* an das Produkt, der hinwieder der Wertersatz durch den Verkauf des Produkts entspricht). 그리고 이로써 비로소 저 [즉, 고정자본과 유동자본의: 역자] 구별이 이루어진다. 따라서 자본이 고정자본인 것은, 그것이 노동수단들에 고정되어 있기 때문이 아니라, 노동수단들에 투하된 그 가치의 일부분은 생산물의 가치 구성부분으로서 유통하고 있는데 다른 부분은 의연히 노동수단들에 고정된 채로 있기 때문이다.

> "만일 그것"(자본)"이 장래의 이윤을 획득하는 데에 충용된다면, 그것은 그"(충용자)"에게 머물러 있거나 혹은 그를 떠남으로써 이 이윤을 획득하지 않으면 안 된다. 한 경우에는 그것은 고정자본이고, 다른 경우에는 그것은 유동자본이다.('If it' (the stock) 'is emloyed in procuring future profit, it must procure this profit by staying with him' (the employer) 'or by going from him. In one case it is a fixed, in the other it is a circulating capital.')" (p. 189.)

여기에서 우선 눈에 띄는 것은, 평범한 자본가의 사고방식으로부터 퍼온, 이윤에 관한 조잡하고 경험적인 관념인데, 이것은 A. 스미쓰의 보다 뛰어나고 심오한 견해와 완전히 모순된다. 생산물의 가격에는 재료들과 노동력의 가격도 보전(補塡)되어 있지만, 마모를 통해서 노동도구들로부터 생산물에 이전된 가치부분도 마찬가지로 보전되어 있다. 이러한 보전으로부터는 결코 어떤 경우에도 이윤이 솟아나지 않는다. 생산물을 생산하기 위해서 선대된 어떤 가치가 생산물의 판매를 통해서 전부 즉 한꺼번에 보전되는가, 아니면 조금씩 즉 서서히 보전되는가는 단지 보전의 양식과 시간을 달리할 뿐이지, 결코 어떤 경우에도 그 양자(兩者)에 공통적인 것— 가치보전 —을 잉여가치의 창조로 전화시킬 수 없다. 여기에서 기초에 놓여 있는 것은, 잉여가치는 생산물의 판매를 통해서, 즉 그 유통에 의해서 비로소 실현되기 때문에, 그것은 오직 판매로부터만, 즉 유통으로부터만 생긴다는 범속한 관념이다. 실제로 여기에서는 이윤의 상이한 발생양식이란 단지, 생산자본의 상이한 요소들은 상이하게 복무한다는 사실, 즉 생산요소들로서 노동과정에서 상이하게 작용한다는 사실에 대한 그릇된 상투어일 뿐이다. 결국 이 구별은, 노동과정 또는 가치증식과정으로부터, 즉 생산자본 자체의 기능으로부터 도출되는 것이 아니라, 어떤 자본 부분은 이런 방식으로, 다른 자본 부분은 저런 방식으로 유용한 개별적 자본가에게 단지 주관적으로만 타당한 것이다.

그에 반해서 케네는 일찍이 이들 구별을 재생산과정 및 그 필연성들 자체로부터 도출했다. 이 과정이 계속적이기 위해서는, 매년선대(jährliche Vorschüsse)^{*1}의 가치는 매년 생산물의 가치로부터 매년 전부 보전되지 않으면 안 되는 데에 반해서, 설비자본(Anlagekapital)^{*2}의 가치는 조금씩 보전되어, 예컨대, 10년에 걸쳐서 전부 보전되고, 그리하여 전부 재생산(동종의 신품에 의해서 보전)되지 않으면 안 된다. 따라서 A. 스미쓰는 케네보다 심히 뒤떨어져 있다.

이렇게 A. 스미쓰의 경우 고정자본의 정의에 있어서는, 고정자본이란 노동수단들, 즉 그것들이 가세하여 형성되는 생산물들에 대립하여, 생산과정에서 그 모습을 바꾸지 않고, [완전히: 역자] 마모될 때까지 계속해서 생산에 복무하는 노동수단들이라는 것 외에는, 철저히 아무것도 남아 있지 않다. 생산자본의 모든 요소는 그 현물형태에서 (노동수단들, 재료들 그리고 노동력으로서) 언제나 생산물에 그리고 상품으로서 유통하는 생산물에 대립해

---

*1 [역주] 여기에서 "매년선대(jährlicher Vorschüß)"는 이 장(章) 서두(pp. 290-292)의 "avances annuelles"을 말한다.

*2 [역주] 여기에서의 "설비자본(Anlagekapital)"은 이 장 서두의 "시초선대(avances primitives)"를 말하며, 그리하여 일본어 번역서들에는 대개 "元資本" 혹은 "元投下資本"으로 되어 있다. 영어판에는 "inverstment capital"로 되어 있다.

있다는 것, 그리고 재료들 및 노동력으로 구성되는 부분과 노동수단들로 구성되는 부분의 상이(相異)는 오로지 다음과 같은 점에만 있다는 것, 즉 노동력과 관련해서는 그것이 (노동수단들처럼 그 존속기간에 따라 구매되는 것이 아니라) 끊임없이 새롭게 구매된다는 점; 재료들과 관련해서는 동일한 물건이 아니라 끊임없이 동종의 새로운 물건이 노동과정에서 기능한다는 것은 망각되어 있다. 그와 동시에, A. 스미쓰는 이전에는 고정자본의 마모분을 당연히 생산물 가격의 일부로 설명했으면서도, 고정자본의 가치는 마치 유통하지 않는 듯한 그릇된 외관이 조성되어 있다.

고정자본에 대한 대립개념으로서의 유동자본의 경우, 생산자본 중에서, 고정자본의 경우에는 그렇지 않은 데에 반해서, 유동자본은 오직 생산물의 가치로부터 <u>전부</u> 보전되지 않으면 안 되며, 그리하여 그 변태에 전부 참여하지 않으면 안 되는 구성부분으로서만 이 대립개념을 갖는다는 사실이 강조되고 있지 않다.[*1] 유동자본은 오히려 자본이 생산영역으로부터 유통영역으로 이행할 때에 상품자본 및 화폐자본으로서 취하는 자태들과 혼동되고 있다. 그러나 이 두 형태, 즉 상품자본과 화폐자본은 생산자본의 유동적 구성부분의 가치의 담지자인 동시에 고정적 구성부분의 가치의 담지자이기도 하다. 양자 모두 생산자본에 대립하는 유통

[*1] [역주] 이 문장이 영어판에는, "유동자본을 고정자본에 대립시키면서, 이 대립은 오로지 생산자본 가운데, 고정자본의 경우에는 그렇지 않은 데에 반해서, 유동자본은 생산물의 가치로부터 <u>전부</u> 보전되지 않으면 안 되며, 그리하여 그 변태에 완전히 참여하지 않으면 안 되기 때문이라는 사실이 전혀 강조되어 있지 않다.(In opposing circulating capital to fixed, no emphasis is placed on the fact that this opposition exists solely because it is that constituent part of productive capital which must be *wholly* replaced out of the value of the product and must therefore fully share in its metamorphoses, while this is not so in the case of the fixed capital.)"

자본(Zirkulationskapital)이지만, 고정자본에 대립하는 유동자본(zirkulierendes (flüssiges) Kapital)은 아니다.

끝으로, 고정자본의 경우에는 그것이 생산과정에 머물러 있음으로써, 유동자본의 경우에는 그것이 생산과정을 떠나 유통됨으로써 이윤이 만들어진다는 전적으로 잘못된 설명에 의해서, ― 가변자본과, 불변자본의 유동적 구성부분이 회전 중에 취하는 형태의 동일성으로 인하여 가치증식과정 및 잉여가치의 형성에서의 그들 양자의 본질적 구별이 은폐되고, 따라서 자본주의적 생산의 모든 비밀이 더욱더 감추어진다. 유동자본이라는 공통의 명칭에 의해서 이 본질적 구별이 폐기되는 것이다. 게다가 그 후의 경제학은, 가변자본과 불변자본의 대립이 아니라, 고정자본과 유동자본의 대립을 본질적인 것이고 유일한 구별이라고 고집함으로써, 이*¹를 가일층 심화시켰다(was dann die spätere Ökonomie noch weiter führte, indem ....).

A. 스미쓰는 먼저 고정자본과 유동자본을, 그 자체로 보아 각각이 이윤을 낳는, 자본 투하의 특유의 두 방식이라고 설명한 후에, 다음과 같이 말한다:

> "어떤 고정자본도 유동자본에 의하지 않고는 결코 어떤 수입을 가져다줄 수 없다. 아무리 유용한 기계들과 사업 도구들이라도, 그것들에 사용되는 재료들을, 그리고 그것들을 사용하는 노동자들의 생활비를 공급하는 유동자본이 없이는 결코 아무것도 생산하지 않을 것이다.(No fixed capital can yield any revenue but by means of a circulating capital. The most useful machines and instruments of

---

*1 [역주] "이(was)"는, '유동자본이라는 공통의 명칭에 의한, 가치증식과정 및 잉여가치의 형성에서의 가변자본과, 불변자본의 유동적 구성부분의 본질적 구별의 폐기', 그리고 그에 의한 '자본주의적 생산의 모든 비밀의 은폐'.

trade will produce nothing without the circulating capital which affords the materials they are employed upon, and the maintenance of the workmen who employ them.)" (p. 188.)

여기에서 이전의 표현들, 즉, 수입을 가져다준다, 이윤을 얻는다 등등(yield a revenue, make a profit etc.)이 무엇을 의미하는지가, 즉 두 자본부분들은 모두 생산물 형성자로서 이바지한다는 것을 의미한다는 것이 명백해진다.

A. 스미쓰는 그런데 이제 다음과 같은 예를 든다:

"차지농업가의 자본 중, 농기구들에 충용되는 자본은 고정자본이고, 노동하는 그의 하인들의 임금과 생활비에 충용되는 부분은 유동자본이다.(That part of the capital of the farmer which is employed in the implements of agriculture is a fixed, that which is employed in the wages and maintenance of his labouring servants is a circulating capital.)"

(여기에서는 따라서 고정자본과 유동자본의 구별이 올바르게 오직 생산자본의 상이한 구성부분들의 상이한 유통, 회전과만 연관되어 있다.)

"그는, 고정자본의 이윤은 그것을 그 자신이 계속 보유하고 있음으로써, 유동자본의 이윤은 그것을 방출함으로써 획득한다. 그의 역축(役畜)의 가격 또는 가치는 고정자본이다(He makes a profit of the one by keeping it in his own possession, and of the other by parting with it. The price or value of his labouring cattle is a fixed capital)"

(여기에서도 다시, 그 구별과 연관되어 있는 것이, 소재적 요소가 아니라, 가치인 것은 정당하다.)

"농업 도구들의 그것과 마찬가지이다."(역축들의) "양육비는, 노동하는 하인들의 그것과 마찬가지로 유동자본이다. 차지농업가는, 역축은 계속 보유함으로써, 그리고 그것들의 양육비는 방출함으로써 이윤을 획득한다.(in the same manner as that of the instruments of husbandry; theit maintenance"(des Arbeitsviehs) "is a circulating capital, in the same way as that of the labouring servants. The farmer makes his profit by keeping the labouring cattle, and by parting with their maintenance.)"

(차지농업가는 가축의 사료를 보유하지, 그것을 판매하지 않는다. 그는 가축 자체를 노동도구로서 사용하는 동안, 그것을 가축 사료로서 사용한다. 구별은 단지 다음과 같을 뿐이다: 역축을 양육하는 데에 드는 가축 사료는 전부 먹어 없어져 농산물로부터 혹은 그 판매로부터 얻어지는 새로운 사료에 의해서 끊임없이 보전(補塡)되지 않으면 안 되지만, 가축 자체는 단지 한 마리씩 차례로 노동할 수 없게 됨에 따라서 보전될 뿐이다.)

"노동을 위해서가 아니라 판매를 위해서 구매되어 비육(肥育)된 가축의 가격과 양육비는 모두 다 유동자본이다. 차지농업가는 그것들을 방출함으로써 이윤을 획득하는 것이다.(Both the price and maintenance of the cattle which are bought in and fatten, not for labour but for sale, are a circulating capital. The farmer makes his profit by parting with them.)"

(어느 생품생산자나, 따라서 자본주의적 상품생산자도, 자신의 생산물, 즉 그의 생산과정의 결과를 판매하지만, 그러나 그렇다고 해서 이 생산물이 그의 <u>생산</u>자본의 고정적 구성부분을 형성하는 것도, 그 유동적 구성부분을 형성하는 것도 아니다. 그것은 이제는 오히려 생산과정으로부터 배출되어 있어서 상품자본으로

서 기능하지 않으면 안 되는 형태에 있다. 비육가축은 생산과정에서 원료로서 기능하는 것이고, 역축처럼 도구*1로서 기능하지 않는다. 그리하여 그것은 실체로서 생산물에 들어가며, 그것의 모든 가치도, 보조재료들(그것의 사료)의 가치처럼, 그 생산물에 들어간다. 그 때문에 그것이 생산자본의 유동적 부분인 것이지, 판매되는 생산물— 비육가축 —이 이 경우 원료, 즉 아직 비육되지 않은 가축과 동일한 현물형태를 가지고 있기 때문이 아니다. 이것*2은 우연이다. 그러나 동시에 스미쓰는, 생산요소에 들어 있는 가치를 고정적 그리고 유동적이라고 규정하는 것은, 생산요소의 물적 자태가 아니라, 생산과정 내부에서의 그것의 기능이라는 것을, 이 예로부터 알 수 있었을 것이다.)

"종자의 모든 가치도 역시 고정자본이다. 그것은 토지와 곡물창고 사이를 왔다갔다 하지만, 결코 주인을 교체하지 않으며, 따라서 본래의 의미에서 유통하지 않는다. 차지농업가는, 그것의 판매에 의해서가 아니라, 그것의 증식에 의해서 이윤을 얻는다.(The whole value of the seed too is a fixed capital. Though it goes backwards and forwards between the ground and the granary, it never changes masters, and therefore it does not properly circulate. The farmer makes his profit not by its sale, but by its increase.)"

여기에 스미쓰의 구별이 전적으로 무사려(無思慮)하다는 것 (Gedankenlosigkeit)이 명백히 드러난다. 그에 의하면, 종자는, 어떤 주인 교체(change of masters)도 일어나지 않으면, 다시 말해서, 종자가 직접 년간 생산물로부터 보전되면, 즉 그 년간 생산

---

*1 [역주] 영어판에는 "노동도구들(instruments of labour)".

*2 [역주] 그 양자가 동일한 현물형태를 취하고 있다는 것.

물로부터 공제되면, 그 종자는 고정자본일 것이다. 그에 반해서 그 생산물 전체가 판매되고, 그 가치의 일부분으로 타인의 씨앗을 구매하면, 그 종자는 유동자본일 것이다. 한 경우에는 주인의 교체(change of masters)가 일어나고, 다른 경우에는 일어나지 않는다. 스미쓰는 여기에서도 다시 유동자본과 상품자본을 혼동하고 있다. 생산물은 상품자본의 소재적 담지자이다. 그러나 물론 생산물 가운데, 현실적으로 유통에 들어가고, 그것이 생산물로서 나왔던 그 생산과정에 다시 직접 들어가지 않는 부분만이 그렇다.

씨앗이 생산물로부터 그 일부분으로서 직접 공제되든, 생산물 전체가 판매되고 그 가치의 일부분이 타인의 씨앗을 구매하는 데에 전환되든, 두 경우 모두 단지 보전만이 일어날 뿐이고, 이 보전에 의해서는 결코 어떤 이윤도 만들어지지 않는다. 한 경우에는 씨앗이 나머지 생산물과 함께 상품으로서 유통에 들어가고, 다른 경우에는 그것이 단지 부기(簿記) 상으로만 선대자본의 가치구성부분으로서 나타난다. 그러나 두 경우 모두 그것은 의연히 생산자본의 유동적 구성부분이다. 그것은 생산물을 완성하기 위해서 전부 소비되며, 재생산을 가능하게 하기 위해서는 그것은 생산물로부터 전부 보전되지 않으면 안 된다.

"원료와 보조재료들은, 그것들이 사용가치들로서 노동과정에 들어갔던 자립적인 자태를 잃는다. 본래의 노동수단들은 다르다. 도구, 기계, 공장건물, 용기(容器) 등등은, 그 본래의 자태를 유지하여 어제와 마찬가지로 내일도 다시 똑같은 형태로 노동과정에 들어가는 한에서만, 노동과정에서 이용된다. 그것들은 살아 있는 동안에, 즉 노동과정에서 생산물에 대하여 그 자립적인 자태를 유지하는 것처럼, 죽어서도 그 자태를 유지한다. 기계,

공구(Werkzeugen),*1 작업용 건물 등등의 사체(死體)는 여전히 그것들이 도와 만든 생산물들과는 별개로, 자립적으로*2 존재한다."(제1권, 제6장, S. 192.*3)

생산수단들이, 어떤 것들은 생산물에 대하여 자신들의 자립적 자태를 유지하고, 다른 것들은 그 자태를 바꾸거나 전적으로 상실함으로써, 생산물의 형성에 이용되는, 이 상이한 방식들— 노동과정 그것에 속하는 이 구별, 그리하여 어떤 교환도 없고, 상품생산도 없는 단순한 자기 수요, 예컨대, 가부장제 가족의 자기 수요를 목표로 하는 노동과정에도 마찬가지로 해당되는 이 구별— 을 A. 스미쓰는, (1) 어떤 것들은 그것들의 자태를 유지함으로써, 그리고 다른 것들은 그것을 상실함으로써, 그 소유자에게 이윤을 가져다준다는, 여기에서는 전적으로 부당한 이윤 규정을 끌어들임으로써, (2) 노동과정에서의 일부 생산요소들의 변화를, 생산물의 교환 즉 상품유통에 속하는 형태변환(구매와 판매)과, 즉 유통하는 상품의 소유권의 변환을 동시에 포함하는 형태변환과 혼동함으로써, 왜곡하고 있다.

회전은, 재생산이 유통에 의해서 매개되는 것으로, 따라서 생산물의 판매에 의해서, 즉 생산물의 화폐로의 전화와 화폐로부터 생산물의 생산요소들로의 재전화에 의해서 매개되는 것으로 전제한다. 그러나 자본주의적 생산자 자신의 생산물의 일부가 그 생산자 자신에게 다시 직접 생산수단으로서 이용되는 한, 그 생

---

*1 [역주] 여기 제2권에는 "Werkstätten(작업장)"으로 되어 있지만, 제1권의 "Werkzeugen"에 따라 수정·번역함.

*2 [역주] 제1권의 본문에는 이 "자립적으로(selbständig)"가 없음.

*3 [MEW 편집자주] MEW, Bd. 23. S. 217-218.[채만수 역, 제1권, 제2분책, p. 340.]

산자는 자기 자신에 그것의 판매자로서 나타나며, 그의 부기에도 사태는 그렇게 나타난다. 그 경우 재생산의 이 부분은 유통에 의해서 매개되지 않고, 직접적이다. 그러나 생산물 가운데 그렇게 다시 생산수단으로서 이용되는 부분은, (1) 그 가치가 전부 생산물에 들어가고, (2) 그것 자체가 새로운 생산물의 신품에 의해서 전부 현물로(in natura) 보전되어 있는 한, 유동자본을 보전하는 것이지, 고정자본을 보전하는 것이 아니다.

A. 스미쓰는 그런데 우리에게, 유동자본과 고정자본이 무엇으로 이루어져 있는가를 말한다. 그는, 고정자본을 형성하는 물건들, 즉 소재적 요소들과 유동자본을 형성하는 그것들을 열거하고 있다. 마치 이 규정성은, 자본주의적 생산과정 내부에서의 이들 물건의 일정한 기능으로부터 생기는 것이 아니라 오히려 원래 소재적으로 그 물건들에 속한다는 듯이 말이다. 그럼에도 불구하고 그는 같은 장(章)(제2편, 제1장[Book II, chap. I])에서 다음과 같이 언급하고 있다. 즉, 예컨대, 직접적인 소비를 위해서 보유되고 있는 주택처럼, 비록 어떤 물건이,

"그것의 소유주에게 수입을 가져다주고, 그럼으로써 <u>자본의 기능으로서</u> 그에게 복무할지도 모르지만, 공중(公衆)에게는 어떤 수입도 가져다줄 수 없고, 자본의 기능으로서 복무할 수도 없으며, 인민 전체의 수입은 그것에 의해서 결코 조금도 증대될 수 없다.(may yield a revenue to its proprietor, and thereby serve *in the function of a capital* to him, it cannot yield any to the public, nor serve in the function of a capital to it, and the revenue of the whole body of the people can never be in the smallest degree increased by it." (S. 186.)

따라서 여기에서 A. 스미쓰는, 자본이라는 속성은, 물건들에

그 자체로서 그리고 어떤 사정 하에서나 속하는 것이 아니라, 사정에 따라서 그것들에 부여되기도 하고 부여되지 않기도 하는 기능이라는 것을 명확히 언명하고 있다. 그런데 자본 일반에 타당한 것은 그것의 세목(細目)에도 타당하다.

동일한 물건들이, 그것들이 노동과정에서 수행하는 기능이 다름에 따라서, 유동자본의 구성부분을 이루던가, 아니면 고정자본의 구성부분을 이룬다. 예컨대, 가축은, 역축(노동수단)으로서는 차지농업가의 고정자본의 소재적 존재양식을 이루지만, 반면에 비육가축(원료)으로서는 그의 유동자본의 구성부분을 이룬다. 다른 한편으로는, 동일한 물건이 때로는 생산자본의 구성부분으로서 기능할 수도 있고, 때로는 직접적인 소비재원에 속할 수도 있다. 예컨대, 가옥은, 그것이 작업공간으로서 기능할 때에는 생산자본의 고정적 구성부분이며, 주택으로서 기능할 때에는 결코 주택으로서의(qua) 자본의 어떤 형태도 아닌 것이다. 동일한 노동수단들이 많은 경우 때로는 생산수단들로서, 때로는 소비수단들로서 기능할 수 있다.

고정자본과 유동자본의 성격을 물건들에 속하는 성격으로서 파악하는 것: 이것은 스미쓰의 견해로부터 나오는 오류의 하나였다. 이미 노동과정의 분석(제1권, 제5장[*1])은, 하나의 동일한 물건이 과정 중에서 취하는 역할이 다름에 따라서 노동수단, 노동재료, 생산물이라는 규정들이 어떻게 바뀌는가를 보여주고 있다. 그런데 고정자본 및 비고정자본이라는 규정들 역시 이들 요소가 노동과정에서, 그리고 따라서 또한 가치형성과정에서 노는 일정한 역할들에 기초해 있다.

---

*1 [*MEW* 편집자주] *MEW*, Bd. 23, S. 192-200.[채만수 역, 제1권, 제2분책, 제1절. pp. 297-312.]

둘째로는 그런데, 고정자본과 유동자본을 구성하는 물건들을 열거하는 경우, 스미쓰가 생산자본(생산적 형태에 있는 자본)과 관련해서만 타당하고 의미를 갖는, 생산자본의 고정적 구성부분과 유동적 구성부분의 구별을, 생산자본과, 유통과정에 있는 자본에 속하는 형태들인 상품자본 및 화폐자본 간의 구별과 혼동하고 있다는 것이 돌연 명백해진다. 그는 같은 곳(p. 188)에서 이렇게 말한다:

"유동자본은 … 식량, 재료 및 각 판매자들의 수중에 있는 온갖 종류의 완성품으로, 그리고 그것들을 유통시키고 분배하기 위해서 필요한 화폐로 구성되어 있다 운운.(The circulating capital consists … of provisions, materials, and finished work of all kinds that are in the hands of their respective dealers, and of the money that is necessary for circulating and distributing them etc.)"

실제로, 보다 자세히 보면, 여기에서는 앞에서와는 반대로, 유동자본이 다시 상품자본 및 화폐자본과, 따라서 전혀 생산과정에 속하지 않는 자본의 두 형태와, 즉 고정자본에 대립하는 유동자본이 아니라 생산자본에 대립하는 유통자본을 형성하는 자본의 두 형태와 동일시되고 있다. 그리고 나서 단지 이것들[*1]과 <u>나란히</u> 재료들(원료 혹은 반제품들)에 선대되어 현실적으로 생산과정에 합체된, 생산자본의 구성부분들이 다시 나타난다. 그는 말한다:

"… 사회의 총비축물이 자연적으로 분할되는 세 부분 중 마지막 세 번째 부분은 유동자본이며, 그 특징은 그것이 오직 유통함으로써만, 즉 주인을 교체함으로써만 수입을 가져다준다는 것이다. 이것도 또한 네 부분으로 구성되어 있다: 첫 번째는, 화폐로 …(… The third and

---

*1 [역주] "상품자본과 화폐자본"을 가리킨다.

last of the three portions into which the general stock of the
society naturally divides itself, is the circulating capital, of which
the characteristic is, that it affords a revenue only by circulating
or changing masters. This is composed likewise of four parts:
first, of the money …)"

(그러나 화폐는 결코 생산자본, 즉 생산과정에서 기능하는 자본의 한 형태가 아니다. 그것은 언제나 자본이 그 유통과정의 내부에서 취하는 형태의 하나일 뿐이다.) —

"두 번째는, 도축업자, 목축업자, 차지농업가가 소유하고 있으며 … 그것들을 판매하여 이윤을 끌어내려고 기대하는 식량의 재고로 … 마지막 네 번째는, 만들어져 완성되어 있으나, 아직 상인과 제조업자의 수중에 있는 제품으로.(secondly, of the stock of provisions which are in the possession of the butcher, the grazer, the farmer … and from the sale of which they expect to derive a profit … Fourthly and lastly, of the work which is made up and completed, but which is still in the hands of the merchant and manufacturer.)" — 그리고:
"세 번째는, 전혀 가공되지 않았거나 다소 가공되어 있는 재료들로, 즉 의류, 가구, 그리고 건축의 재료들이면서, 아직 이들 세 형태 중 어느 것인가로 완성되어 있지는 않지만, 재배자들, 제조업자들, 비단장사들과 포목상들, 목재상들, 대목(大木)들과 소목(小木)들, 벽돌제조업자들 등등의 수중에 있는 것들로.(thirdly, of the materials, whether altogether rude or more or less manufactured, of clothes, furniture, and building, which are not yet made up into any of those three shapes but which remain in the hands of the growers, the manufacturers, the mercers and drapers, the timbermerchants, the carpenters and joiners, the brickmakers etc.)"

제2와 제4는, 생산물로서 생산과정으로부터 방출되어 있어서 판매되지 않으면 안 되는 생산물들 이외에 아무것도 포함하고 있지 않다. 요컨대, 이제는 상품으로서, 그리하여 또한 상품자본으로서 기능하는, 따라서 그것들의 종국적 용도가 무엇이든, 즉 그것들이 그 목적(사용가치)에 따라서 최종적으로 개인적으로 소비되어야 하든, 아니면 생산적으로 소비되어야 하든, [현재로서는: 역자] 전혀 생산자본의 요소를 형성하지 않는 형태를 취하고 있고, 또한 과정 속에서 그러한 지위를 점하고 있는 생산물들 이외의 아무것도 포함하고 있지 않은 것이다. 이들 생산물은, 제2에서는 식료품들이고, 제4에서는 다른 모든 완성 생산물들, 따라서 그 자체가 다시 완성된 노동수단들이거나 (제2에 포함된 식료품들 이외의) 완성된 향유수단들[*1]로 구성되어 있는 생산물들이다.

스미쓰가 이 경우 상인도 언급하고 있다는 것은, 그의 혼란을 보여준다. 생산자가 자신의 생산물을 상인에게 판매한 이상, 무릇 그 생산물은 더 이상 그의 자본의 어떤 형태도 결코 형성하지 않는다. 사회적으로 보면, 물론 그것은, 그 생산자의 수중과는 다른 수중에 있더라도, 의연히 상품자본이다. 그러나 바로 상품자본이기 때문에, 고정자본도 아니고 유동자본도 아니다.

직접적인 자가수요를 목표로 하지 않는 어떠한 생산에서나 생산물은 상품으로서 유통하지 않으면, 다시 말해서, 판매되지 않으면 안 되는데, 이는, 거기에서 이윤을 얻기 위해서가 아니라, 그럼으로써 무릇 생산자가 살아갈 수 있기 위해서이다. 자본주의적 생산의 경우에는 그에 더해서, 상품의 판매와 더불어 그 상품에 들어 있는 잉여가치도 실현된다. 생산물은 상품으로서 생산과

---

*1 [역주] "(제2에 포함된 식료품들 이외의) 완성된 향유수단들(fertigen Genuß-mitteln [andern als den sub 2 enthaltnen Nahrungsmitteln])"이 영어판에는 "완성된 소비 물품들(제2에서 언급된 것들 이외의 식료품들)(finished articles of consumption [foodstuffs other than those mentioned under 2])".

정으로부터 나오는 것이고, 따라서 그것은 생산과정의 고정적 요소도 아니고, 유동적 요소도 아니다.

게다가 스미쓰는 여기에서 스스로 자신을 파기하고 있다. 완성 생산물들은, 그것들의 소재적 자태 또는 그것들의 사용가치, 즉 그것들의 유용효과가 어떠한 것이든, 여기에서는 모두 상품자본이고, 따라서 유통과정에 속하는 형태로 있는 자본이다. 이러한 형태로 존재할 때에는, 그것들은 결코 그 소유자의 어떤 생산자본의 구성부분도 형성하지 않는다. 이것은, 그것들이 판매되자마자 그것들이 그 구매자의 수중에서, 유동적 구성부분이든 혹은 고정적 구성부분이든, 생산자본의 구성부분들로 <u>되는</u> 것을 전혀 방해하지 않는다. 여기에서는, 어떤 때에는 생산자본과는 반대로 상품자본으로서 시장에 등장하는 그 동일한 물건들이, 시장을 벗어나자마자, 생산자본의 유동적 구성부분들이나 고정적 구성부분들로서 기능할 수도 있고, 혹은 기능하지 않을 수도 있다는 사실이 명백해진다.

면방적업자의 생산물— 면사 —은 그에게는 그의 자본의 상품형태, 즉 상품자본이다. 그것은 다시는 그의 생산자본의 구성요소로서, 즉 노동재료로서도 노동수단으로서도, 기능할 수 없다. 그러나 그것을 구매하는 직조업자의 수중에서는 그것은 그의 생산자본의 유동적 구성부분의 하나로서 그의 생산자본에 합체된다. 그러나 방적업자에게는 면사는 그의 고정자본 및 유동자본의 일부의 가치(잉여가치는 도외시하고)의 담지자이다. 그와 같이 기계도, 기계제조업자의 생산물로서는, 그에게는 그의 자본의 상품형태, 즉 상품자본이며, 이러한 형태에 머무는 한, 그것은 유동자본도 아니고 고정자본도 아니다. 그 기계를 사용하는 공장주에게 판매되면, 그것은 생산자본의 고정적 구성부분으로 된다. 예컨대, 석탄생산에서의 석탄처럼, 그 사용형태로 보아 생산물의 일부가 그것이 나왔던 생산과정에 다시 생산수단으로서 들어갈 수 있는 경우에조차도, 석탄생산물 중 판매하도록 지정된 부분은, 유동자본도 고정자본도 대표하지 않고, 상품자본을 대표한다.

다른 한편에서는, 생산물은 그 사용형태로 보아, 노동재료로서든 혹은 노동수단으로서든, 생산자본의 어떤 요소도 전혀 형성할 수 없을 수도 있다. 예컨대, 무언가 생활수단이 그렇다. 그럼에도 불구하고 그것은 그것의 생산자에게는 상품자본이고, 고정자본과 유동자본의 가치담지자이다. 그리고 그것의 생산에 충용된 자본이 단번에 전부 보전되지 않으면 안 되느냐, 아니면 조금씩 보전되지 않으면 안 되느냐에 따라서, 즉 그 자본가치를 생산물에 전부 이전했는가, 아니면 조금씩 이전했는가에 따라서, 그 생산물은 유동자본의, 혹은 고정자본의 가치담지자이다.

스미쓰의 경우, 제3에서는, 재료(원료, 반제품, 보조재료)[*1]가, 한편에서는 이미 생산자본에 합체된 구성부분으로서 나타나지 않고, 사실상 단지, 제2와 제4에서 열거된 다른 소재적 구성요소들, 생활수단들 등과 나란히, 사회적 생산물 일반을 구성하는 사용가치들, 즉 상품총량의 어떤 특수한 종류로서만 나타난다. 다른 한편에서는 물론 그것들은 생산자본에 합체된 것으로서, 그리하여 또한 생산자의 수중에 있는 생산자본의 요소로서 제시된다. 혼란은, 재료들이 한편에서는(teils) 생산자의 수중에서 (재배자들, 제조업자들 등의 수중에서[in the hands of the growers, the manufacturers etc.]) 기능하는 것으로서 파악되고, 다른 한편에

---

*1 [역주] "재료(원료, 반제품, 보조재료)"가 원문에는 "Rohmaterial (Rohstoff, Halbfabrikat, Hilfsstoff)"로 되어 있다. "Rohmaterial"을, "Rohstoff"와 구별하기 위해서, "재료"라고 번역했다.

서는 상인들(비단장사들, 포목상들, 목재상들[mercers, drapes, timber-merchants])의 수중에서 기능하는 것으로서 파악되고 있는 데에서 명백해지는데, 상인들의 수중에서는 그것들은 단순한 상품자본이지, 생산자본의 구성요소들이 아니다.

실제로, A. 스미쓰는 여기에서 유동자본의 요소들을 열거하면서, 오직 생산자본과 관련해서만 유효한, 고정자본과 유동자본의 구별을 전적으로 망각하고 있다. 그는 오히려 상품자본과 화폐자본을, 다시 말해서, 유통과정에 속하는 자본의 두 형태를 생산자본에 대립시키는데, 그러나 이는 단지 무의식적으로 그렇다.

마지막으로는 눈에 띄는 것은, A. 스미쓰가 유동자본의 구성요소들을 열거하면서 노동력을 망각하고 있다는 사실이다. 그것도 이중의 이유에서 그렇게 되고 있다.

방금 본 바와 같이, [스미쓰의 경우: 역자] 화폐자본을 도외시하면, 유동자본은 단지 상품자본의 다른 이름일 뿐이다. 그런데 노동력은 그것이 시장에서 유통하고 있는 한, 자본이 아니며, 상품자본의 어떤 형태도 결코 아니다. 노동력은 무릇 자본이 아니며, 노동자는, 하나의 상품을, 즉 자기 자신의 가죽(Haut)을 시장으로 가져가지만, 결코 자본가가 아니다. 노동력은 판매되어 생산과정에 합체되어야 비로소 — 따라서 그것은 상품으로서 유통하기를 멈춘 후에야 비로소 생산자본의 구성부분이 되며, 잉여가치의 원천으로서의 가변자본이 되고, 노동력에 투하된 자본가치의 회전과 관련해서는 생산자본의 유동적 구성부분이 된다. 스미쓰는 여기에서 유동자본을 상품자본과 혼동하고 있기 때문에, 그는 노동력을 자신의 유동자본 항목에 넣을 수 없는 것이다. 가변자본은 그리하여 여기에서는 노동자가 자신의 임금으로 구매하는 상품들, 즉 생활수단들의 형태로 나타난다. 이러한 형태에서, 임금에 투하되는 자본가치가 유동자본에 속해야 한다. [그러나: 역자] 생산과정에 합체되는 것은 노동력, 즉 노동자 자신이지, 노동자가 살아가는 생활수단들이 아니다. 물론 우리가 이미 본 바와 같이(제1권, 제21장), 사회적으로 고찰하면, 노동자의 개인적 소비에 의한 노동자 자신의 재생산 역시 사회적 자본의 재생산과정에 속한다. 그러나 이것은, 여기에서 우리가 고찰하고 있는, 그 자체로 완결되는 개개의 생산과정에는 해당되지 않는다. 스미쓰가 고정자본의 항목에서 제시하는 습득된 유용한 능력들(acquired and useful abilities)(p. 187)은, 그것들은 임금노동자들의 능력들(abilities)이어서 그가 자신의 노동을 그 능력들(abilities)과 함께 판매해버린 이상,[*1] 오히려 유동자본의 구성부분들을 형성한다.

스미쓰가 사회적 부 전체를 (1) 직접적 소비재원, (2) 고정자본, (3) 유동자본으로 분할하고 있는 것은 그의 일대 오류다. 이에 따르면, 부는, (1) 그것[*2]의 어떤 부분들은 언제나 자본으로서 기능할 수 있다 하더라도, 기능하고 있는 사회적 자본의 그 어떤 부분도 결코 형성하지 않는 소비재원과, (2) 자본으로 분할되어야 할 것이다. 이에 따르면, 부의 일부분은 자본으로서 기능하고, 다른 부분은 비자본(非資本) 즉 소비재원으로서 기능하는 것이다. 그리고 여기에서는, 마치 수컷 아니면 암컷이라는 것이 포유동물에게 있어서 자연필연성인 것마냥, 고정자본 아니면 유동자본이라는 것이 모든 자본에게 있어서 피할 수 없는 필연성으로서

[*1] [역주] "그것들은 임금노동자들의 능력들(abilities)이어서 그가 자신의 노동을 그 능력들(abilities)과 함께 판매해버린 이상"이 영어판에는, "그것들은 임금노동자의 '능력들'이고 그가 자신의 노동을 그 '능력들'과 함께 판매해버렸기 때문에(since they are "abilities" of the wage-labourer and he has sold his labour together with its "abilities")".

[*2] [역주] "소비재원"을 가리킨다.

나타난다. 그러나 우리가 이미 본 바와 같이, 고정자본과 유동자본의 대립은 오로지 생산자본의 요소들에만 적용할 수 있으며, 따라서 생산자본 외에도 또한 고정자본일 수도, 유동자본일 수도 없는 형태로 존재하는 대단히 많은 자본— 상품자본과 화폐자본—이 있다.

생산물들 가운데, 판매되거나 구매되지 않고, 현물형태로 개별적인 자본주의적 생산자들 자신에 의해서 직접 다시 생산수단으로서 이용되는 부분을 제외하면, — 자본주의적 생산의 토대 위에서는 — 사회적 생산물의 전량이 시장에서 상품자본으로서 유통하기 때문에, 생산자본의 고정적·유동적 요소들뿐 아니라 소비재원의 모든 요소도 역시 상품자본으로부터 인출된다는 것은 명백하다. 이것은 사실은, 생산수단들도 소비수단들도 자본주의적 생산의 기초 위에서는, 그것들이 나중에는 소비수단이나 생산수단으로서 이용될 운명을 띠고 있더라도, 우선은 상품자본으로서 나타난다는 것 이외의 다른 아무것도 의미하지 않는다. 마찬가지로 노동력조차도, 상품자본으로서는 아니지만, 상품으로서 시장에서 발견된다.

그리하여 A. 스미쓰의 경우 다음과 같은 새로운 혼란이 일어난다. 그는 다음과 같이 말한다:

"이들 네 부분 중(Of these four parts)"

(유동자본(circulating capital), 다시 말해서, 상품자본 및 화폐자본이라는, 유통과정에 속하는 형태들에 있는 자본의 [네 부분 중: 역자] — 스미쓰가 상품자본의 구성부분들을 다시 소재적으로 구분함으로써 두 부분이 네 부분들로 전화된다)

"세 부분— 식량과 재료, 완성품 —은 매년 혹은 보다 더 길거나 짧은 기간마다 규칙적으로 유동자본으로부터 인출되어, 고정자본 또는 직접적 소비를 위해 비축되는 재고로 배치된다. 어떤 고정자본이나 모두 본래 유동자본으로부터 나와 있는 것이고, 유동자본에 의해서 계속 유지될 필요가 있다. 유용한 모든 기계들과 사업 도구들은 본래 그것들이 만들어지는 재료들과 그것들을 만드는 노동자들의 생활비를 공급하는 유동자본으로부터 나와 있다. 그것들은, 그것들을 꾸준히 수리해두기 위한 동종의 자본도 역시 필요로 한다.(three — provisions, materials, and finished work, are either annually or in a longer or shorter period, regularly withdrawn from it, and placed either in the fixe capital, or in the stock reserved for immediate consumption. Every fixed capital is both originally derived from, and requires to be continually supported by, a circulating capital. All useful machines and instruments of trade are originally derived from a circulating capital, which furnishes the materials of which they are made and the maintenance of the workmen who make them. They require, too, a capital of the same kind to keep them in constant repair.)" (p. 188.)

생산물 중에서 그 생산자에 의해서 직접 다시 생산수단으로 사용되는 부분을 항상 제외하면, 자본주의적 생산에는 다음과 같은 일반적 명제가 유효하다: 즉, 모든 생산물은, 이들 생산물이 그 현물형태, 즉 그 사용가치로 보아, 생산자본의 (생산과정의) 요소들로서, 즉 생산수단들로서, 그리하여 또한 생산자본의 고정적 혹은 유동적 요소들로서 기능하지 않으면 안 되거나 기능할 수 있든 아니든; 혹은 그것들이 생산적 소비의 수단들이 아니라 단지 개인적 소비의 수단들로서만 이용될 수 있든 아니든, 상품으로서 시장에 나타나며, 그리하여 자본가에 대해서는 그의 자본의 상품형태로서, 즉 상품자본으로서 유통한다. 모든 생산물은 상품으로서 시장에 던져지며; 모든 생산수단들과 소비수단들, 즉 생산적·개인적 소비의 모든 요소는 그리하여 구매에 의해서 상품으로서 다시 시장에서 인출되지 않으면 안 된다. 이 뻔한 말 (truism)은 물론 옳다. 그리하여 이것은, 생산자본의 고정적 요소들에도 유동적 요소들에도, 모든 형태의 노동수단에도 노동재료에도 타당하다. (이 경우에도, 천연적으로 존재하는, 즉 결코 어떤 생산물도 아닌, 생산자본의 요소들이 있다는 것은 역시 망각되어 있다.) 기계도, 면화와 마찬가지로, 시장에서 구매된다. 그러나 그렇다고 해서, 어떤 고정자본이나 모두 본래는 유동자본에서 유래한다는 것으로는 결코 귀결되지 않는다. — 이러한 결론은, 단지, 유통자본과 유동자본, 즉 비고정자본을 스미쓰가 혼동하는 데에서 나올 뿐이다. 그리고 게다가 스미쓰는 스스로 자신을 파기하고 있다. 기계들은, 그 자신에 의하면, 상품으로서는 유동자본의 제4의 일부분을 이룬다. 따라서 기계가 유동자본에서 유래한다는 것은, 단지, 기계는 그것이 기계로서 기능하기 전에 상품자본으로서 기능했다고 하는 것, 그러나 기계는 소재적으로는, 바로 방적업자의 자본의 유동적 요소로서의 면화가 시장에 있는 면화로부터 유래하는 것과 마찬가지로, 기계 그 자신으로부터 유래한다는 것을 의미할 뿐이다. 그러나 스미쓰는, 더욱 부연 설명하면서, 기계를 만들기 위해서는 노동과 원료가 필요하다는 이유로 고정자본을 유동자본으로부터 도출하고 있는데, 그렇다면 첫째로 기계를 만들기 위해서는 노동수단들, 따라서 고정자본도 필요하며, 둘째로는 원료를 만들기 위해서도 마찬가지로 고정자본, 즉 기계장치 등등이 필요하다. 왜냐하면, 생산자본은 언제나 노동수단을 포함하지만, 그러나 언제나 노동재료를 포함하는 것은 아니기 때문이다. 그 자신도 이에 관해서 곧바로 다음과 같

이 말한다:

"토지와 광산, 어장은 그것들을 개발하기 위한 고정자본과 유동자본 둘 모두를 필요로 한다.(Lands, mines, and fisheries, require all both a fixed and circulating capital to cultivate them.)"

(따라서, 원료를 생산하기 위해서는, 유동자본뿐만이 아니라, 고정자본도 필요하다는 것을 시인하고 있다.)

"그리고(and)" (여기에서 새로운 잘못이 나타난다) "그것들의 생산물은, 그들 자본뿐 아니라, 사회의 다른 모든 자본도 이윤을 붙여 보전한다.(their produce replaces with a profit, not only those capitals, but *all the others in society*.)" (p. 188.)

이것은 전적으로 잘못이다. 그것들의 생산물은 다른 모든 산업부문들을 위해서 원료, 보조재료 등을 공급한다. 하지만 그것들의 가치는 다른 모든 사회적 자본들의 가치를 보전하는 것이 아니다. 그것들은 단지 그것들 자신의 자본가치(+ 잉여가치)를 보전할 뿐이다. 여기에서 A. 스미쓰는 다시 중농주의자들에 대한 회상에 잠겨 있다.[*1]

사회적으로 고찰하면, 상품자본 중에서, 오직 노동수단으로서만 복무할 수 있는 생산물들로 구성되는 부분은, — 그것들이 무릇 쓸모없이 생산되어 있지 않고, 판매될 수 없는 것이 아니라면 — 조만간에 역시 노동수단으로서 기능하지 않으면 안 된다는 것, 다시 말해서, 자본주의적 생산의 기초 위에서는 그것들이 상

---

*1 [新日本出版社 판 역자주] 스미쓰가, 위 인용문에 이어서, 농업자는 제조업자에게 식료품 등을 보상해주고, 제조업자는 농업자에게 완성품을 보상해준다고 서술하고 있는 것을 가리킨다.

품이기를 그만두자마자, 사회적 생산자본의 고정적 부분의, 현실적인, 미리 예견할 수 있는 요소들을 형성하지 않으면 안 된다는 것은 옳다.

여기에서는 생산물의 현물형태로부터 기인하는 한 구별이 발생한다.

예컨대, 방적기계는, 만일 그것이 방적에 이용되지 않는다면, 따라서 생산요소로서, 따라서 자본가적 관점에서 생산자본의 고정적 구성부분으로서 기능하지 않는다면, 결코 어떤 사용가치도 갖지 않는다. 그러나 방적기계는 이동시킬 수 있다. 그것은 그것이 생산된 나라에서 수출되어, 외국에서 원료 등을 받고서든, 샴페인을 받고서든, 직접적 혹은 간접적으로 판매될 수 있다. 그것이 생산된 나라에서는 그것은 이러한 경우 단지 상품자본으로서만 기능했을 뿐이며, 결코 한번도, 심지어 그것이 판매된 후에조차, 고정자본으로서 기능하지 않았다.

그에 반해서, 토지와 합체됨으로써 위치가 고정되고, 그리하여 또한 그곳에서만 이용될 수 있는 생산물들, 예컨대, 공장건물, 철도, 교량, 터널, 부두 등등, 토지개량 등등은 물체적으로는, 즉 통째로는(mit Haut und Haaren) 수출될 수 없다. 그것들은 이동시킬 수 없다. 그것들은 쓸모가 없던가, 아니면 판매되는 즉시, 그것들이 생산된 나라에서 고정자본으로서 기능하지 않으면 안 된다. 판매하기 위해서 투기적으로 공장을 세우고 대토지를 개량하는 자본주의적 생산자들[*2]에게는 이들 물건은 그의 상품자본의 형태이고, 따라서 A. 스미쓰에 따르면 유동자본의 형태이다. 그

---

*2 [新日本出版社 판 역자주] 제2 초고에는, 여기에 "또는, 직업상, 철도나 교량을 건설하는 청부업자"가 들어가 있다. 프랑스어, 이딸리아어, 스페인어, 조선어 각판의 역주 또는 추보(追補)에 의한다.

러나 사회적으로 고찰하면, 이들 물건은 — 그것들이 쓸모없는 것이 아니려면 — 결국 그 나라 자체 내에서 그 자신의 국지성(局地性)에 의해서 고정된 생산과정에서 고정자본으로서 기능하지 않으면 안 된다. [그렇다고 해서: 역자] 이로부터, 이동시킬 수 없는 물건들은 이동시킬 수 없다는 그 자체만으로 고정자본이다라는 결론은 결코 나오지 않는다. 그것들은 주택 등등으로서 소비재원에 속할 수도 있고, 따라서 그것들은 자본도 그 중의 일부인 사회적 부의 한 요소를 이루긴 하지만, 무릇 사회적 자본에 속하지는 않는다. 이러한 물건들의 생산자는, 스미쓰 식으로 표현하자면, 그것들을 판매함으로써 이윤을 획득한다. 따라서 유동자본이다! 그것들의 이용자, 즉 그것들의 최종 구매자는 그것들을 생산과정에서 사용함으로써만 그것들을 이용할 수 있다. 따라서 고정자본이다!

소유명의(Eigentumstitel), 예컨대, 철도에 대한 그것[*1]은 날마다 그 소유자를 바꿀 수 있으며, 그 소유자는 이 명의를 심지어 외국에서 판매함으로써 — 그리하여, 철도 그 자체는 수출할 수 없지만, 그 소유명의는 수출할 수 있다 — 이윤을 획득할 수 있다. 그러나 그럼에도 불구하고 이들 물건은 그것들이 붙박여 있는 나라 그 자체 내에서 유휴상태에 있거나, 생산자본의 고정적 구성부분으로서 기능하지 않으면 안 된다. 마찬가지로 공장주 A는 자신의 공장을 공장주 B에게 판매함으로써 이윤을 획득할 수 있는데, 그러나 이것이 그 공장이 전마냥 고정자본으로서 기능하는 것을 방해하진 않는다.

그리하여 장소적으로 고정되어 토지로부터 분리할 수 없는 노동수단들은, 그 생산자에게는 상품자본으로서 기능할 수 있고,

---

*1 [역주] "철도에 대한 소유명의"가 영어판에는, "철도 주식(railway shares)".

그의 고정자본의 어떤 요소도 형성하지 않지만(고정자본은 그에게는 건물·철도 등을 건설하기 위해 사용하는 노동수단들로 이루어져 있다), 그럼에도 불구하고 그 나라 자체 내에서 반드시 예상대로 고정자본으로서 기능하지 않으면 안 되는데, 그렇다고 해서 이로부터 거꾸로, 고정자본은 반드시 이동될 수 없는 물건들로 구성된다는 결론은 결코 나오지 않는다. 선박과 기관차는 오로지 그것들이 이동함으로써만 작용하는데, 하지만 그것들은, 그것들의 생산자에게 있어서는 아니지만, 그것들의 충용자에게 있어서는 고정자본으로서 기능한다. 다른 한편에서, 가장 실질적으로*1 생산과정 속에 고정되어 있어, 그 속에서 살다 죽고, 그 속에 들어간 후에는 결코 다시 그 속을 떠나지 않는 물건들은 생산자본의 유동적 구성부분들이다. 예컨대, 기계의 운전을 위해서 생산과정에서 소비되는 석탄, 조명을 위해서 공장건물 속에서 소비되는 가스 등등이 그것들이다. 그것들이 유동적인 것은, 그것들이 생산물과 함께 물질적으로 생산과정을 떠나서 상품으로서 유통하기 때문이 아니라, 그것들의 가치가 전부 그것들이 도와서 생산하는 상품의 가치 속에 들어가기 때문이고, 따라서 또한 그 상품의 판매로부터 전부 보전되지 않으면 안 되기 때문이다.

A. 스미쓰로부터 인용된 마지막 부분에서는 또한 다음 상투어(Phrase)도 주의해야 한다:

"그것들"(기계 등등)"을 만드는 노동자들의 생활비를 … 공급하는 유동자본(A circulating capital which furnishes … the maintenance of the workmen who make them)"(Maschinen etc.).

---

*1 [역주] "가장 실질적으로(wirklichst)"가 영어판에는, "가장 결정적으로(most decidedly)".

중농주의자들의 경우 임금에 선대된 자본부분은, 정당하게도, 시초선대(avances primitives)와 대립하는 매년선대(avances annuelles) 아래에 나타난다. 다른 한편에서, 그들의 경우 차지농업가에 의해 충용되는 생산자본의 구성부분으로서 나타나는 것은, 노동력 자체가 아니라, 농촌노동자들에게 주어지는 생활수단(스미쓰가 말하는, 노동자들의 생활비[the maintenance of the workmen])이다. 이것은 그들의 독특한 학설과 긴밀히 관련되어 있다. 노동이 생산물에 부가하는 가치부분은 (원료, 노동도구들 등, 요컨대, 불변자본의 소재적 구성부분들이 생산물에 부가하는 가치부분과 전적으로 마찬가지로) 그들의 경우 바로, 단지 노동자들에게 지불되어 노동력으로서의 그들의 기능을 유지하기 위해서 필연적으로 소비되어야 하는 생활수단들의 가치와 같을 뿐이다. 불변자본과 가변자본의 구별을 발견하는 것은 그들에게는 그들의 학설에 의해서 거부되어 있다. (그것*1 자신의 가격을 재생산하는 외에) 잉여가치를 생산하는 것이 노동*1이라면, 그것*1은 농업에서와 마찬가지로 공업에서도 잉여가치를 생산한다. 그러나 노동*1은, 그 체계*2에 의하면, 단지 하나의 생산부문, 즉 농업에서만 잉여가치를 생산하기 때문에, 잉여가치는, [노동자의: 역자] 노동으로부터가 아니라, 이 부문에서의 자연의 특수한 활동(협조)으로부터 생긴다. 그리고 오로지 그 때문에 그들에게는 농업노동이, 다른 종류의 노동들과 달리, 생산적 노동인 것이다.

A. 스미쓰는 노동자들의 생활수단을, 고정자본과 대립하는 유동자본으로 규정하는데,

---

*1 [역주] 이들 "노동"("그것")은 반드시 모두 "노동자"로 읽어야 할 것이다.

*2 [역주] "그 체계"는 '중농주의자들의 학설 체계'를 의미한다.

(1) 이는 그가 고정자본에 대립하는 유동자본을 유통영역에 속하는 자본의 형태들, 즉 유통자본과 혼동하기 때문인데, 이 혼동은 스미쓰 이후에 무비판적으로 계승되어 왔다. 그리하여 그는 상품자본을 생산자본의 유동적 구성부분과 혼동하고 있다. 그리고 이때, 사회적 생산물이 상품의 형태를 취하는 곳에서는 비노동자들의 생활수단들처럼 노동자들의 생활수단들도, 노동수단들 자체처럼 재료들도 상품자본으로부터 공급되지 않으면 안 된다는 것은 자명하다.

(2) 그러나 스미쓰에게는 중농주의적 관념(Vorstellung)도 역시 나타나고 있다. 비록 그것은 그 자신이 개진한 심오한(esoterisch) — 진정으로 과학적인 — 부분과 모순되지만.

무릇 선대자본은 생산자본으로 전환된다. 즉, 그 자체가 이전의 노동의 생산물인 생산요소들의 자태를 취한다. (그 중에는 노동력도 포함된다.) 오직 이러한 형태에서만 그것은 생산과정의 내부에서 기능할 수 있다. 만일 자본의 가변적 부분이 전환된 노동력 그 자체 대신에 노동자의 생활수단들을 놓는다면, 이들 생활수단 그 자체가, 가치 형성과 관련해서는, 생산자본의 다른 요소들과, 즉 원료들과도, 역축의 생활수단들과도 구별되지 않는다는 것은 명백하며, 그 때문에 스미쓰는 중농주의자들의 선례에 따라서, 앞에서 인용한 곳에서도, 그것들[역축의 생활수단들과 노동자의 생활수단들: 역자]을 동렬에 놓고 있는 것이다. 생활수단들은 스스로 그 자체의 가치를 증식시킬 수 없다. 즉, 스스로 그 자체에 잉여가치를 부가할 수 없다. 그것들의 가치는, 생산자본의 다른 요소들의 가치와 마찬가지로, 생산물의 가치 속에 다시 나타날 수 있을 뿐이다. 생활수단들은 그 가치에, 그것들 자체가 가지고 있는 것 이상의 가치를 부가할 수 없다. 생활수단들은 오직,

원료, 반제품 등등과 마찬가지로, 그것들이 들어가 형성되는 생산물에 (적어도 그것들의 대금을 지불하는 자본가에게 있어서는) 전부 소비되어 버리고, 그리하여 그 가치가 전부 보전되지 않으면 안 되는데, 고정자본의 경우에는 그것[생산물로의 소비와 그 가치 보전: 역자]이 단지 점차적으로만, 즉 조금씩만 일어난다는 사실에 의해서만, 노동수단들로 이루어지는 고정자본과 구별된다. 따라서 생산자본 가운데 노동력(또는 노동자의 생활수단들)에 선대되는 부분은 이제, 노동과정 및 가치증식과정과 관련해서가 아니라, 오직 소재적으로만 생산자본의 나머지 소재적 요소들과 구별된다. 이 부분은 오직, 객체적 생산물 형성자들(die objektiven Produktbildner) 가운데 고정자본의 범주에 속하는 다른 부분에 대립하여, 객체적 생산물 형성자들 가운데 (스미쓰가 일반적으로 재료들(materials)이라고 말하는) 한 부분과 더불어 유동자본의 범주에 속하는 것으로서만 구별되는 것이다.*1

자본 가운데 임금에 투하되는 부분이 생산자본의 유동적 부분에 속한다고 하는 사실, 즉 생산자본의 고정적 구성부분에 대립하여, 대상적 생산물 형성자들의 일부분인 원료 등등과 더불어 유동성을 공유한다는 사실은, 자본 가운데 이 가변적 부분이, 그 불변적 부분에 대립하여, 가치증식과정에서 노는 역할과는 절대적으로 아무런 관계가 없다. 그것은 오로지, 선대된 자본가치의 이 부분이 유통을 매개로 생산물의 가치로부터 어떻게 보전, 갱신, 따라서 재생산되지 않으면 안 되는가 하는 것과만 관계가 있을 뿐이다. 노동력의 구매와 재구매는 유통과정에 속한다. 그러

---

*1 [역주] "유동자본의 범주에 속하는 것으로서만(nur als ... in die Kategorie des zirkulierenden Kapitals fallend)"이 영어판에는, "유동자본의 범주에 속하는 한에서만(only in so far as it falls into the category of circulating capital)."

나 생산과정의 내부에서만 노동력에 투하된 가치는 비로소 (노동자에게 있어서가 아니라, 자본가에게 있어서) 일정한·불변적인 크기로부터 가변적인 크기로 전화되며, 무릇 이에 의해서만 선대된 가치는 자본가치로, 즉 자본으로, 즉 스스로를 증식하는 가치로 전화된다. 그러나, 스미쓰의 경우처럼, 노동력에 투하된 가치가 아니라, 노동자의 생활수단들에 투하된 가치가 생산자본의 유동적 구성부분으로 규정됨으로써, 가변자본과 불변자본의 구별에 대한 이해가, 따라서 자본주의적 생산과정 일반에 대한 이해도 불가능해진다. 대상적인 생산물 형성자들에 투하된 불변자본에 대립하는 가변자본이라는, 이 자본부분의 규정은, 노동력에 투하된 자본은 회전과 관련해서는 생산자본의 유동적 부분에 속한다는 규정 하에 매몰돼 버린다. 이 매몰은, 노동력 대신에 노동자의 생활수단들이 생산자본의 요소로서 열거됨으로써 완성된다. 노동력의 가치가 화폐로 선대되든, 직접 생활수단들로 선대되든, 상관이 없다. 물론 후자(後者)는 자본주의적 생산의 기초 위에서는 단지 예외적일 수밖에 없을 뿐이지만.[24]

A. 스미쓰에 의해서 이렇게 유동자본이라는 규정이 노동력에 투하된 자본가치에 대한 결정적인 규정으로 고정됨으로써 — 중농주의자들의 전제(前提) 없는 이 중농주의적 규정에 의해서 — 스미쓰는 드디어 그의 후계자들이 노동력에 투하된 자본을 가변자본으로 인식하는 것을 불가능하도록 만들어 버렸다. 그 자신이

---

24 가치증식과정에서의 노동력의 역할을 이해하는 길을 A. 스미쓰가 스스로 얼마나 심히 차단했던가는, 중농주의적 방식에 따라 노동자의 노동을 역축의 그것과 동렬에 놓고 있는 다음 문장이 증명하고 있다: "그의" (차지농업가의) "노동하는 하인들뿐만 아니라, 그의 역축들 역시 생산적 노동자들이다.(Not only his [farmer's] labouring servants, but his labouring cattle are productive labourers.)(제2편, 제5장, p. 243.[최임환 역, ≪국부론≫(상), 을유문화사, 1970, p. 363.])

다른 곳에서 제시한, 보다 더 심오하고 올바른 설명들은 승리를 거두지 못했지만, 그의 이 과실은 승리했던 것이다. 그뿐만 아니라, 그 후의 저술가들은 더 나아가 있어, 그들은 — 고정자본에 대립하는 — 유동자본임을 노동력에 투하된 자본부분의 결정적 규정으로 삼았을 뿐 아니라, 노동자들을 위한 생활수단들에 투하되는 것을 유동자본의 본질적 규정으로 삼았다. 이것과 자연스럽게 결부되었던 것이, 한편에서는 사회적 생산물에 대한 노동자들의 몫의 한계를 물리적으로 제한하고, 다른 한편에서는 그러나 노동력의 구매에 그 전부가 지출되지 않으면 안 되는 어떤 주어진 크기로서의, 필수 생활수단들로 이루어지는 노동기금[*1]이라는 학설이다.

[*1] [*MEW* 편집자 주] *MEW*, Bd. 23, S. 636-639[채만수 역, 제1권, 제4분책, pp. 999-1008]를 보라.

제11장
고정자본 및 유동자본에 관한 학설들. 리카도

리카도가 고정자본과 유동자본의 구별을 거론하는 것은, 단지, 가치법칙의 예외들, 즉 임금률이 물가에 영향을 미치는 경우들을 서술하기 위해서다. 그에 관해서는 제3권에서야 비로소 언급할 것이다.[*1]

그러나 다음과 같이 무심히 병치(倂置)하는 데에 본원적인 불명료성이 처음부터 나타나 있다:

> "고정자본의 내구성의 정도의 이러한 상이(相異), 그리고 두 종류의 자본이 결합될 수 있는 비율의 이러한 다양성."[25]

그런데 이 두 종류의 자본이란 무엇인지를 물으면, 다음과 같은 답을 듣게 된다:

> "노동을 유지해야 할 자본과, 도구·기계장치 및 건물에 투하된 자본이 다양하게 결합될 수 있는 비율들, 또한."[26]

---

*1 [MEW 편집자 주] MEW, Bd. 25[《자본론》 제3권], 제11장을 보라.

25 "This difference in the degree of durability of fixed capital, *and* this variety in the proportions in which the two sorts of capital may be combined." — "Principles"[*On the Principles of Political Economy, and Taxation*(경제학 및 과세의 원리), 3rd ed. London, 1821], p. 25.

따라서 고정자본 = 노동수단들이고, 유동자본 = 노동에 투하된 자본이다. "노동을 유지해야 하는 자본"[*1]이 이미 A. 스미쓰로부터 물려받은 어리석은 표현이다. 여기에서는 유동자본이, 한편에서는 가변자본과, 즉 생산자본 가운데 노동에 투하된 부분과 혼동되고 있다. 그러나 다른 한편에서는, 이 대립이 가치증식과정으로부터 도출된 것— 불변자본과 가변자본 —이 아니라, 유통과정에서 도출된 것(종래의 스미쓰적 혼란)이기 때문에, 이중으로 그릇된 규정이 나오고 있다.

첫째로, 고정자본의 내구성의 정도의 상이와, 불변자본과 가변자본으로 이루어지는 자본구성의 상위(相違)가 대등한 것으로 파악되고 있다. 그러나 자본구성의 상위는 잉여가치의 생산에서의 상위를 규정한다. 그에 반해서 고정자본의 내구성의 정도의 상위는, 가치증식과정이 고찰되는 한에서는 오로지 어떤 현존하는 가치가 생산수단으로부터 생산물로 이전되는 방식과만 관련이 있고; 유통과정이 고찰되는 한에서는, 그것은 오로지 투하된 자본의 갱신 기간, 즉 달리 고찰하면, 단지 그것이 선대되어 있는 기간과만 관련이 있다. 만일 자본주의적 생산과정의 내적 움직임(Getriebe)을 통찰하지 않고, 기성의 현상의 견지에 서면, 이들 구별은 사실상 합치된다. 상이한 영업 부문들에 투하된 자본들 사이의 사회적 잉여가치의 분배에서는 자본이 선대되는 상이한 기간의 차이(따라서, 예컨대, 고정자본의 경우 상이한 수명)와,

---

26 "The proportions, too, in which the capital that is to support labour, and the capital that is invested in the tools, machinery, and buildings, may be variously combined." — 같은 곳.

*1 [역주] 독일어 원문에는 인용부호가 없으나, 영어판에 따라서 인용부호를 붙였다.

자본의 상이한 유기적 구성(따라서 또한 불변자본과 가변자본의 상이한 유통)은 일반적 이윤률의 평균화에도, 생산가격으로의 가치의 전화에도 똑같이 작용한다.

둘째로, 유통과정의 관점에서는, 한편에는 노동수단들, 즉 고정자본이 있고, 다른 편에는 노동재료와 임금, 즉 유동자본이 있다. 그에 반해서 노동과정 및 가치증식과정의 관점에서는, 한편에는 생산수단들(노동수단들과 노동재료), 즉 불변자본이 있고, 다른 편에는 노동력, 즉 가변자본이 있다. 자본의 유기적 구성(제1권, 제23장, 제2절, p. 647[*1])에 대해서는, 동일한 가치량의 불변자본이 다량의 노동수단과 소량의 노동재료로 구성되어 있든, 아니면 다량의 노동재료와 소량의 노동수단으로 구성되어 있든 전혀 상관이 없는 반면에, 모든 것은 생산수단에 투하된 자본의, 노동력에 투하된 자본에 대한 비율에 달려 있다. 거꾸로, 유통과정의 관점, 즉 고정자본과 유동자본의 구별이라는 관점에서는, 어떤 주어진 가치량의 유동자본이 어떤 비율로 노동재료와 임금으로 분할되든 마찬가지로 상관이 없다. 하나의 관점[*2]에서는, 노동재료는, 노동력에 투하된 자본가치에 대립하여, 노동수단들과 동일한 범주 속에 있다. 다른 관점[*3]에서는, 노동력에 투하된 자본부분은, 노동수단들에 투하된 자본부분에 대립하여, 노동재료에 투하된 자본부분과 함께 있다.

그리하여 리카도의 경우에는 노동재료(원료 및 보조재료)에

---

*1 [*MEW* 편집자 주] *MEW*, Bd. 23, S. 640[채만수 역, 제1권, 제4분책, pp. 1009 이하]

*2 [역주] 노동과정 및 가치증식과정의 관점.

*3 [역주] 유통과정의 관점.

투하된 자본가치 부분은 어느 쪽에도 나타나지 않는다. 그것은 전적으로 사라진다. 즉, 그것은, 그 유통양식에서 노동력에 투하된 자본부분과 전적으로 일치하기 때문에, 고정자본의 쪽에 적합하지 않다. 그리고 그것은 다른 한편에서는 유동자본 쪽에 배치될 수도 없는데, 왜냐하면, 그렇게 하면, A. 스미쓰로부터 계승되어 암암리에 계속 유지되고 있는, 고정자본과 유동자본의 대립과, 불변자본과 가변자본의 대립의 동일시가 파기될 것이기 때문이다. 리카도는 이를 감지하지 못하기에는 너무나 많은 논리적 본능을 가지고 있고, 그리하여 그에게서는 이 가치부분이 완전히 사라져 버리는 것이다.

여기에서 지적해야 할 것은, 자본가는 임금에 투하되는 자본을, 그가 이 임금을, 예컨대, 매주 지불하는가, 매월 지불하는가, 혹은 3개월마다 지불하는가에 따라서, 다양한 기간에, 경제학의 어법(Sprachweise)으로 말하자면, 선대(先貸)한다는 것이다. 실제로는 사태는 정반대다. 노동자가 매주 지불받는가, 매월 지불받는가, 혹은 3개월마다 지불받는가에 따라서, 노동자가 자신의 노동을 자본가에게 1주일간, 1개월간, 3개월간 선대하는 것이다. 만일 자본가가, 노동력의 대가를 후불하는(bezahlen) 대신에, 그것을 <u>구매한다면</u>, 따라서 그가 노동자에게 매일, 매주, 매월 또는 3개월마다 임금을 선불(先拂)한다면, 이들 기간에 대한 선대 운운할 수 있을 것이다. 그러나 그는, 노동을 구매하여 그 노동이 지속<u>되어야 할</u> 기간에 대해서 지불하는 대신에, 노동이 수일, 수주, 수개월 <u>지속된</u> 후에 지불하기 때문에, 모든 것은 자본주의적 전도(顚倒, Quidproquo)이며, 노동자로부터 자본가에게 노동으로 주어지는 선대가, 자본가가 노동자에게 화폐로 주는 선대로 바뀐다. 자본가가 생산물 그 자체를 혹은 그것의 가치를 — 그것의 생산에 필요한 시간이 상이함에 따라서, 혹은 또한 그것의 유통에 필요한 시간이 상이함에 따라서 — 보다 짧은 혹은 보다 긴 기간이 지나고 나서야 (그것에 합체되어 있는 잉여가치와 함께) 유통으로부터 회수하거나 실현한다고 하는 것은 사태를 조금도 바꾸지 않는다. 상품의 구매자가 그것으로 무엇을 하려 하든, 판매자는 전혀 관심이 없다. 기계의 가치는 오직 서서히 그리고 조금씩만 유통으로부터 자본가에게 역류하는 반면에, 자본가는 그 모든 가치를 단번에 선대하지 않으면 안 된다고 해서, 자본가는 그 기계를 보다 더 싸게 획득하지 않는다. 또한 그는, 면화의 가치가 그것으로 만들어지는 생산물의 가치에 전부 들어가고, 그리하여 그 생산물의 판매에 의해서 전부 단번에 보전(補塡)된다고 해서, 그 면화에 보다 더 비싸게 지불하지 않는다.

리카도에게로 돌아가자.

1. 가변자본의 특징은, 어떤 일정한 주어진 (따라서 그러한 것으로서 불변적인) 자본 부분, 즉 (임금이 노동력의 가치와 같든, 그보다 크거나 작든, 여기에서는 무관하지만, 노동력의 가치와 같다고 가정된) 어떤 주어진 가치액이, 가치를 증식하는, 즉 가치를 창조하는 힘— 자본가에 의해서 지불되는 자신의 가치를 재생산할 뿐 아니라, 동시에 잉여가치도, 즉 전에는 존재하지 않고 결코 어떤 등가물에 의해서도 구매되지 않는 가치도 생산하는 노동력—과 교환된다는 것이다. 임금에 투하되는 자본 부분을 가변자본으로서 불변자본과 모든 면에서(toto coelo) 구별하는, 임금에 투하되는 자본 부분의 이러한 특징적 속성은, 임금에 투하되는 자본 부분이 단순히 유통과정의 관점에서 고찰되자마자, 그리하여 노동수단에 투하되는 고정자본에 대하여 유동자본으로서 나타나자마자 사라져 버린다. 이는, 임금에 투하되는 자본 부분이

그 경우 불변자본 중 노동재료에 투하되는 구성부분과 함께 — 유동자본이라는 — 하나의 제목 하에, 불변자본 중 노동수단들에 투하되는 다른 구성부분에 대비되는 데에서 이미 분명하다. 잉여가치는, 따라서 바로 투하되는 가치액을 자본으로 전화하는 사정은 이 경우 전적으로 무시된다. 임금에 투하되는 자본이 생산물에 부가하는 가치 부분은 새롭게 생산되는 (따라서 또 현실적으로 재생산되는) 데에 반해서, 원료가 생산물에 부가하는 가치 부분은 새롭게 생산되지 않고, 즉 현실적으로 재생산되지 않고, 단지 생산물 가치에 유지되고 보존될 뿐이며, 그리하여 생산물의 가치 구성부분으로서 단지 다시 나타날 뿐이라는 것도 마찬가지로 무시된다. 유동자본과 고정자본의 대립이라는 관점에서 이제 나타나는 구별은 단지 다음과 같은 점에 있을 뿐이다: 어떤 상품을 생산하기 위해서 충용되는 노동수단들의 가치는 단지 부분적으로만 상품의 가치에 들어가며, 그리하여 상품의 판매에 의해서 단지 부분적으로만 보전(補塡)되며, 따라서 무릇 오직 조금씩 그리고 서서히만 보전된다. 다른 한편에서: 어떤 상품을 생산하기 위해서 충용되는 노동력과 노동대상들(원료 등)의 가치는 전부 상품에 들어가며, 그리하여 판매에 의해서 전부 보전된다. 그러한 한에서 유통과정과 관련하여 자본의 한 부분은 고정자본으로서 나타나고, 다른 부분은 유동자본으로서 나타난다. 두 경우 모두 주어진 선대 가치의 생산물로의 이전(移轉)이 문제이고, 생산물의 판매에 의한 그 가치의 재보전(再補塡)이 문제이다. 지금 구별은 오직, 가치이전이, 그리고 따라서 가치보전이 조금씩 서서히 이루어지는가, 아니면 단번에 이루어지는가에만 있을 뿐이다. 이로써, 가변자본과 불변자본 간의 모든 결정적인 구별은 사라지며, 따라서 잉여가치 형성과 자본주의적 생산의 모든 비밀,

즉 일정한 가치들과 그것들이 표현되는 물건들을 자본으로 전화하는 사정들이 사라진다. 자본의 모든 구성부분들은 오직 유통양식에 의해서만 구별될 뿐이다(그리고 상품의 유통은 물론 이미 존재하는, 주어진 가치들과만 관계가 있다). 그리고 하나의 특수한 유통양식이, 임금에 투하되는 자본과, 노동수단들에 투하되는 자본 부분에 대립하여 원료들·반제품들·보조재료들에 투하되는 자본 부분에 공통적이다.[*1]

그리하여, 부르주아 경제학이 왜 A. 스미쓰의 "불변자본과 가변자본" 범주와 "고정자본과 유동자본" 범주의 혼동을 본능적으로 고수(固守)하며, 한 세기 동안이나 무비판적으로 대대(代代)로 되풀이해서 지껄였는가를 이해할 수 있다. 부르주아 경제학의 경우 임금에 투하되는 자본 부분은 원료에 투하되는 자본 부분과 전혀 구별되지 않고, 단지 형식적으로만 — 그것이 생산물에 의해서 조금씩 유통되는가 아니면 전부 유통되는가 — 불변자본과 구별될 뿐이다. 이로써, 자본주의적 생산의, 따라서 또한 자본주의적 착취의 현실적 운동을 이해하기 위한 토대가 일격에 파묻혀 버린다. 선대되는 가치들의 재현(再現)만이 문제인 것이다.

[*1] [역주] "그리고 하나의 특수한 유통양식이, 임금에 투하되는 자본과, 노동수단들에 투하되는 자본 부분에 대립하여 원료들·반제품들·보조재료들에 투하되는 자본 부분에 공통적이다.(und eine besondre Zirkulationsweise ist dem in Arbeitslohn ausgelegten Kapital gemeinsam mit dem in Rohmaterialien, Halbfabrikaten, Hilfsstoffen ausgelegten Kapitalteil im Gegensatz zu dem in Arbeitsmitteln ausgelegten Kapitalteil.)"가 영어판에는, "그리고 임금에 투하되는 자본 부분은, 노동수단들에 투하되는 자본 부분에 대립하여, 원료들·반제품들·보조재료들에 투하되는 자본 부분과 하나의 특수한 유통양식을 공유한다.(and the capital laid out in wages shares a peculiar mode of circulation with the part of capital laid out in raw materials, semi-finished products, auxiliary materials, as opposed to the part of capital laid out in instruments of labour.)"

리카도의 경우 스미쓰적 혼동의 무비판적 수용은, 개념혼동이 오히려 교란적인 것이 아닌, 후대의 변호론자들보다 더욱 교란적일 뿐 아니라, A. 스미쓰 자신보다도 더욱 교란적인바, 왜냐하면 리카도는 A. 스미쓰에 비해서 더욱 일관되고 더욱 예리하게 가치와 잉여가치를 전개하고 있고, 사실상 평범한(exoterisch) A. 스미쓰에 맞서 심오한(esoterisch) A. 스미쓰를 고수하고 있기 때문이다.

중농주의자들의 경우에는 이러한 혼동은 전혀 발견되지 않는다. 매년선대(avances annuelles)와 시초선대(avances primitives) 간의 구별은 오직 자본의, 특히 농업자본의 상이한 구성부분들의 상이한 재생산기간들과만 관련되어 있다. 반면에 잉여가치의 생산에 관한 그들의 견해는 그들의 이론에서 이 구별과는 무관한 부분을, 더욱이 그들이 이론의 요점으로 내세우는 부분을 이루고 있다. 잉여가치의 형성은, 자본 그 자체로부터 설명되지 않고, 단지 자본의 한 특정한 생산분야인 농업에서만이라고 주장된다(vindiziert werden).

2. 가변자본 규정에서 — 따라서 또한 어떤 임의의 가치액의 자본으로의 전화에 관해서 — 본질적인 것은, 자본가가 어떤 일정한, 주어진 (그리고 이러한 의미에서는 불변의) 크기의 가치를 창조하는 힘과[*1] 교환한다는 것, 즉 어떤 가치량을 가치생산, 자기가치증식(Selbstverwertung)과 교환한다는 것이다. 자본가가 노동자들에게 화폐로 지불하든, 아니면 생활수단들로 지불하든, 이러한 본질적 규정에는 아무런 변화도 일어나지 않는다. 그것은

[*1] [新日本出版社 판 역자주] 초고(草稿)에는 이 다음에 "노동력과, 어떤 가치를"이라는 구절이 있다. 프랑스어 판, 이딸리아어 판, 스페인어 판 등의 역주에 의함.

단지 자본가에 의해서 선대되는 가치의 존재양식만을 바꿀 뿐이어서, 그 가치가, 어떤 때에는 화폐의 형태로 존재하여 그것으로 노동자 스스로 시장에서 자신의 생활수단들을 구입하고, 다른 때에는 생활수단의 형태로 존재하여 그것들을 노동자는 직접 소비한다. 발달한 자본주의적 생산은 사실상, 그것이 무릇 유통과정에 의해 매개되는 생산과정, 따라서 화폐경제를 전제하는 것과 마찬가지로, 노동자가 화폐로 지불받는 것을 전제한다. 그러나 잉여가치의 창조— 그리하여 선대된 가치액의 자본화 —는 임금 즉 노동력의 구매에 투하된 자본의 화폐형태에서 생기는 것도 아니고, 현물형태에서 생기는 것도 아니다. 그것은 가치의 가치창조력과의 교환으로부터, 즉 불변량의 가변량으로의 전환으로부터 생긴다. —

노동수단들의 고정성의 대소(größre oder geringre Fixität)는 그것들의 내구성의 정도에, 따라서 물리적 속성에 달려 있다. 다른 사정들이 불변인 경우, 그것들은 그 내구성의 정도에 따라서 보다 빠르게 혹은 보다 서서히 마모되고, 따라서 보다 길게 혹은 보다 짧게 고정자본으로서 기능한다. 그러나 그것들은 단지 내구성이라는 이 물리적 속성 때문에만 고정자본으로서 기능하는 것이 결코 아니다. 금속공장들에서의 원료는 그것을 가공하는 데에 이용되는 기계들과 마찬가지로 내구적이며, 이 기계들의 여러 구성부분들, 즉 가죽, 목재 등보다도 더 내구적이다. 그럼에도 불구하고, 원료로 이용되는 금속은 유동자본의 일부를 이루며, 어쩌면 같은 금속으로 만들어져 기능하고 있는 노동수단은 고정자본의 일부를 이룬다. 따라서, 동일한 금속을 어떤 때에는 고정자본이라는 항목에 들어가게 하고 다른 때에는 유동자본이라는 항목에 들어가게 하는 것은 소재의 물리적 속성이 아니다. 즉 그 비내구성(Vergänglichkeit)[*1]이 보다 큰가, 혹은 보다 작은가가 아닌 것이다. 이 구별은 오히려 그 금속이, 어떤 때에는 노동대상으로서, 다른 때에는 노동수단으로서, 생산과정에서 노는 역할에 기인하는 것이다.

생산과정에서의 노동수단의 기능은, 평균적으로, 반복되는 노동과정 속에서 그것이 장단 간의 기간에 걸쳐 끊임없이 새롭게 이용될 것을 필요로 한다. 그러므로 노동수단의 기능에 의해서 그 소재의 내구성이 큰가 작은가가 규정되는 것이다. 그러나 노동수단이 만들어지는 소재의 내구성이 그 자체로서 노동수단을 고정자본이게끔 하는 것은 아니다. 동일한 소재라도, 원료인 경우에는, 유동자본이 된다. 그리고 상품자본과 생산자본의 구별을, 유동자본과 고정자본의 구별과 혼동하는 경제학자들의 경우, 동일한 소재, 동일한 기계가 생산물로서는 유동자본이고, 노동수단으로서는 고정자본이다.

그런데 노동수단이 만들어지는 소재의 내구성[*2]이 그 노동수단을 고정자본이게끔 하는 것은 아니라 하더라도, 노동수단으로서의 그것의 역할은 그것이 상대적으로 내구적인 재료로서 이루어질 것을 필요로 한다. 따라서 그 소재의 내구성은 노동수단으로서의 그 기능의 하나의 조건이며, 그리하여 또한 노동수단을 고정자본이게끔 하는 유통양식의 물질적 토대이기도 하다. 다른 사정들이 불변인 경우, 그 소재의 비내구성이 보다 큰가, 보다 작은

[*1] [역주] "비내구성(Vergänglichkeit)"이 영어 판에는, "그것이 마멸되는, 상대적으로 크거나 작은 속도(relatively great or small speed with which it wear out)".

[*2] [역주] "소재의 내구성"이 원문에는 "내구적 소재(dauerhafter Stoff)"인데, 영어 판의 "durability of the material"에 따라 번역했음.

가는 그 노동수단에 그 고정성의 정도가 보다 낮은가, 보다 높은가를 각인하며, 따라서 그 소재의 비내구성이 보다 큰가, 보다 작은가는 고정자본으로서의 그 노동수단의 품질과 매우 본질적으로 결부되어 있다.

그런데 노동력에 투하된 자본 부분이 오로지 유동자본의 관점에서만, 따라서 고정자본에 대비(對比)해서 고찰된다면; 그리하여 또한 불변자본과 가변자본의 구별이 고정자본과 유동자본의 구별과 뒤범벅된다면, 노동수단의 소재적 실체(Realität)가 고정자본으로서의 그것의 성격의 본질적 토대를 이루는 것처럼, 이제는 바로 그 고정자본에 대비(對比)해서, 노동력에 투하된 자본의 소재적 실체로부터 유동자본으로서의 그것의 성격을 도출하는 것, 그리고 나서 다시 가변자본의 소재적 실체로부터 유동자본을 규정하는 것은 자연스러운 일이다.

임금에 투하된 자본의 현실적 소재(Stoff)[*1]는 노동 그 자체, 즉 활동하고 있는, 가치를 창조하는 노동력, 즉 자본가가 죽어 있는, 대상화된 노동과 교환하여 자신의 자본에 합체시킨, 그럼으로써 비로소 그의 수중에 있는 가치가 자기 자신을 증식하는 가치로 전화되는, 살아 있는 노동이다. 그러나 자본가는 이 자기증식력을 판매하는 것이 아니다. 이 자기증식력은, 그의 노동수단들과 마찬가지로, 언제나 단지 그의 생산자본의 구성요소를 이룰 뿐이고, 그가 판매하는, 예컨대, 완성 생산물처럼 그의 상품자본을 이루는 것은 결코 아니다. 생산과정의 내부에서는, 노동재료와 보조재료들이 유동자본으로서 노동력과 일치하는 것이 아닌 것처럼, 생산자본의 구성부분들로서는 노동수단들은 노동력에

---

*1 [역주] "소재(Stoff)"가 영어 판에는, "실체(substance)".

고정자본으로서 대립하지 않는다. 저들 양자(兩者)[노동수단들과 노동재료·보조재료들: 역자] 모두에 대해서 노동력은 인적 요소로서 대립하는 반면에, 저것들은 물적 요소들이다 — 이는 노동과정의 관점에서이다. 저들 양자는 가변자본인 노동력에 대해서 불변자본으로서 대립한다 — 이것은 가치증식과정의 관점에서이다. 혹은, 여기에서 소재적 상이(相異)에 대해서, 그것이 유통과정에 영향을 미치는 한에서, 말해야 한다면, 그것은 단지 이러할 뿐이다: 대상화된 노동 이외의 아무것도 아닌 가치의 본성으로부터, 그리고 자신을 대상화하고 있는 노동 이외의 아무것도 아닌 활동하는 노동력의 본성으로부터, 노동력은 그것이 기능하는 동안 끊임없이 가치와 잉여가치를 창조한다는 것이 되고; 노동력 측에서는 운동으로서 나타나고, 가치창조로서 나타나는 것이, 노동력의 생산물 측에서는 정지된 형태로 나타나고, 창조된 가치로서 나타난다는 것이 된다. 노동력이 작용해버리면, 자본은 더 이상 한편에서는 노동력으로, 다른 한편에서는 생산수단들로 구성되어 있지 않다. 노동력에 투하되었던 자본가치는 이제는 (잉여가치를 합해서) 생산물에 부가된 가치이다. 과정을 반복하기 위해서는 생산물이 판매되어, 생산물로부터 풀려나온 화폐로써 노동력이 끊임없이 새롭게 구매되어 생산자본에 합체되지 않으면 안 된다. 그래서 이것이 노동력에 투하된 자본 부분에, 노동재료 등에 투하된 자본 부분에 그렇게 하는 것과 마찬가지로, 노동수단들에 고정된 채로 있는 자본에 대비되는 유동자본이라는 성격을 부여하는 것이다.

그에 반해서, 노동력에 투하된 자본 부분과 불변자본의 일부(원료 및 보조재료)에 공통적인 유동자본이라는, 제2차적인 규정— 다시 말해서, 유동자본에 투하된 가치는 그 유동자본이 소비되어 생산되는 생산물에 전부 이전되는 것이며, 고정자본의 경우처럼 서서히 조금씩 이전되는 것이 아니라는 것, 그리하여 또한 그 가치가 판매에 의해서 전부 보전(補塡)되지 않으면 안 된다는 것 ―이 노동력에 투하된 자본 부분의 본질적 규정으로 된다면, 임금에 투하되는 자본 부분 역시 소재적으로, 활동하는 노동력으로가 아니라, 노동자가 자신의 임금으로 구매하는 소재적 요소들로, 따라서 사회적 상품자본 가운데 노동자의 소비에 들어가는 부분으로 ― 생활수단들로 ― 구성되지 않으면 안 된다. 그 경우, 고정자본은 보다 완만하게 마멸되는, 그리하여 보다 완만하게 보전되어야 하는 노동수단들로 구성되고, 노동력에 투하된 자본은 보다 급속히 보전되어야 하는 생활수단들로 구성된다.

그럼에도 불구하고, 마멸이 보다 급속한가, 보다 완만한가 하는 경계는 사라진다.

> "노동자가 소비하는 음식물과 의복, 그가 일하는 건물들, 그의 노동을 돕는 도구들은 모두 마멸되는 성질의 것들이다. 하지만, 이들 상이한 자본들이 견뎌내는 시간에는 거대한 차이가 있다. 증기기관은 선박보다 오래 존속할 것이고, 선박은 노동자의 의복보다, 그리고 노동자의 의복은 그가 소비하는 식품보다 오래 존속할 것이다."[27]

이 경우 리카도는 노동자가 거주하는 주택, 그의 가구, 나이프, 포크, 그릇 등 그의 소비용 도구들을 망각하고 있는데, 이것들은

---

[27] "The food and clothing consumed by the labourer, the buildings in which he works, the implements with which his labour is assisted, are all of a perishable nature. There is, however, a vast difference in the time for which these different capitals will endure: a steam-engine will last longer than a ship, a ship than the clothing of the labourer, and the clothing of the labourer longer than the food which he consumes." ― 리카도, ≪경제학 및 과세의 원리≫, p. 26.

모두, 노동수단들과 마찬가지로, 내구성이라는 동일한 특성을 가지고 있다. 동일한 물건들, 동일한 부류의 물건들이 여기에서는 소비수단들로서 나타나고, 저기에서는 노동수단들로서 나타난다.

구별은, 리카도가 말하는 바로는, 이렇다:

> "자본이 급속히 마멸되어 빈번히 재생산되지 않으면 안 되는가, 아니면 서서히 소비되는가에 따라서, 그것은 유동자본의 항목 혹은 고정자본의 항목에 분류된다."[28]

여기에 그는 주를 달고 있다:

> "비본질적인 구분이어서, 거기에는 분계선이 정확히는 그어질 수 없다."[29]

그리하여 우리는 마침내(glücklich) 다시 중농주의자들에게 도달했는데, 그들의 경우 매년선대(avances annuelles)와 시초선대(avances primitives)의 구별은 충용자본의 소비 기간상의 구별, 따라서 상이한 재생산기간상의 구별이었다. 다만, 그들의 경우에는 사회적 생산에서의 중요한 한 현상을 표현하고 있어 경제표(Tableau économique) 속에서도 유통과정과의 연관 속에서 서술되어 있는 것이 여기에서는 주관적인, 그리고 리카도 자신이 말하고 있는 바와 같이, 쓸데없는 것이 된다.

노동에 투하된 자본 부분이 단지 그것의 재생산기간에 의해서

---

[28] "According as capital is rapidly perishable and requires to be frequently reproduced, or is of slow consumption, it is classed under the heads of circulating, or fixed capital."

[29] "A division not essential, and in which the line of demarcation cannot be accurately drawn."

만, 그리고 따라서 그것의 유통기간에 의해서만 노동수단들에 투하된 자본 부분과 구별되면, 즉, 한 부분은 생활수단들로 구성되어 있고, 다른 부분은 노동수단들로 구성되어 있어, 전자가 오로지 보다 급속한 정도의 마멸성에 의해서만 후자와[*1] 구별되고, 게다가 전자 그 자체가 상이한 정도의 마멸성들을 가진다면, ― 노동력에 투하된 자본과 생산수단들에 투하된 자본 간의 모든 종차(種差, differentia spezifia)[*2]는 당연히 곧바로 사라져 버린다.

이는 리카도의 가치론과, 그리고 사실상 잉여가치론인 그의 이윤론과도 완전히 모순된다. 그는 무릇 고정자본과 유동자본의 구별을 단지, 상이한 생산부문들에서 자본들의 크기가 동일한 경우 고정자본과 유동자본의 상이한 비율이 가치법칙에 영향을 미치는 한에서 고찰하고 있을 뿐이고, 보다 정확히 말하면, 이들 사정 때문에 임금의 등락이 어느 만큼 가격들에 영향을 미치는가[*3]를 고찰하고 있을 뿐이다. 하지만 이 한정된 연구의 내부에서조차 그는, 고정자본 및 유동자본을 불변자본 및 가변자본과 혼동함으로써, 극히 거대한 오류를 범하고 있으며, 사실상 전적으로 그릇된 연구 기반으로부터 출발하고 있다. 따라서, 1. 자본 중 노동력

[*1] [*MEW* 편집자 주] "전자가 ... 후자와(erstern sich von den letztern)"가 제1판과 제2판에는 "후자가 ... 전자와(letzern sich von den erstern)".

[*2] [*MEW* 편집자 주] 각각의 특징적 차이(jeder kennzeichnende Unterschied).

[*3] [역주] 임금의 등락은, 산업부문 간 자본의 경쟁에 의한 이윤율의 평균화로 인해 각 산업부문의 생산물의 가격에는 영향을 미치지만, 한 사회 전체의 평균가격이나 그 다른 표현인 총가격에는 아무런 영향도 미치지 않는다. 즉, 임금이 전반적으로 오르더라도 물가는 오르지 않는다. 다만, 자본이 취하는 잉여가치, 이윤이 적어질 뿐이다. 그럼에도 불구하고, 오늘날 현실에서 (임금이 오르면) 물가가 오르는 이유는, 실제로는 오로지 (자본의) 국가가, 자본주의 체제의 유지를 포함한, 자본의 이익을 위해서 현대, 즉 국가독점자본주의의 국가지폐인 불환은행권을 남발하기 때문이다.

에 투하된 가치 부분이 유동자본의 항목 하에 분류되는 한, 유동자본 그 자체의 규정들이 그릇되게 전개되고, 특히 노동에 투하된 자본 부분을 이 항목 하에 분류하는 사정들이 그릇되게 전개된다. 2. 노동에 투하된 자본 부분을 가변자본이게끔 하는 규정과, 그것을 고정자본에 대비되는 유동자본이게끔 하는 규정 사이에 혼동이 발생한다.

노동력에 투하된 자본이 유동(zirkulierend order flüssig)자본이라는 규정은 제2차적인 규정이며, 그 규정에서는 생산과정에서의 이 자본의 종차(種差, differentia spezifia)가 없어졌다는 것은 처음부터 명백하다. 왜냐하면, 이러한 규정에서는, 한편에서는, 노동에 투하된 자본과 원료 등에 투하된 자본이 동등하기 때문이다. [그러나: 역자] 불변자본의 한 부분을 가변자본과 동일시하는 분류(Rubrik)[*1]는, 불변자본에 대비되는 가변자본의 종차(種差, differentia spezifia)와는 아무런 관계도 없다. 다른 한편에서는, 노동에 투하된 자본과 노동수단들에 투하된 자본이 서로 대치되긴 하지만, 그러나 결코 그것들이 전적으로 상이한 양식으로 가치의 생산에 들어간다는 것과 관련해서가 아니라, 그것들에 주어진 가치가 단지 상이한 기간 동안 그들 두 자본으로부터 생산물에 이전된다는 것과 관련해서이다.

이 모든 경우에 문제는, 상품의 생산과정에서 투하되는 어떤 주어진 가치가, 그것이 임금이든, 원료의 가격이나 노동수단들의 가격이든, <u>어떻게</u> 생산물에 이전되는가, 따라서 <u>어떻게</u> 생산물에 의해서 유통되고, 그 판매에 의해서 그 출발점으로 복귀되는가, 즉 보전(補塡)되는가이다. 여기에서 유일한 구별은, "<u>어떻게</u>"에,

---

*1 [역주] 영어판의 "classification"에 따라 번역하였다.

즉 이 가치의 이전의, 그리고 따라서 또한 그 유통의 특수한 방식 및 양식에 있다.

어느 경우나 계약에 따라 미리 정해진 노동력의 가격이 화폐로 지불되든, 아니면 생활수단들로 지불되든, 어떤 일정한 주어진 가격이라는 그것의 성격은 전혀 변하지 않는다. 하지만, 화폐로 지불된 임금의 경우에는 화폐 그 자체가, 생산수단들의 가치뿐 아니라 그 소재도 역시 생산과정에 들어가는 것과 동일한 방식으로, 생산과정에 들어가지 않는다는 것은 명백하다.[*1] 그에 반해서 노동자가 자신의 임금으로 구매하는 생활수단들이 직접 유동자본의 소재적 자태로서 원료 등과 함께 한 항목 아래 넣어져 노동수단들과 대치시켜진다면, 사태는 다른 외관을 취하게 된다. 이 물건들, 즉 생산수단들의 가치가 노동과정에서 생산물에 이전된다면, 저 다른 물건들, 즉 생활수단들의 가치는, 그것들을 소비하는 노동력에 재현(再現)하여 그 노동력의 활동에 의해서 마찬가지로 생산물에 이전된다. 이 모든 경우에 한결같이 문제가 되는 것은, 생산하는 동안에 선대된 가치들이 생산물 속에 재현하는 것뿐이다. (중농주의자들은 이를 진지하게 취급했고, 그리하여 공업노동이 잉여가치를 창조한다는 것을 부정했다.) 웨일랜드(Wayland)로부터 이미 인용했던 곳[*2]에서도 그렇다:

[*1] [역주] 참고로, 이 문장의 원문은, "Indes ist bei dem in Geld gezahlten Arbeitslohn evident, daß nicht das Geld selbst in den Produktionsprozeß eingeht, in derselben Weise, wie nicht nur der Wert, sondern auch der Stoff der Produktionsmittel in den Produktionsprozeß eingeht."이며, 원문의 구문(構文)에 구애받지 않고 번역하자면, "하지만, 생산수단들의 경우 그 가치뿐 아니라 그 소재도 역시 생산과정에 들어가지만, 화폐로 지불된 임금의 경우에는 화폐 그 자체가 생산과정에 들어가지 않는다는 것은 명백하다."는 의미이다.

"자본이 어떤 형태로 다시 나타나는가는 중요하지 않다 ... 인간의 생존과 안락을 위해 필요한 다양한 종류의 식품과 의복, 숙소도 역시 변한다. 그것들은 때때로 소비되며, 그것들의 가치는, ... 다시 나타난다... 운운" (F. 웨일랜드, ≪경제학 개론≫, pp. 31, 32.)

생산수단들과 생활수단들의 자태로 생산에 선대된 자본가치들은 여기에서는 한결같이 생산물의 가치 속에 재현한다. 그와 더불어 자본주의적 생산과정의 완전한 신비화가 참으로 성공적으로 성취되고, 생산물 속에 존재하는 잉여가치의 원천은 시야에서 완전히 사라져 버린다.

더 나아가, 그와 더불어, 사회적 생산과정에서 물건들에 각인되는 사회적·경제적 성격을 이들 물건의 소재적 본성에 기인하는 자연적 성격으로 전화하는, 부르주아 경제학에 특유한 물신숭배가 완성된다. 예컨대, 노동수단들은 고정자본이다 — 이는, 모순과 혼란을 초래하는 공리공론적(scholastisch) 규정이다. 대상적 구성부분들이 노동수단으로서 기능하는가, 노동재료로서 기능하는가, 아니면 생산물로서 기능하는가는 전적으로 그것들이 어떤 일정한 노동과정 속에서 노는 그때그때의 역할에, 즉 그것들의 기능에 달려 있다는 것이 노동과정(제1권, 제5장)에서 입증된 것과 전적으로 마찬가지로, — 전적으로 그와 마찬가지로 노동수단들은 오직, 생산과정이 무릇 자본주의적 생산과정이고, 그리하여 생산수단들이 무릇 자본인 경우에만, 즉 생산수단들이 자본이라는 경제적 규정성, 사회적 성격을 가지는 경우에만, 고정자본이다. 그리고 두 번째로 노동수단들은 오직, 그것들이 자신의 가치를 어떤 특수한 양식으로 생산물에 이전하는 때에만, 고정자본

---

*2 [*MEW* 편집자 주] *MEW*, Bd. 23, S. 222[채만수 역, 제1권, 제2분책, p. 347], 주 25를 보라.

이다. 그렇지 않은 경우에는, 그것들은, 고정자본이지 않은 채, 의연히 노동수단들이다. 비료와 같은 보조재료들도 마찬가지로, 만일 그것들이 대부분의 노동수단들과 동일한 양식으로 가치를 양도한다면, 결코 노동수단들이 아님에도 불구하고, 고정자본이 된다. 여기에서는 물건들이 포함되는 정의들(Definitionen)이 문제가 아니다. 일정한 범주들로 표현되는 일정한 기능들이 문제인 것이다.

만일 임금에 투하된 자본이라는 것이 어떤 상황 하에서나 생활수단들 그 자체에 속하는 한 속성으로 간주된다면, "노동을 유지한다", 즉 to support labour {리카도, p. 25.[*1]}라는 것도 역시 이 "유동"자본의 성격이 된다. 따라서 생활수단들이 "자본"이 아니라면, 그것들은 노동력을 유지하지 않을 것이다. 그러나 사실은 (während) 그 생활수단들의, 자본이라는 성격이 바로 그것들에, 타인의 노동에 의해서 <u>자본</u>을 유지하는 속성을 부여한다.[*2]

나아가, 만일 생활수단들 그 자체가 유동자본이라면 ― 유동자본이 임금으로 전화된 후에 ―, 임금의 크기는 유동자본의 소여(所與)의 량에 대한 노동자 수의 비율에 달려 있는 것― 인기 있는 경제학적 명제 ―으로 되는데, 그러나 실제로는 노동자가 시장에서 가져가는 생활수단들의 량과, 자본가가 자신의 소비를 위해 자유롭게 처분할 수 있는 생활수단들의 량은 노동의 가격에 대한 잉여가치의 비율에 달려 있다.

---

*1 [역주] 정윤형 역, ≪경제학 및 과세의 원리≫, 비봉출판사, 1991, p. 92.

*2 [역주] 이 문장이 영어 판에는, "그러나 사실은, 타인의 노동에 의해서 <u>자본</u>을 유지하는 능력을 그 생활수단들에 부여하는 것은 바로 그것들의 자본이라는 자격이다.(whereas it is precisely their quality of capital that endows them with the faculty of supporting *capital* by foreign labour.)"

리카도는, 바튼(Barton)29[a]과 마찬가지로, 도처에서 불변자본에 대한 가변자본의 비율을 고정자본에 대한 유동자본의 비율과 혼동하고 있다. 이 때문에 이윤율에 관한 그의 연구가 얼마나 잘못되는가를 우리는 나중에[*1] 보게 될 것이다.

리카도는, 나아가서, 고정자본과 유동자본의 구별과는 다른 원인들에 기인하는 회전에서의 구별들을 고정자본과 유동자본의 구별과 동일시하고 있다:

"유동자본은 대단히 다른 시간 동안 유통할 수 있다는, 즉 그 충용자에게 환류할 수 있다는 점도 또한 주목해야 한다. 차지농업가가 파종하기 위해서 구매한 밀은 제빵업자가 빵으로 만들기 위해서 구매한 밀에 비해서 고정자본이다. 한 사람은 그것을 땅속에 방치해두고, 1년 동안 어떤 수익도 얻을 수 없다. 다른 사람은 그것을 가루로 빻아, 그의 고객들에게 그것을 빵으로 팔 수 있고, 그리하여 1주일 내에 자신의 자본을 자유롭게 하여, 같은 일을 반복하든가, 아니면 어떤 다른 일을 시작할 수 있다."30

29[a] ≪사회의 노동계급들의 상태에 영향을 미치는 사정들에 관한 고찰(*Observations on the Circumstances which influence the Condition of the Labouring Classes of Society*)≫, 런던, 1817. 관계 있는 한 곳이, 제1권, S. 655 [*MEW*, Bd. 23, S. 660[채만수 역, 제1권, 제4분책, pp. 1041-1042], 주 79에 인용되어 있다.

*1 [*MEW* 편집자 주] *MEW*, Bd. 25[≪자본론≫, 제3권], 제1장에서 제3장까지를 보라.

30 "It is also to be observed that the circulating capital may circulate, or be returned to its employer, in very unequal times. The wheat bought by a farmer to sow is comparatively a fixed capital to the wheat purchased by a baker to make into loaves. The one leaves it in the ground, and can obtain no return for a year; the other can get it ground into flour, sell it as bread to his customers, and have his capital free, to renew the same, or commence any other employment in a week." ([리카도, 같은 책,] pp. 26,

여기에서 특징적인 것은, 밀은, 비록 그것이 종자로서는, 생활수단으로서가 아니라, 원료로서 사용되지만, 첫째로는, 그 자체로서 생활수단이기 때문에 유동자본이며, 둘째로는, 그 환류가 1년에 이르기 때문에 고정자본이라는 것이다. 그러나 어떤 생산수단을 고정자본이게끔 하는 것은, 단지 환류의 완급(緩急)만이 아니며, 생산물로의 가치 인도(引渡)의 특정한 방식 및 양식이다.

A. 스미쓰에 의해 야기된 혼란은 다음과 같은 결과들로 이어졌다:

1. 고정자본과 유동자본의 구별이 생산자본과 상품자본의 구별과 혼동되고 있다. 그리하여, 예컨대, 동일한 기계가, 그것이 상품으로서 시장에 있으면 유동자본이고, 그것이 생산과정에 합체되어 있으면 고정자본이다. [더욱이,]*1 이 경우 왜 어떤 일정한 종류의 자본이 다른 종류의 자본보다 더 고정적 혹은 더 유동적인가 하는 것은 절대로 알아낼 수가 없다.

2. 모든 유동자본이 임금에 투자된 또는 투자될 자본과 동일시된다. J. St. 밀*[16] 등의 경우가 그렇다.

3. 이미 바튼, 리카도 등의 경우에 유동자본과 고정자본의 구별과 혼동되고 있는, 가변자본과 불변자본의 구별은, 예컨대, 램지(Ramsay)*[17]의 경우처럼, 마침내 유동자본과 고정자본의 구별로 완전히 환원되는데, 램지의 경우 노동수단들과 마찬가지로 모든 생산수단들이, 즉 원료 등도 고정자본이며, 오직 임금에 투하된 자본만이 유동자본이다. 그러나 이러한 형태로 환원되기 때문에, 불변자본과 가변자본의 현실적 구별은 이해되지 않는다.

---

27. [정윤형 역, 같은 책, pp. 93-94.])

*1 [역주] 영어 판에 따라서 삽입했다.

4. 맥클라우드(Macleod)*[18], 패터슨(Patterson)*[19] 등과 같이 모든 것을 이루 말로 다할 수 없이 편협한(borniert*2) 은행원적 입장에서 고찰하는 최근의 영국, 특히 스코틀랜드의 경제학자들의 경우에는, 고정자본과 유동자본의 구별은 요구불예금(money at call)과 통지예금(money not at call)(통지 없이 인출할 수 있는 예금과 사전에 통지하고 난 후에만 인출할 수 있는 예금)의 구별로 전화된다.

---

*2 [역주] "borniert"에는 "우매한"이라는 뜻도 있다.

제12장
노동기간

 같은 크기의 노동일, 가령 10시간의 노동과정을 가진 두 개의 사업부문, 예컨대, 면방적업과 기관차 제조업을 들어보자. 한 부문에서는 매일, 매주 일정한 량의 완성 생산물, 즉 면사가 공급되고; 다른 부문에서는 하나의 완성 생산물, 즉 한 대의 기관차를 제조하기 위해서 어쩌면 3개월 동안 노동과정이 반복되지 않으면 안 된다. 한 경우에는 생산물이 분리될 수 있는 성질의 것이며, 매일 혹은 매주 동일한 노동이 새로 시작된다. 다른 경우에는 노동과정이 연속적이고, 상당히 많은 수(eine längere Anzahl)[*1]의 일(日) 노동과정에 걸쳐 있어, 그 노동과정들이 결합되어, 즉 그들 작업이 연속되어 상당히 장기간이 지난 후에야 비로소 하나의 완성 생산물을 제공한다. 이 경우, 일 노동과정의 지속시간은 동일하더라도, 생산행위의 지속시간에는, 즉, 생산물을 완성하여 공급하기 위해서, 그것을 상품으로서 시장에 보내기 위해서, 따라서 그것을 생산자본으로부터 상품자본으로 전화시키기 위해서 필요한, 반복되는 노동과정들의 지속시간에는 매우 현저한 차이가 발생한다. 고정자본과 유동자본의 구별은 이것과는 아무런 관련이 없다. 언급된 차이는, 두 사업부문 모두에 정확히 동일한 비율의 고정자본과 유동자본이 충용되더라도, 존재할 것이다.
 생산행위의 지속시간에서의 이러한 차이들은, 상이한 생산분

[*1] [역주] 영어 판의 "a rather great number"에 따라 번역했다.

야들 사이에서만이 아니라, 동일한 생산분야의 내부에서도 역시 공급해야 하는 생산물의 규모에 따라서 발생한다. 평범한 주택은 보다 거대한 공장보다 단기간 내에 건축되고, 따라서 보다 적은 수의 연속적 노동과정들을 필요로 한다. 한 대의 기관차를 제조하는 데에 3개월이 걸린다면, 한 척의 철갑선을 건조하는 데에는 1년 또는 그 이상이 걸린다. 곡물 생산은 거의 1년이, 뿔 달린 가축의 생산은 더 많은 햇수가 요구되며, 조림(造林)은 12년에서 100년까지 걸릴 수 있다. 시골길은 아마 수개월이면 건설되지만, 철로는 수년이 필요하고; 평범한 양탄자는 어쩌면 일주일이면 만들어지지만, 고블렝(Gobelin; 벽걸이용 고급 양탄자)은 수년을 필요로 한다, 등등. 그리하여 생산행위의 지속시간의 차이는 무한히 다양하다.

생산행위의 지속기간의 차이는, 동일한 크기의 자본이 투하되어 있는 경우, 명백히 회전 속도의 차이를, 따라서 소여(所與)의 자본이 선대되어 있는 기간의 차이를 야기하지 않을 수 없다. 기계방적 공장과 기관차 공장이 같은 크기의 자본을 충용했고, 불변자본과 가변자본 간의 분할이 동일하며, 자본의 고정적 구성부분들과 유동적 구성부분들 간의 분할도 동일하고, 끝으로 노동일이 같은 크기이며 필요노동과 잉여노동 간의 그 분할이 동일하다고 가정하자. 나아가, 유통과정에서 발생하여 이 경우에는 외적인 모든 사정들을 배제하기 위해서, 면사와 기관차 양자 모두 주문에 의해서 제조되고, 완성 생산물을 인도할 때에 지불된다고 가정하자. 일주일 후, 완성된 면사를 인도할 때에 방적 공장주는 (여기에서는 잉여가치는 도외시한다) 투하된 유동자본을 환수하며, 면사 가치에 들어 있는, 고정자본의 마모분도 마찬가지로 환수한다. 따라서 그는 동일한 자본으로 동일한 순환을 새로 반복할 수 있다. 이 자본은 그 회전을 완료한 것이다. 그에 반해서 기관차 공장주는 3개월 동안 매주 끊임없이 새로운 자본을 임금과 원료에 투하하지 않으면 안 되고, 3개월 후, 기관차를 인도한 후에야 비로소 그 동안 하나의 동일한 생산행위에, 하나의 동일한 상품을 제조하기 위해서 차례차례 투하된 유동자본이, 자신의 순환을 새로 시작할 수 있는 형태로 다시 존재한다. 마찬가지로 그에게는 이 3개월 동안의 기계장치의 마모분이 이제야 비로소 보전(補塡)된다. 한 사람의 투자는 1주간의 것이고, 다른 사람의 그것은 1주간 투자의 12배이다. 다른 모든 사정이 동일하다고 가정하면, 한 사람은 다른 사람보다 12배나 많은 유동자본을 자유롭게 사용할 수 있지 않으면 안 된다.

하지만, 매주 선대되는 자본들이 동등하다는 것은 여기에서는 아무런 상관이 없는 사정이다. 선대되는 자본의 크기가 어떻든, 그 자본으로 새로 작업할 수 있기 전에, 즉 그 자본으로 동일한 작업이 반복될 수 있거나, 혹은 그것으로 다른 종류의 작업이 시작될 수 있기 전에, 한 경우에는 그 자본이 단지 일주일 동안만, 다른 경우에는 12주일 동안 선대되어 있는 것이다.

회전속도의 차이, 즉 동일한 자본가치가 새로운 노동과정 혹은 가치증식과정에서 다시 이용될 수 있기 전에, 개별자본이 선대되지 않으면 안 되는 기간의 차이는 여기에서는 다음과 같은 것으로부터 생긴다:

기관차 또는 모종의 기계를 제조하는 데에 100노동일이 걸린다고 가정하자. 방적과 기계제조에 종사하는 노동자들과 관련해서는 이 100노동일은 똑같이 하나의 비연속적인 (분리되는) 크기, 즉 가정에 따르면, 계기(繼起)하는 100개의 개별적인 10시간 노동과정들로 구성되는 크기를 이루고 있다. 그러나 생산물―

기계 —과 관련해서는 이 100노동일은 하나의 연속적인 크기를, 즉 1000노동시간의 1노동일을, 즉 상호연관된 하나의 단일한 생산행위를 이루고 있다. 많든 적든 수많은 상호연관된 노동일들의 계기(繼起)에 의해 이루어지는 그러한 1노동일을 나는 1노동기간(eine *Arbeitsperiode*)이라고 부른다. 우리가 노동일이라고 하는 경우, 우리는 노동자가 매일 자신의 노동력을 지출하지 않으면 안 되는, 즉 매일 노동하지 않으면 안 되는 노동시간의 길이를 의미한다. 그에 반해서 우리가 노동기간이라고 하는 경우, 그것은 어떤 일정한 사업부문에서 하나의 완성 생산물을 공급하기 위해서 필요한, 상호연관된 노동일들의 수를 의미한다. 이 경우 각 노동일의 생산물은 단지 부분생산물일 뿐이며, 그것은 매일매일 더욱 완성되어, 보다 길거나 보다 짧은 기간의 노동시간 끝에야 비로소 그것의 완성된 모습을 취하며, 하나의 완성된 사용가치가 된다.

그리하여, 예컨대, 공황으로 인한 사회적 생산과정의 중단, 교란은, 분리되는 성질의 노동생산물들과, 그 생산에 보다 더 긴 상호연관된 기간을 필요로 하는 노동생산물들에 아주 다르게 작용한다. 한 경우에는, 어떤 일정한 량의 면사, 석탄 등이 오늘 생산되고 나서 내일에는 면사, 석탄 등의 어떤 새로운 생산도 뒤따르지 않는다. 그러나 선박, 건물, 철도 등의 경우는 다르다. 노동이 중단될 뿐 아니라, 하나의 상호연관된 생산행위가 중단된다. 작업이 더 수행되지 않으면, 그 생산에 이미 소비된 생산수단들과 노동은 무용(無用)하게 지출되어 있다. 작업이 재개되더라도, 그 사이에 끊임없이 악화되어 버린다.

생산물이 완성될 때까지 고정자본이 매일 이 생산물에 넘겨주는 가치부분은, 노동기간이 지속되는 기간 내내 차곡차곡 쌓여간다. 그리고 여기에서 동시에 고정자본과 유동자본의 구별이 실제로 중요하게 드러난다. 고정자본은 비교적 장기간 생산과정에 선대되어 있고, 필시 수년에 걸치는 이 기간이 만료되기 전에는 갱신될 필요가 없다. 증기기관이 그것의 가치를 분리되는 생산과정의 생산물인 면사에 매일 조금씩 넘겨주는가, 아니면 3개월 동안 하나의 연속적 생산과정의 생산물인 기관차에 넘겨주는가 하는 사정은, 증기기관의 구입을 위해 필요한 자본의 투하에 전혀 아무런 변화도 일으키지 않는다. 증기기관의 가치가 한 경우에는 소량으로, 예컨대, 매주 환류하고, 다른 경우에는 보다 대량으로, 예컨대, 3개월마다 환류한다. 그러나 두 경우 모두 증기기관은 필시 20년 후에야 비로소 갱신된다. 생산물의 판매에 의해서 증기기관의 가치가 조금씩 환류하는 개별적 기간들이 어느 것이나 증기기관 그 자체의 존속기관보다 짧은 한, 동일한 증기기관이 생산과정에서 여러 노동기간 동안 계속 기능하는 것이다.

그에 반해서 선대 자본의 유동적 구성부분들은 사정이 다르다. 금주(今週)를 위해서 구매된 노동력은 금주 중에 지출되어 생산물에 대상화된다. 이 노동력은 금주 말에 지불되지 않으면 안 된다. 그리고 노동력에 대한 이 자본투하는, 한 주 동안의 이 자본 부분의 지출이 자본가로 하여금 그 다음 주의 노동의 구매를 지변(支辦)할 수 있도록 하지 않은 채, 3개월 동안 매주 반복된다.[*1]

[*1] [역주] 원문은, "Und diese Kapitalauslage in Arbeitskraft wiederholt sich wöchentlich während der drei Manate, ohne daß die Verausgabung dieses Kapitalteils in der einen Woche den Kapitalisten befähige, den Ankauf der Arbeit in der nächsten Woche zu bestreiten."이며, 영어판에는 "And this investment of capital in labour-power is repeated every week during the three months; yet the expenditure of this part of the capital during one week does not enable the capitalist to settle for the purchase of the la-

매주 새로운 추가 자본이 노동력에 대한 지불에 지출되지 않으면 안 되고, 모든 신용관계를 도외시하면, 자본가는, 임금을 1주일분씩 지불할 뿐이지만, 3개월이라는 기간 동안 임금을 지출할 수 있지 않으면 안 된다. 유동자본의 다른 부분, 즉 원료 및 보조재료들에 관해서도 마찬가지이다. 노동의 층이 차례로 생산물에 퇴적된다. 단지 지출된 노동력의 가치만이 아니라 잉여가치도 또한 생산과정 중에 끊임없이 생산물에, 그러나 아직 완성된 상품의 모습을 가지고 있지 않은, 따라서 아직 유통할 수 없는 미완성 생산물에 이전된다. 동일한 것은, 생산물에 층층이 이전되는, 원료 및 보조재료들 속의 자본가치에도 해당된다.

생산물 또는 달성되어야 할 유용 효과의 특성에 따라 그것들을 생산하기 위해 요구되는 노동기간의 길이가 긴가 짧은가에 따라서, 유동자본(임금, 원료 및 보조재료)의 어떤 부단한, 추가적인 지출이 필요한데, 그 중의 어떤 부분도 결코 유통할 수 있는 형태에 있지 않으며, 따라서 동일한 작업을 갱신하는 데에 이용될 수 없을 것이다. 각 부분은 어느 것이나 오히려 생성되고 있는 생산물의 구성부분으로서 생산영역의 내부에 순차적으로 고정되어, 생산자본의 형태로 결박되어 있다. 그런데 회전시간은 자본의 생산시간과 유통시간의 합과 같다. 따라서 생산시간의 연장은, 유통시간의 연장과 마찬가지로, 회전속도를 감소시킨다. 그러나 당면의 경우에는 다음 두 가지를 주의해야 한다:

첫째로, 생산영역 속에서의 체류(滯留)의 연장. 예컨대, 첫 주에 노동, 원료 등에 선대된 자본은, 고정자본으로부터 생산물에

---

bour the following week.(그리고 노동력에의 이 자본투하는 3개월 동안 매주 반복된다; 하지만 한 주 동안의 이 자본 부분의 지출이 자본가로 하여금 그 다음 주의 노동의 구매를 지변할 수 있도록 하는 것은 아니다.)"

넘겨진 가치부분과 마찬가지로, 3개월이라는 전(全)기간에 걸쳐 생산영역 속에 매여 있고, 비로소 형성되고 있는, 아직 미완성의 생산물과 합체되어 있어서 상품으로서 유통에 갈 수 없다.

둘째로, 생산행위에 필요한 노동기간이 3개월 지속되고, 실제로 단지 하나의 상호연관된 노동과정을 형성하기 때문에, 매주 끊임없이 새로운 분량의 유동자본이 전주(前週)의 그것에 덧붙여지지 않으면 안 된다. 따라서 잇달아 선대되는 추가 자본의 량은 노동기간의 길이에 따라 증대한다.

우리는, 방적업과 기계제조업에 같은 크기의 자본들이 투하되어 있다는 것, 이 자본들이 같은 비율로 불변자본과 가변자본으로, 또한(ditto) 고정자본과 유동자본으로 분할되어 있다는 것, 노동일이 같은 길이라는 것을, 요컨대, 노동기간의 길이 외에는 모든 사정들이 동일하다는 것을 전제해 왔다. 첫째 주에는 그 양쪽에 대한 [유동자본의: 역자] 투하액이 같은 크기이지만, 방적업자의 생산물은 판매되어 그 매상고로 새로운 노동력과 새로운 원료 등이 구매될 수 있다. 요컨대, 생산이 동일한 규모로 계속 수행될 수 있다. 그에 반해서 기계 공장주는 첫 주에 지출된 유동자본을 3개월 후에야, 즉 자신의 생산물이 완성된 후에야 비로소 화폐로 재전화하여, 그것으로 새로 작업할 수 있다. 따라서 첫째로는 동일한 투하 자본량의 환류에 차이가 있다. 그러나 두 번째로는, 3개월 동안 동일한 크기의 생산자본이 방적과 기계제조에 충용되지만, 한 경우에는 같은 자본이 급속히 갱신되고, 그 때문에 동일한 작업을 반복할 수 있기 때문에, [그에 반해서: 역자] 다른 경우에는 상대적으로 완만하게만 갱신되고, 그 때문에 그 갱신 기한까지 새로운 자본량들이 종래의 그것에 끊임없이 추가되지 않으면 안 되기 때문에, 자본투하의 크기는 방적업자와 기계

제조업자에게 있어 전혀 다르다. 따라서 자본의 일정 부분이 갱신되는 시간의 길이나 선대시간의 길이도 다르고, 노동과정의 길이에 따라 선대되지 않으면 안 되는 자본의 량도 (매일 혹은 매주 충용되는 자본이 같다고 하더라도) 또한 다르다. 이러한 사정이 언급되어야 하는 이유는, 다음 장(章)에서 고찰될 경우들에서처럼, 선대 기간의 길이에 비례하여 선대되어야 할 자본의 량이 증대하지 않고도, 선대 기간이 증대할 수 있기 때문이다. [기계제조업자의 경우에는: 역자] 자본이 보다 더 오래 선대되지 않으면 안 되며, 보다 더 대량의 자본이 생산자본의 형태에 묶여 있지 않으면 안 된다.

자본주의적 생산이 미(未)발전한 단계에서는 긴 노동기간을, 따라서 장기간에 걸쳐 거대한 자본투하를 요구하는 기업들은, 특히 오로지 거대한 규모로만 실행될 수 있는 경우에는, 예컨대, 도로, 운하 등처럼, 결코 자본주의적으로 경영되지 않고, 공동체나 국가의 비용으로 (노동력이 문제로 되는 한, 옛날에는 대개 강제노동에 의해서) 경영된다. 혹은, 생산에 긴 노동기간을 필요로 하는 생산물들은 오직 극히 적은 부분만이 자본가 자신의 자력(資力)에 의해서 제조된다. 예컨대, 주택 건축의 경우, 그 집의 소유자가 될 사인(私人)은 건축청부업자에게 할부로 선금을 지불한다. 그리하여 사실상 그는 그 주택의 생산과정이 진척됨에 따라서 조금씩 그 주택의 대금을 지불해가는 것이다. 그에 반해서, 한편으로는 개개인의 수중에 대량의 자본이 집적되어 있고, 다른 한편에서는 개별자본가들과 나란히 결합자본가(주식회사)가 나타나고, 동시에 신용제도가 발달해 있는, 발달한 자본주의 시대에는 자본주의적 건축청부업자는 오직 예외적으로만 개별 사인들의 주문에 따라 건축한다. 그는, 개별자본가들이 청부업자로서 철도를 부설하는 것을 사업으로 삼듯이, 시장을 위해서 즐비한 주택들과 시가지(市街地)를 건설하는 것을 사업으로 삼는다.

  자본주의적 생산이 런던의 주택건설을 어떻게 변혁했는가에 관해서는 1857년의 은행위원회에서의 한 건축업자의 진술이 우리에게 정보를 주고 있다. 그가 말한 바에 의하면, 그가 젊었을 때에는 주택들은 대부분 주문에 따라 건축되었고, 그 대금(代金)은 건축의 일정한 단계들이 완료되는 때에 건축 중에 할부로 기업가에게 지불되었다. 투기적으로는 단지 아주 조금밖에 건축되지 않았다. 기업가들이 여기에 관여했던 것은 오로지 주로 자기들의 노동자들을 규칙적으로 취업시키고, 그럼으로써 그들을 모아두기 위해서였다. 최근 40년 이래 그 모든 것이 일변했다. 주문에 의해서는 아주 조금밖에 건축되지 않는다. 새로운 주택이 필요한 사람은 투기로 건축된 것들이나 아직 건축 중에 있는 것들 중에서 하나를 고른다. 기업가는 이제는 고객들을 위해서가 아니라, 시장을 위해서 일한다. 다른 모든 산업가와 전적으로 마찬가지로 그도 어쩔 수 없이 시장에서 완성된 상품을 가지고 있지 않으면 안 된다. 이전에는 한 기업가가 어쩌면 3채나 4채의 주택을 동시에 투기적으로 건축했지만, 이제 그는 광대한 토지를 구입하여 (즉, 대륙적 표현방식으로는 대개 99년간 임차하여), 그 위에 100 내지 200채의 주택을 건설하지 않으면 안 되고, 그리하여 자신의 재산을 20배에서 50배나 넘는 사업에 관여하지 않으면 안 된다. 자금은 저당 차입을 통해 조달되며, 그 돈은 개개의 주택의 건축이 진척되는 정도에 따라 기업가가 자유롭게 사용할 수 있게 한다. 그때에 공황이 발발해 할부선금의 납입이 정체되면, 대개는 사업 전체가 좌절된다. 최선의 경우에도 주택들은 호황이 올 때까지 미완성인 채로 남아 있고, 최악의 경우에는 경매에 부쳐져 반값에 처분된다. 투기적 건축, 그것도 대규모의 투기적 건축이 없이는, 오늘날에는 이미 결코 어떤 기업가도 해나갈 수가 없다. 건축 그 자체로부터의 이윤은 극히 적다. 그의 주요 수익은 지대의 등귀, 즉 건축 부지의 교묘한 선택과 이용[*1]에 있다. 벨그뤠이뷔어(Belgravia)와 타이버니어(Tyburnia)[*2]의 거의 전체 그리고 런던 주변의 무수히 많은 수천 채 별장들(villas)이 이러한, 주택 수요를 예견한 투기의 방식으로 건축되었다. (《은행법에 관한 특별위원회 보고서(*Report from the Select Committee on Bank Acts*)》, 제1부(Part I), 1857, 증언(Evidence), 질문들 5413-5418, 5435-5436으로부터의 축약.)

노동기간이 현저하게 긴 대규모 공사들은, 자본의 집적이 이미 현저하며, 다른 한편에서는 신용제도가 발달하여 자본가에게 자기 자신의 자본 대신에 타인의 자본을 선대하고, 그리하여 또한 타인의 자본이 위험을 무릅쓰게 하는 방책이 제공될 때에 비로소 완전히 자본주의적 생산의 것으로 된다. 하지만, 생산에 선대된 자본이 그 충용자에게 속하는가, 속하지 않는가 하는 사정은 회전속도와 회전시간에 결코 어떤 영향도 미치지 않는다는 것은 자명하다.

협업, 분업, 기계의 사용과 같이 개개의 노동일의 생산물을 증대시키는 사정들은 상호연관된 생산행위의 경우 동시에 노동기간을 단축한다. 그리하여 기계는 주택, 교량 등의 건축시간을 단축한다. 수확기와 탈곡기 등은 성숙한 곡물을 완성 상품으로 전

[*1] [역주] "교묘한 선택과 이용(geschickte Auswahl und Ausnutzung)"이 영어판에는, "세심한 선택과 능란한 이용(careful selection and skilled utilisation)".

[*2] [역주] 런던의 Hyde Park와 동남쪽 및 동북쪽으로 인접한 고급 주택지구들.

화하기 위해 필요한 노동기간을 단축한다. 개량된 조선(造船)은 속도를 증대시켜 해운(海運)에 투하된 자본의 회전시간을 단축한다. 하지만, 노동기간과, 그리하여 또 유동자본이 선대되지 않으면 안 되는 시간을 단축하는 이들 개량은 대개 고정자본의 투하 증대와 결부되어 있다. 다른 한편에서, 일정한 부문들에서는 협업의 단순한 확장만으로 노동기간이 단축될 수 있다. 철도의 완성은, 대군(大群)의 노동자들이 동원되고, 그리하여 공사가 많은 곳에서(vielseitig im Raum) 착수됨으로써 단축된다. 이 경우 회전시간은 선대자본의 증대에 의해서 단축된다. 더 많은 생산수단들과 더 많은 노동력이 자본가의 지휘 하에 결합되어 있지 않으면 안 되는 것이다.

그리하여 노동기간의 단축은 대개 보다 짧은 시간에 선대되는 자본의 증대와 결부되어 있고, 그 결과 선대시간이 짧아짐에 따라 자본이 선대되는 양이 증대된다면 — 여기에서 상기해야 하는 것은, 사회적 자본의 현존량(現存量)을 도외시하면, 문제는, 생산수단들과 생활수단들, 혹은 그것들에 대한 처분권(Verfügung)이 어느 정도로 분산되어 있는가, 혹은 어느 정도로 개별자본가들의 수중에 결집되어 있는가, 따라서 자본의 집적이 이미 어느 규모에 달했는가 하는 것에 귀착된다는 사실이다. 신용이 한 사람의 수중에의 자본의 집적을 매개하고, 촉진하고, 강화하는 한, 그것은 노동기간을, 그리고 그와 더불어 회전시간을 단축하는 데에 기여한다.

연속적인 노동기간이든, 아니면 단속적(斷續的)인 그것이든, 노동기간이 일정한 자연조건들에 의해서 규정되어 있는 생산부문들에서는 상술(上述)한 수단들에 의해서는 어떤 단축도 발생할 수 없다.

"보다 빠른 회전과 관련해서는, 이 말은 곡물 수확에는 적용될 수 없는바, 왜냐하면 1년에 오직 1회전만이 가능하기 때문이다. 가축과 관련해서는, 두세 살의 양들, 그리고 네댓 살의 소들의 회전은 어떻게 하면 빨라질 수 있는가만을 간단히 묻고자 한다."(W. 월터 굿(Walter Good), ≪정치·농업 그리고 상업에 관한 오류들(*Political, Agricultural and Commercial Fallacies*)≫, 런던, 1866, p. 325.)

(예컨대, 세금·지대 등과 같은 고정적인 지불을 수행하기 위해서) 보다 일찍이 현금을 확보해 두어야 할 필요성은 이 문제를, 가축이 경제적인 표준에 달하기 전에, 농업에 큰 손해를 끼치며, 그 가축을, 예컨대, 판매하고 도살함으로써 해결한다. 이는 결국 육류 가격의 등귀를 야기하기도 한다.

"여름에는 중부 주(州)들(Midland counties)의 목장들에, 그리고 겨울에는 동부 주들의 축사들에 공급하기 위해서 주로 가축을 길러왔던 사람들이 … 곡물 가격의 불안정성과 하락으로 영락해버렸기 때문에, 그들은 버터와 치즈의 높은 가격으로 이득을 보는 것을 기뻐하고 있다. 그들은 일상적 비용들을 지출하기 위해 매주 버터를 시장에 가져가고, 치즈는 중매인(仲買人)에게서 선불을 받는데, 이 중매인은 치즈가 운반할 수 있게 되자마자 가져가며, 가격은 물론 거의 그가 결정한다. 이러한 이유로, 그리고 영농은 경제학의 법칙들에 지배되기 때문에, 낙농(酪農) 지역들로부터 사육을 위해서 남쪽으로 보내졌던 송아지들이 이제는 버밍엄(Birmingham), 맨체스터(Manchester), 리버풀(Liverpool), 그리고 인근의 다른 대도시들의 도살장에서 때로는 생후 1주일이나 10일만에 대량으로 희생되고 있다. 그러나, 만일 맥아(麥芽)가 면세(免稅)였다면, 차지농업가들은 더 많은 이윤을 얻고, 그리하여 자기 가축이 더 나이를 먹고 더 무거워질 때까지 그것들을 계속 보유할 수 있었을 뿐 아니라, 암소가 없는 사람들은 우유 대신 맥아로 송아지를 기를 수 있었을 것이고, 그리하여 오늘날 전국에 덮친 가공할 송아지 부족은 대부분 면했을 것이다. 송아지를 기르라는 권고에 이들 소차지농업가들(these little men)은 이렇게 대꾸할 것이다: '우유로 키워도 수지가 맞을 것이라는 것을 우리는 아주 잘 알고 있지만, 첫째로는, 돈을 투하하지 않으면 안 될 터인데, 우리는 그것이 불가능하고, 다음에는, 이 돈이 회수될 때까지 오래 기다리지 않으면 안 되겠지만, 낙농에서는 곧바로 회수된다.'" (같은 책, pp. 11, 12.)

회전의 연장이 영국의 소차지농업가들에게 이미 그러한 결과들을 낳는다면, 그것이 대륙의 소농들에게 어떤 교란들을 불러일으키지 않을 수 없는가는 쉽게 이해할 수 있다.

노동기간의 길이, 따라서 또한 유통 가능한 상품이 완성되기까지의 기간의 길이에 상응하여, 고정자본이 생산물에 층층이 넘겨주는 가치부분이 퇴적되고, 이 가치부분의 환류가 지연된다. 그러나 이 지연은 고정자본의 갱신 투자를 야기하지 않는다. 기계는, 그 마모의 보전분(補塡分)이 화폐형태로 완만히 환류하든, 아니면 급속히 환류하든, 계속 생산과정에서 작동한다. 유동자본의 경우에는 사정이 다르다. 노동기간의 길이에 비례하여 자본이 보다 장기간 고정되어 있어야만 할 뿐 아니라, 새로운 자본이 또한 임금, 원료와 보조재료들에 끊임없이 선대되지 않으면 안 된다.[*1] 그리하여 환류의 지연은 그 양자에 상이하게 작용한다. 환류가 완만하든 급속하든, 고정자본은 계속 작동한다. 그에 반해서 유동자본은, 만약 그것이 판매되지 않은 혹은 미완성의, 아직 판매될 수 없는 상품의 형태에 고정되어 있고, 그것을 현물로(in natura) 갱신하기 위한 어떤 추가 자본도 존재하지 않는다면, 환

[*1] [新日本出版社 판 편집자 주] 초판에는 이 뒤에 다음 문장이 들어가 있다: "여기에서, 노동과정에서 상이한 요인들이 수행하는 역할로부터, 고정자본과 유동자본의 차이가 생기는 것을 알 수 있다. 전자는 반복하는 노동과정 속에서 계속 작용하고, 후자는 언제나 갱신된다. 따라서 후자는 유통을 통해서 언제나 전부 보전(補塡)되지 않으면 안 되지만, 전자는 그렇지 않다."

류가 지연되는 경우 기능할 수 없게 된다. ―

> "농민은 굶주리고 있는데, 그의 가축은 살찌고 있다. 시골에 소나기가 자주 와서 목초(牧草)가 무성했다. 인도 농민은 살찐 황소 옆에서 굶어 죽을 것이다. 개인에게는 잔인하게 보이는 미신의 율법들이 사회에 대해서는 보존력을 가지고 있다. 역축(役畜)의 유지는 경작의 힘을 보장하고, 미래의 삶과 부(富)의 원천을 보장하는 것이다. 이렇게 말하면, 가혹하고 슬프게 들릴지 모르지만, 인도에서는 인간을 보충하는 것이 소를 보충하는 것보다 더 쉽다." (≪보고. 동인도. 마드라스 및 오리싸 기근(Returm. East India. Madras and Orissa Famine)≫, 제4호, p. 44.)

이것과, ≪마누 법전(Manava Dharma Sastra)≫[20], 제10장, 제62절의 다음 문구를 비교하라:

> "승려나 암소를 유지하기 위해서 무보수로 생명을 바치는 것은 ... 비천하게 태어난 이들 종족들에게 지복(至福)을 누리게 할 것이니라"

5살짜리 동물을 5년이 다 가기 전에 공급하는 것은 물론 불가능하다. 그러나 어떤 한계 내에서 가능한 것, 그것은 취급 방법을 바꿈으로써 보다 단기간에 동물들을 그 소기의 용도에 맞게 준비하는 것이다. 이는 특히 베이크웰(Bakewell)[*1]에 의해서 달성되었다. 종전에 영국의 양들은, 프랑스의 양들이 아직 1855년에도 그러한 것처럼, 4살 내지 5살 전에는 도살할 만큼 성숙하지 않았다. 베이크웰의 방법을 따르면, 1살짜리 양도 이미 비대해질 수 있고, 어떤 경우에도 2년이 다 가기 전에 완전히 성장한다. 세심한 도태(淘汰, Zuchtwahl)를 통해서, 디슬리 그랜지(Dishley

---

*1 [역주] 베이크웰(Robert Bakewell, 1725-1795) ― 영국의 농장경영자・목축업자.

Grange)의 차지농업가 베이크웰은 양들의 골격을 그것들의 생존에 필요한 최소한으로 축소했다. 그의 양들은 뉴 레스터스(New Leicesters)라고 불렸다.

> "… 사육자는 이제 종전엔 1마리를 길렀던 똑같은 기간에 3마리를 시장에 출하할 수 있다. 그리고 그 양들은, 키는 더 크지 않더라도, 고기를 가장 많이 제공하는 부분들이 더 넓고, 더 둥글고, 더 크게 발달해 있다. 뼈는, 그 양들은 자신들을 지탱하기 위해 필요한 것 이상은 절대 가지고 있지 않고, 거의 모든 중량이 순전히 고기다."(라베르뉴(Lavergne), ≪잉글랜드·스코틀랜드·아일랜드의 농촌경제(*The Rural Economy of England, Scotland and Ireland*)≫, 1855, p. 20.)

노동기간을 단축하는 방법들은 상이한 산업부문들에는 단지 상이한 정도로만 적용될 수 있고, 상이한 노동기간의 길이의 차이를 해소하진 않는다. 우리의 예에서는, 새로운 공작기계들을 사용함으로써 기관차 1대의 제작에 필요한 노동시간이 절대적으로는 단축될 것이다. 그러나 방적업에서의 생산과정들의 개량에 의해서 매일 혹은 매주 공급되는 완성 생산물이 훨씬 더 급속히 증대한다면, 기계제조업에서의 노동기간의 길이는 하지만 상대적으로는, 즉 방적업에 비해서는 증대했다.

제13장
생산시간

노동시간은 언제나 생산시간, 즉 자본이 생산영역에 매어 있는 시간이다. 그러나 그렇다고 해서 거꾸로, 자본이 생산과정 속에 있는 모든 시간이 반드시 노동시간인 것은 아니다.

노동과정이 멈춰 있는 동안에는 고정자본, 즉 공장건물, 기계장치 등이 유휴상태로 있다는 단순한 사정이 얼마나 심히 노동과정의 부자연적인 연장과 주야 노동의 동기의 하나로 되는가는 이미 밝혀졌지만,[*1] 여기에서의 문제는 노동력 자체의 자연적 한계에 의해 야기되는 노동과정의 중단이 아니다. 여기에서 다루는 것은, 노동과정의 길이와 상관없이, 생산물과 그 제조 자체의 본성에 의해서 야기되는 중단으로, 이 동안에 노동대상은 단기간 혹은 장기간 지속되는 자연과정에 내맡겨져, 물리적·화학적·생리적 변화를 겪지 않으면 안 되고, 노동과정은 전적으로 혹은 부분적으로 정지된다.

이처럼,[*2] 압출(壓出)된 포도액은 우선 얼마 동안 발효과정을 거치지 않으면 안 되고, 일정한 완성도에 도달하기 위해서, 그 다음에 다시 얼마 동안 재워두지 않으면 안 된다. 많은 산업부문에

---

*1 [*MEW* 편집자 주] *MEW*, Bd. 23, S. 271-278[채만수 역, 제1권, 제2분책, pp. 426-439]을 보라.

*2 [역주] "이처럼(so)"이 영어판에는 "예컨대(For instance)"로 되어 있고, 그에 따라 국내와 일본의 번역판들은 대개 "예컨대"로 번역하고 있다.

서는 생산물이, 요업(窯業)에서처럼, 건조과정을 거치지 않으면 안 되거나, 표백업에서처럼, 생산물의 화학적 특성을 바꾸기 위해서 일정한 상태에 방치되지 않으면 안 된다. 겨울 곡물은 익기까지 대개 9개월을 필요로 한다. 파종기와 수확기 사이에는 노동과정이 거의 전부 중단된다. 조림에서는, 파종과 그에 필요한 준비 노동이 끝난 후 그 씨앗이 완성 생산물로 전화되기까지 필시 100년이 필요하고, 그 기간 전체에 걸쳐서 그것이 필요로 하는 노동의 작용은 상대적으로 극히 미미하다.

이들 모든 경우에는 생산시간의 대부분 동안 추가적 노동은 단지 때때로만 첨가될 뿐이다. 앞 장(章)에서 서술했던, 이미 생산과정에 고정되어 있는 자본에 추가적인 자본과 노동이 추가되지 않으면 안 되는 관계는 여기에서는 단지 길거나 짧은 중단과 함께만 발생한다.

따라서 이들 모든 경우에는 선대자본의 생산시간은 두 기간으로 구성되어 있다: 그 하나는, 자본이 노동과정에 존재하는 기간이고, 그 두 번째는, 자본의 존재형태— 미완성 생산물이라는 존재형태 —가, 노동과정 속에 존재하지 않고, 자연과정들의 지배에 맡겨져 있는 기간이다. 이들 두 기간이 때때로 교차하고 서로 겹치더라도, 사태는 전혀 변하지 않는다. 이들 경우 노동기간과 생산기간은 일치하지 않는다. 생산기간은 노동기간보다 더 길다. 그러나 생산기간이 끝난 후에야 비로소 생산물은 완성, 즉 성숙하며, 따라서 생산자본의 형태로부터 상품자본의 형태로 전화할 수 있다. 그리하여 노동시간으로 구성되어 있지 않은 생산시간의 길이에 따라서 자본의 회전기간도 또한 연장된다. 노동시간을 넘는 생산시간이, 곡물의 성숙, 떡갈나무의 성장 등과 같이 영원히 주어진 법칙들에 의해서 규정되어 있지 않은 한, 회전기간은 흔히 생산시간의 인위적 단축에 의해서 많든 적든 단축될 수 있다. 야외표백(Wiesenbleicherei) 대신에 화학적 표백을 실시함으로써, 건조과정에서 보다 더 성능이 좋은 건조장치에 의해서 그렇다. 탄닌산(酸)이 가죽에 스며들어 종전의 방법들에 의하면 6 내지 18개월이 걸렸던 유피업(柔皮業)에서도 역시, 공기펌프가 사용되는 새로운 방법들에 의하면, 단지 1개월 반 내지 2개월밖에 걸리지 않는다. (J. G. 꾸르셀르-쓰네일(Courcelle-Seneuil), ≪공업적·상업적·농업적 기업의 이론적·실천적 개론(*Traité théorique et pratique des entreprises industrielles, commerciales et agricoles ou manuel des affaires*)≫, 빠리, 1857, 제2판, [p. 49].) 자연과정으로만 채워져 있던 단순한 생산과정을 인위적으로 단축한 가장 뛰어난 실례를 제공하는 것은, 철 생산의 역사, 특히 1780년 경에 발견된 푸들링법(Puddling-prozeß)[1]에서부터 근대적 베써머법(Bessemerprozeß)[2] 및 그 이래 도입된 최신 방식에 이르는 지난 100년간의, 선철로부터 강철로의 전화이다. 생산시간이 엄청나게 단축되었는데, 그러나 동일한 정도로 고정자본의 투하도 역시 증대했다.

노동시간으로부터 생산시간의 괴리에 관한 독특한 한 예를 제

---

[1] [역주] 목탄(木炭)이 아니라 석탄을 연료로 하는 반사로(反射爐)에 선철(銑鐵)과 산화철(酸化鐵)을 넣고 가열하고, 철봉으로 뒤집어서 반죽하는 작업을 반복하여 연철(鍊鐵)을 만드는 방법. 교련법(攪鍊法)이라고도 하며, 1784년에 헨리 코트(Henry Cort)가 발명하고, 1816년에 죠지프 홀(Joseph Hall)에 의해 개량되었다.

[2] [역주] 달걀 모양의 전로(轉爐, 구리 등을 제련하는 로)에 녹인 선철과 쇠가루를 넣고 고압력의 열풍을 불어넣어 산화 환원 반응으로 철의 불순물을 제거, 용강(溶鋼)을 만드는 방법. 1855년에 헨리 베써머(Henry Bessemer)가 발명했다.

공하는 것은 아메리카의 구두골 제조이다. 여기에서는 비생산적 비용(Unkosten)의 상당한 부분이, 완성된 구두골이 나중에 뒤틀려 그 형태가 변하지 않도록, 목재를 18개월이나 건조되도록 놔두지 않으면 안 된다는 데에서 발생한다. 이 기간 중에 목재는 다른 어떤 노동과정도 통과하지 않는다. 투하자본의 회전기간은 그리하여, 비단 구두골의 제조 그 자체를 위해서 필요한 시간에 의해서만이 아니라, 그 자본이 건조(乾燥) 중인 목재로서 유휴하고 있는 시간에 의해서도 규정되어 있다. 그 자본은 실제의 노동과정에 들어갈 수 있기 전에 18개월 생산과정 속에 있다. 이 실례는, 유통총자본의 상이한 부분들의 회전시간들이, 유통영역의 내부에서가 아니라 생산과정으로부터 생기는 사정들로 인하여 얼마나 상이할 수 있는가도 동시에 보여주고 있다.

생산시간과 노동시간의 차이는 농업에서 특히 명료하게 나타난다. 우리의 온난한 기후에서는 토지는 1년에 1번 곡물을 산출한다. 생산기간(겨울 작물의 경우 평균 9개월)의 단축과 연장은 그 자체가 또한 풍년인가 아니면 흉년인가 하는 변동에 달려 있고, 그 때문에 본래적 공업에서처럼 사전에 정확히 결정되어 제어될 수 없다. 우유, 치즈 등, 오직 부산물들만이 비교적 단기간에 연속적으로 생산되어 판매될 수 있다. 그에 반해서 노동시간은 다음과 같다:

"독일의 여러 지역에서의 노동일의 수는, 기후 및 기타 영향을 미치는 사정들을 고려하여 3개의 주요 노동기간에 관해서 다음과 같이 추정될 수 있을 것이다: 3월 중순 혹은 4월 초부터 5월 중순까지의 봄철엔 50-60 노동일; 6월 초에서 8월 말까지의 여름철엔 65-80 노동일; 그리고 9월 초부터 10월 말 혹은 11월 중순이나 말까지의 가을철에는 55-75 노동일. 겨울철에는, 단지 거름운반·목재운반·시장물건들운반・건축자재운반 등과 같은 그 기간에 수행해야 할 노동들만이 눈에 띈다." (키르히호프(Kirchhof), ≪농업경영학 편람(*Handbuch der landwirthschaftlichen Betriebslehre*)≫, 데싸우, 1852, S. 160.)

그리하여 기후가 불리하면 불리할수록, 농업의 노동기간은, 그리하여 또한 자본과 노동의 투하는 단기간으로 압축된다. 예컨대, 러시아가 그렇다. 그곳의 몇몇 북부지방들에서는 1년에 고작 130-150일 동안에만 들일이 가능하다. 만일 러시아의 유럽 인구 6천5백만 명 중 5천만 명이, 모든 들일이 중단되지 않으면 안 되는 겨울철 6개월 혹은 8개월 동안, 일 없이 빈둥빈둥 지낸다면, 러시아가 입을 손해가 어떤 것일지는 누구나 알 수 있다. 러시아의 10,500개 공장에서 일하고 있는 200,000명의 농민 외에, 농촌에는 어디에서나 자신의 가내공업들이 발전해 있다. 그렇게, 모든 농민이 대를 이어 직조공, 무두장이, 구두장이, 자물쇠공, 인물공(刃物工) 등인 마을들이 있다. 이는 특히 모스끄바, 울라지미르, 칼루가, 꼬스트로마 그리고 뻬쩨르부르그 주(州)들의 경우가 그렇다. 덧붙여 얘기하자면, 이 가내공업은 이미 갈수록 더 자본주의적 생산에 봉사하도록 압박당하고 있다. 예컨대, 직조공들에게는 씨실과 날실이 상인들로부터 직접적으로 혹은 중개인들을 매개로 공급되고 있다. (≪주재국들의 제조업, 상업 등에 관한, 여왕 전하의 대사관 및 공사관 서기관들의 보고서(*Reports by Her Majesty's Secretaries of Embassy and Logation, on the Manufactures, Commerce, etc.*)≫, 제8호, 1865, pp, 86, 87에서 요약.) 여기에서 알 수 있는 것처럼, 생산기간과, 그것의 단지 일부를 이룰 뿐인 노동기간의 불일치는 농업과 농촌의 부업적 공업이 결합되는 자연적 토대를 이루며, 다른 한편에서는 농촌의 이 부업적 공업이 다시, 맨 처음엔 상인으로서 거기에 침입해 들어오는 자본가에게 기반이 된다. 그 경우 자본주의적 생산이 후에 제조업과 농업의 분리를 완수하게 되면서, 농촌노동자는 갈수록 더 단지 우연적인 부업에 의존하게 되고, 이로 말미암아 그의 처지는 갈수록 더 악화된다. 자본에 대해서는, 뒤에서 보는 바와 같이, 회전상의 모든 차이가 균등화된다. 노동자에 대해서는 그렇지 않다.

본래적인 공업·광산업·운수업 등과 같은 대개의 부문에서는 영업(Betrieb)이 균일하고, 노동시간은 년년세세 한결같으며, 가격 동요, 사업 교란 등을 비정상적인 중단으로 도외시하면, 매일 매일의 유통과정에 들어가는 자본의 투하도 균등하게 배분되는 데에 반해서; 마찬가지로, 기타 시장 상황이 불변일 경우, 유통자본의 환류 또는 그 갱신도 1년 내내 균등한 기간들에 배분되는 데에 반해서 — 노동기간이 생산기간의 단지 일부를 이룰 뿐인 자본 투하들에서는 년중 상이한 기간들이 경과하면서 유동자본의 투하에는 엄청난 불균등이 발생하지만, 환류는 자연조건들에 의해 고정된 시기에 단 한번 일어난다. 그리하여 사업 규모가 같은 경우에도, 즉 선대되는 유동자본의 크기가 같은 경우에도, 유동자본은, 연속적인 노동기간을 가진 사업들에서보다, 더 대량으로 한꺼번에 그리고 더 장기간 선대되지 않으면 안 된다. 이 경우에는 고정자본의 수명 또한, 그것이 실제로 생산적으로 기능하는 시간과 현저하게 다르다. 노동시간과 생산시간이 다름에 따라 물론 충용된 고정자본의 사용시간 역시, 예컨대, 농업에서의 역축·농기구들 그리고 기계들처럼, 장기간 혹은 단기간 계속적으로 중단된다. 이 고정자본이 역축으로 이루어져 있는 경우에는, 사료 등에 [그 역축이 일하지 않는 기간에도: 역자] 그것이 일하는 기간과 똑같거나 거의 같은 지출이 끊임없이 요구된다. 죽은 노동수단들의 경우에도 역시 그 불(不)사용은 일정한 가치저하를 야기한다. 따라서 무릇 생산물의 가격이 비싸지는데, 왜냐하면 생산물로의 가치이전은, 고정자본이 기능하는 시간에 따라서가 아니라, 그것이 가치를 상실하는 시간에 따라서 계산되기 때문이다. 이러한 생산부문들에서는 고정자본의 유휴(遊休)는, 경상비와 결부되어 있든 아니든, 예컨대, 방적업에서 일정량의 면화의 손실이 그러한 것처럼, 그 고정자본의 정상적인 사용의 한 조건을 이루고 있다. 그리고 마찬가지로, 어떤 노동과정에서나 정상적인 기술적 노동조건들 하에서 비생산적으로, 그러나 불가피하게 지출되는 노동력은 생산적인 노동력과 전적으로 같은 것으로 간주된다. 노동수단들과 원료, 노동력의 비생산적인 지출을 감소시키는 모든 개량은 생산물의 가치도 또한 감소시킨다.

농업에서는 상대적으로 긴 노동기간과, 노동시간과 생산시간의 큰 차이, 이 양자가 결합되어 있다. 홋지스킨(Hodgskin)은 이에 관해서 다음과 같이 올바르게 언급하고 있다:

"농업생산물들을 완성하기 위해서 필요한 시간"(비록 그는 여기에서 노동시간과 생산시간을 구별하고 있지 않지만)"과 다른 종류의 노동의 차이"가 "농업종사자들의 강한 종속의 주요 원인"이다. "그들은 1년보다 짧은 기간에 자신들의 상품을 시장에 출하할 수 없다. 그 기간 전체에 걸쳐서 그들은 구두방·양복점·대장장이·수레바퀴 제조공 및 기타 다양한 노동자들로부터, 그것들이 없이는 살 수 없지만, 수일 혹은 수주일이면 완성되는 그들의 생산물들을 외상으로 사지 않을 수 없다. 이러한 자연적 사정 때문에, 그리고 농업 노동보다 다른 노동에 의해 생산되는 부(富)의 더욱 급속한 증대 때문에, 모든 토지의 독점자들은, 입법권 역시 그들이 독점해 왔지만, 그들 자신도 그들의 시종(侍從, servants)인 차지농업가들도 사회(community)에서 가장 종속적인 사람들이 되는 데에서 구제할 수 없어 왔다." (토마스 홋지스킨, ≪대중 경제학(*Popular Political Economy*)≫, 런던, 1827, p. 147, 주.)

다종다양한 생산물들이 생산되고, 그리하여 1년 중에 다양한 수확들이 가능해짐으로써, 부분적으로는 농업에서 임금 및 노동수단들에의 지출이 1년 전체에 더욱 균등하게 배분되게끔 하고, 부분적으로는 회전이 단축되게끔 하는 모든 방법은, 생산에 선대되는, 즉 임금·거름·종자 등에 투하되는 유동자본의 증대를 필요로 한다. 휴경기를 수반하는 삼포농법(三圃農法)으로부터 휴경기가 없는 륜작농법(輪作農法)으로 이행하는 경우가 그렇다. 플랑드르(Flandern)*1에서의 간작(間作, culture dérobée)의 경우도 그렇다.

"근채류(根菜類)는 간작으로 재배된다. 같은 밭에 처음에는 인간에게 필요한 곡물·아마·유채가 재배되고, 그것들을 수확한 후에는 가축을 사육하기 위한 근채류가 파종된다. 유각(有角) 가축을 계속해서 축사 속에 있을 수 있게끔 하는 이 방법은 적잖은 량의 거름을 퇴적시키기 때문에 륜작의 중추가 된다. 모래가 많은 지대에서는 경작 면적의 3분의 1 이상이 간작에 사용된다. 그리하여 이는 마치 경지 면적을 3분의 1이나 확장한 것과 같다."

근채류 외에도 클로버나 기타 다른 사료용 채소들이 이러한 목적을 위해 이용된다.

"이렇게 원예로 이행하는 데에까지 간 농경은 당연히 그에 비례하여 현저한 자본투하를 요구한다. 잉글랜드에서는 헥타르당 250프랑이 투하되는 것으로 계산되고 있다. 플랑드르에서는 헥타르당 500프

---

*1 [역주] 벨기에 서부와 프랑스 북부의 북해 연안 지역.

량의 투자도 너무 적다고 우리 농민들은 아마 생각할 것이다." (에밀 드 라블레(Emile de Laveleye), ≪벨기에 농촌 경제론(*Essais sur l'Ekonomie Rurale de la Belgique*)≫, 브뤼쎌, 1863, p. 59, 60, 63.)

마지막으로 조림(造林)을 보자. ―

"목재생산이 다른 대부분의 생산과 본질적으로 다른 것은, 목재생산에서는 자연력이 독립적으로 작용하고, 천연적으로 재식(再植)되는 경우에는 인력과 자본력이 필요하지 않다는 점이다. 그밖에 삼림이 인공적으로 재식되는 경우에조차 인력과 자본력의 소모는 자연력의 작용에 비하면 극히 적다. 게다가 숲은, 곡물이 더 이상 자라지 않거나 더 이상 곡물을 생산할 가치가 없는 토질과 지역에서도 무성해진다. 그러나 조림은, 본격적인(regelmäßig) 경영을 위해서는, 곡물경작보다 광대한 면적을 필요로 한다. 왜냐하면, 작은 면적에서는 림업 본래의 벌목을 실시할 수 없고, 부차적인 이익이 대부분 사라지며, 산림의 보호가 더욱 어려운 점 등 때문이다. 그런데 그 생산과정 또한 대단히 장기간에 걸쳐 있어서, 사적 경영의 계획을 초과하며, 개별적으로는 인간의 수명을 초과하기조차 한다. 산림 면적을 획득하기 위해서 투하되는 자본은"

{공동체 생산에서는 이 자본은 불필요하며, 단지 공동체가 조림을 위해서 얼마만큼의 토지를 경지와 목초지에서 떼어낼 수 있는가만이 문제가 된다.}

"장기간이 지나서야 비로소 보람 있는 성과를 가져오고, 부분적으로만 회전하며, 여러 종류의 목재는 150년이나 기간이 걸려야 완전히 회전한다. 더욱이 지속적인 목재생산은 그 자체가 년간 수익의 10배 내지 40배에 달하는 립목(立木)의 비축을 필요로 한다. 그 때문에 다른 수입이 없고, 광대한 면적의 산림을 소유하지 못한 사람은 본격적인 림업을 경영할 수 없다." (키르히호프, p. 58.)

(상대적으로 단지 근소한 규모의 노동시간만을 포함하는) 긴 생산시간, 따라서 긴 회전기간은 조림을 사적경영, 그리고 따라서 자본주의적 경영— 개별적 자본가 대신에 결합된 자본가가 나타나더라도 본질적으로 사적경영이다 —에 불리한 부문으로 만든다. 경작과 산업 일반의 발전은 옛날부터 산림을 아주 열심히 파괴해 와서, 그에 비하면, 그 발전이 거꾸로 산림을 보전하고 생산하기 위해서 해온 모든 것은 아주 미미하다.

키르히호프로부터의 인용 중에서 다음 구절은 특히 주목할 가치가 있다.

> "더욱이 지속적인 목재생산은 그 자체가 년간 수익의 10배 내지 40배에 달하는 립목의 비축을 필요로 한다."

따라서 1번 회전하는 데에 10년 내지 40년 혹은 그 이상이 걸린다는 뜻이다.

목축의 경우에도 마찬가지이다. 무리(가축 재고)의 일부는, 그 가운데 다른 일부가 년간 생산물로서 판매되는 동안에도, 생산과정에 남아 있다. 이 경우에는, 고정자본, 즉 기계장치, 가축 등과 전적으로 마찬가지로, 매년 자본의 일부만이 회전하는 것이다. 그러나 이 자본은 비교적 장기간 생산과정에 고정되어 있는 자본이고, 그리하여 총자본의 회전을 연장하긴 하지만, 범주적 의미에서의 고정자본을 이루는 것은 아니다.

여기에서 재고라고 불리는 것— 일정량의 립목 또는 살아 있는 가축 —은 (동시에 노동수단으로서 그리고 노동재료로서) 상대적으로 생산과정에 있으며; 그 재생산의 자연적 조건들에 따라서, 정규적인 경영의 경우, 현저한 부분이 언제나 이 형태에 있지 않으면 안 된다.

다른 한 종류의 재고도 회전에 유사하게 작용하는데, 단지 잠세적인 생산자본을 형성할 뿐이지만, 그러나, 실제의(aktiv) 생산과정에는 점차적으로만 들어감에도 불구하고, 경영의 성질상 대량 혹은 소량으로 퇴적되어 있지 않으면 안 되는, 그리하여 장기간 생산에 선대되어 있지 않으면 안 되는 재고가 그것이다. 예컨대, 경지(耕地)로 운반되기 전의 거름, 마찬가지로 곡물, 건초 등등 가축의 생산에 들어가는 생활수단의 재고가 이에 들어간다.

> "영업자본의 현저한 부분은 경영의 재고에 속해 있다. 그런데 이것들은, 그것들을 유지하기 위해서 필요한 예방책들이 충분히 취해지지 않으면, 많든 적든 그 가치가 상실될 수 있다. 뿐만 아니라, 감시가 부족하면, 경영을 위한 생산물 재고의 일부가 완전히 없어질 수도 있다. 그리하여 이와 관련해서는 특히 헛간, 사료 및 곡물 창고 그리고 지하실에 대한 꼼꼼한 감시가 필요하고, 아울러 저장소들은 언제나 잘 닫아두어야 하고, 나아가 청결하게 유지하고 환기를 하는 것 등이 필요하다. 곡물과 기타 저장된 농작물들은 수시로 충분히 뒤섞여져야 하고, 감자와 무는 추위와 물·부패로부터 보호되지 않으면 안 된다." 248 (키르히호프, p. 292.) "생산물과 목적에 따라 배분되어야 하는 자신의 수요, 특히 가축 사육을 위한 자신의 수요를 계산하는 경우에는, 필요를 충족시키는 것뿐 아니라, 불의의 경우를 대비해서도 상당한 재고가 남아 있도록 배려하지 않으면 안 된다. 이와 관련해서, 수요가 자신의 생산물로 완전히 충족될 수 없다는 것이 밝혀지면, 우선 다른 생산물들(대체수단들)로 이 부족을 메꿀 수 있는지 어떤지, 또는 부족분 대신에 더욱 값싼 것들을 구입할 수 있는지 어떤지를 고려해야 한다. 예컨대, 건초가 부족하다는 것이 밝혀지면, 이 부족은 짚을 섞은 근채류로 메꿀 수 있다. 일반적으로 이러한 경우에는 다양한 생산물들의 실질가치와 시장가격을 언제나 지켜보고, 그에 따라 소비를 결정하지 않으면 안 된다. 예를 들어, 귀리는 비싸고, 완두와 호밀은 상당히 싸다면, 말에게 주는 귀리의 일부를 완두나 호밀로 대체하고, 그

렇게 해서 남는 귀리를 판매하는 것이 유리할 것이다."(같은 책, p. 300.)

앞에서 재고형성을 고찰했을[*1] 때에 이미 말했던 것처럼, 크거나 작은 일정량의 잠세적 생산자본, 즉 차례차례 생산과정에 들어가기 위해서 크거나 작은 량으로 비축되어 있지 않으면 안 되는, 생산을 위해 예정된 생산수단들이 필요하다. 그때에 말했던 것처럼, 어떤 소여(所與)의 기업 또는 일정한 규모의 자본경영에서는 이 생산용 재고의 크기는 그 갱신의 곤란의 난이도, 구입시장과의 상대적 거리, 교통·통신수단들의 발전 등에 달려 있다. 이들 모든 사정은, 생산용 재고의 형태로 존재하지 않으면 안 되는 자본의 최소한에 영향을 미치고, 따라서 자본을 선대해야 할 기간과, 한번에 선대해야 할 자본량의 규모에 영향을 미친다. 따라서 회전에도 영향을 미치는 이 규모는, 유동자본이 단순히 잠세적인 생산자본으로서 생산용 재고의 형태에 고착되어 있는 시간의 장단(長短)에 의해서 결정된다(bedingt). 다른 한편에서는, 이 정체(停滯)가 급속한 보전(補塡) 가능성의 대소(大小), 시장상황 등에 달려 있는 한에서는, 이 정체 자체는 다시 유통시간으로부터, 즉 유통영역에 속하는 사정들로부터 기인한다.

"나아가서, 수공구·체·광주리·밧줄·차량 윤활류·못 등등과 같은 모든 비품과 부속품은, 그것들을 신속히 구매할 수 있는 기회가 가까이에 적으면 적을수록, 즉각적인 보전을 위해서 그만큼 더 많이 저장되어 있지 않으면 안 된다. 마지막으로, 겨울에는 매년 모든 도구 비품을 면밀히 점검하고, 이때에 필요해지는 보전과 수리는 곧바로 배려하지 않으면 안 된다. 그러나 필요 비품을 위한 재고의 일반적인

---

*1 [*MEW* 편집자 주] *MEW*, Bd. 24, S. 139-145.[채만수 역, 제2권, 제1분책, pp. 214-222.]

크기는 주로 지역 사정에 의해서 결정된다. 가까이에 수공업자들과 상점들이 없는 곳에서는, 수공업자들이나 상점들이 그곳이나 가까이에 있는 곳에 비해서 더 많은 재고를 보유하고 있지 않으면 안 된다. 그러나 다른 조건들이 똑같은데 필요한 재고를 한꺼번에 보다 대량으로 조달한다면, 적절한 시점만 고르면, 통상 저렴하게 구매하는 이득을 누린다. 그러나, 그렇게 함으로써 물론 유통 중인 경영자본으로부터 그만큼 큰 금액을 한번에 인출하는데, 이 금액이 없이도 언제나 사업경영을 할 수 있는 것은 아니다." (키르히호프, p. 310.)

생산시간과 노동시간의 차이는, 이미 본 바와 같이, 대단히 다양한 경우에 생길 수 있다. 유동자본은, 그것이 본래의 노동과정에 들어가기 전에, 생산시간 속에 있을 수 있다(구두골 제조). 또는 유동자본은, 그것이 본래의 노동과정을 통과한 후에, 생산시간 속에 있기도 한다(포도주, 곡물의 씨앗). 또는 생산시간이 때때로 노동시간에 의해서 중단되기도 한다*1(경작, 조림). 유통가능한 생산물의 큰 부분은 실제의 생산과정에 합체되어 있는 반면, 그 훨씬 적은 부분이 매년 유통에 들어가기도 한다(조림 및 목축). 유동자본이 잠세적인 생산자본의 형태로 투하되어 있지 않으면 안 되는 길이의 장단, 따라서 또한 자본이 한꺼번에 투하되어 있지 않으면 안 되는 량의 대소는 부분적으로는 생산과정의 종류로부터 생기고(농업), 부분적으로는 시장과의 거리 등, 요컨대, 유통영역에 속하는 사정들에 달려 있다.

맥컬록, 제임스 밀 등의 경우, 노동시간과 괴리되는 생산시간을 노동시간과 동일시하려는 시도, 즉 그 자체 가치이론의 잘못된 적용으로부터 기인하는 시도가 어떤 부조리한 이론들을 야기하는가는 나중에 (제3권) 볼 것이다.

---

*1 [역주] "생산시간 중에 때때로 노동시간들이 삽입되기도 한다."는 의미이며, 일본의 大月書店 판과 岩波文庫 판에는 실제로 그렇게 번역되어 있다.

앞에서 고찰한 회전순환은, 생산과정에 선대된 고정자본의 지속기간에 의해서 주어진다.[*1] 이 회전순환은 많든 적든 일련의 해[年]들을 포괄하기 때문에, 그것은 또한 고정자본의 일련의 년회전들, 또는 년간 반복되는 일련의 회전들을 포괄한다.

농업에서는 이러한 회전순환은 륜작 농법으로부터 생긴다.

"차지(借地)기간은 어떠한 경우에도 도입된 륜작 농법의 회전기간(Umlaufszeit)보다 짧아서는 안 되며, 따라서 3포 농법의 경우에는 언제나 3년, 6년, 9년으로 계산된다. 그러나 순전한 휴경지를 수반하는 3포 농업을 가정하는 경우, 경지는 6년간 단지 4번 경작되고, 경작되는 해에는 동곡(冬穀)과 하곡(夏穀)이 륜작되며, 토질이 요구하거나 허락하는 경우에는 소맥과 호밀, 보리와 귀리가 륜작된다. 그런데 곡식 종류마다 동일한 토지에서 다른 곡식보다 소출이 많기도 하고 더 적기도 하며, 각각은 가치가 다르고, 또한 다른 가격에 판매된다. 그 때문에 경작지의 수확고는 경작년도마다 다르고, 회전의 전반(前半)"(첫 3년)"에서와 후반에서도 다르다. 심지어 회전기간 중 평균적 수확고조차 한 회전기간과 다른 회전기간이 다른데, 왜냐하면, 수확력은 단지 토지의 품질에만이 아니라 그 해의 기후에도 달려 있고, 마찬가지로 가격도 여러 사정에 달려 있기 때문이다. 6년이라는 회전기간 전체의 년 평균수확고와 평균가격에 따라 경지의 수확고를 계산하면, 첫 순환기간에 대해서도 그 다음 순환기간에 대해서도 년간 총수확고가 발견된다. 그러나 순환기간의 절반에 대해서만, 따라서 3년에 대해서만 계산하는 경우에는 그렇지 않은데, 왜냐하면 그렇게 되면 총수확고가 같지 않을 것이기 때문이다. 이로부터 분명한 것처럼, 3포 농법의 경우 경지의 임차기간은 최소한 6년으로 결정되지 않으면 안

---

*1 [역주] "주어진다(gegeben sein)"가 영어판에는 "결정된다(be determined)".

된다. 그러나 차지기간이 차지기간*¹{원문 그대로!: [F. 엥엘스]}의 수배(數倍)가 된다면, 그리고 따라서 3포 농법의 경우 6년 대신에 12년, 18년 그리고 그 이상으로 정해진다면, 7포 농법의 경우에는 7년 대신에 14년, 28년으로 정해진다면, 차지농업가에게도 지주에게도 훨씬 더 바람직스럽다." (키르히호프, p. 117, 118.)

{원고에는 여기에: "영국의 륜작 농업. 여기에 주를 달 것."이라고 쓰여 있다.}

---

*1 [역주] 명백히 키르히호프의 잘못이며, 그가 사용하는 의미에서의 "회전기간"이라고 해야 할 것이다. 新日本出版社 판의 역주에 의하면, 프랑스어판, 이딸리아어판, 스페인어판, 조선어판에도 이와 같은 역주가 있다.

제14장
회류시간

상이한 생산부문들에 투하된 상이한 자본들의 회류기간들을, 따라서 또한 자본이 선대되어 있지 않으면 안되는 시간들을 다르게끔 하는, 지금까지 고찰한 모든 사정은, 고정자본과 유동자본의 구별, 노동기간의 차이 등과 같이, 생산과정 그 자체의 내부에서 발생한다. 하지만 자본의 회전시간은 자본의 생산시간과, 그 회류시간(Umlaufszeit) 혹은 유통시간(Zirkulationszeit)의 합계와 같다. 그리하여, 회류시간의 길이가 다르면, 회전시간이, 그리고 따라서 회전기간의 길이가 달라진다는 것은 자명하다. 이는, 회류시간만이 상이할 뿐이고 회전을 변경하는 기타 모든 사정들이 동일한 두 개의 상이한 자본투하를 비교하거나, 아니면 고정자본과 유동자본으로 이루어지는 구성이 주어져 있고, 노동기간 등이 주어져 있는 어떤 자본을 취해서 단지 회류시간만을 가상적으로(hypothetisch) 변화시켜 보면, 가장 명확히 드러난다.

회류시간의 한 부분—그리고 상대적으로 가장 결정적인 한 부분—은 판매시간, 즉 자본이 상품자본의 상태에 있는 시기로 이루어져 있다. 이 기간의 상대적인 크기에 따라서 회류시간이, 그리고 따라서 회전기간 일반이 길어지거나 짧아진다. 또한 보관비 등 때문에 추가적인 자본 투하가 필요해질 수도 있다. 완성 상품들의 판매에 필요한 시간은 하나의 동일한 사업부문에서도 개별 자본가들마다 대단히 다를 수 있다는 것, 따라서 상이한 생산부문들에 투하되어 있는 자본량에게 있어서뿐 아니라, 또한 실제로는 동일한 생산영역에 투하된 총자본의 단지 자립화된 조각들을 이루고 있을 뿐인 상이한 자립적 자본들에게 있어서도 그 완성 상품들의 판매에 필요한 시간이 비상히 다를 수 있다는 것은 처음부터 분명하다. 다른 사정들에 변함이 없다면, 동일한 개별자본에게 있어서의 판매기간은, 시장상황이 전반적으로 변동함에 따라서, 혹은 특수한 사업부문에서의 시장상황이 변동함에 따라서 변할 것이다. 이와 관련해서는 지금은 더 이상 다루지 말자. 단지 간단한 사실만을 확인하자면: 무릇 상이한 사업부문들에 투하된 자본들의 회전기간의 불일치를 야기하는 모든 사정, 그것들이 개별적으로 작용하면 (예컨대, 어떤 자본가가 경쟁자보다 빨리 판매할 기회를 가지면, 어떤 자본가가 다른 자본가들보다, 노동기간을 단축하는 더 많은 방법들을 사용하면, 등등), 마찬가지로, 동일한 사업부문에 있는 상이한 개별자본들의 회전의 불일치를 야기한다.

판매시간, 따라서 회전시간 일반을 차이나게 하는 데에 부단히 작용하는 한 원인은 상품이 판매되는 시장과 그것의 생산지 간의 거리이다. 시장까지 가는 시간 내내 자본은 상품자본의 상태에 묶여 있다. 주문에 따라 생산되는 경우에는 인도(引渡)되는 순간까지 그렇고; 주문에 따라 생산되지 않는 경우에는 시장까지 가는 시간에 그 상품이 판매되기 위해 시장에 있는 시간이 또한 추가된다. 교통·운송수단들의 개량은 상품의 이동 기간을 절대적으로는 단축하지만, 이동에서 기인하는, 상이한 상품자본의, 혹은 또한 동일한 상품자본 중 상이한 시장들로 이동하는 부분들의, 회류시간의 상대적 차이를 제거하지는 않는다. 예컨대, 여정을 단축하는 개량된 범선들과 기선들은 가까운 항구까지의 여정도 먼 항구까지의 여정도 마찬가지로 단축한다. 상대적인 차이는, 흔히 단축되긴 하지만, 여전히 남아 있다. 그러나 그 상대적 차이는, 운송·교통수단들이 발전한 결과, 자연적 거리에 상응하지 않는 방식으로 바뀔 수 있다. 예컨대, 생산지로부터 국내의 어떤 주요 인구 중심지로 통하는 철도는, 철도가 통하지 않는 더 가까운 국내의 어떤 지점까지의 거리를, 자연적으로는 더 멀리 떨어진 지점에 비해서 절대적 혹은 상대적으로 더 멀게 만들 수도 있다. 마찬가지로 동일한 사정으로 인해서 거대한 판매시장들로부터 생산지들까지의 상대적 거리 자체가 바뀌게 되고, 운송·교통수단들의 변화에 따른, 옛 생산중심지들의 쇠락과 새로운 생산중심지들의 발흥은 이로부터 설명된다. (이 외에, 단거리 운송보다 장거리 운송이 상대적으로 많이 싸기도 하다.) 운송수단들의 발달과 동시에 단지 공간 이동의 속도가 빨라지고, 그와 함께 공간적 거리가 시간적으로 단축되는 것만이 아니다. 교통수단의 량이 증가하여, 예컨대, 많은 선박이 동시에 같은 항구를 향해 떠나고, 더 많은 열차들이 두 지점 간의 상이한 철로를 달릴 뿐 아니라, 예컨대, 일주일에 연일(連日) 화물선들이 리버풀에서 뉴욕으로 가거나, 같은 날 다른 시간에 화물열차들이 맨체스터에서 런던으로 가고 있다. 운송수단들의 효율이 주어져 있는 경우, 절대적인 속도— 따라서 회류시간의 이 부분 —는 물론 이 마지막 사정에 의해서 변하지 않는다. 그러나, 일정량의 상품들이 연이은 짧은 시간 간격으로 연속적으로 발송될 수 있고, 그리하여, 현실적으로 발송될 수 있을 때까지 잠세적 상품자본으로서 대량으로 퇴적되지 않고, 연속적으로 시장에 나올 수 있다. 그리하여 환류 역시 보다 짧은 연속적인 기간들에 배분되어, 다른 부분들이 상품자본으로서 유통하고 있는 동안에, 끊임없이 한 부분은 화폐자본으로 전화된다. 환류가 이렇게 보다 많은 연속적인 기간들에 배분됨으로써 총회류시간이 단축되고, 그리하여 회전도 단축된다. 한편에서는, 어떤 생산지가 보다 많이 생산하고, 보다 큰 생산 중심지로 됨에 따라서, 우선 운송수단들이 기능하는 빈도가, 예컨대, 철로 위의 열차의 수가 많든 적든 증대하여, 기존의 판매시장을 향해서, 따라서 대(大) 생산·인구 중심지들을 향해, 수출항 등을 향해 간다. 다른 한편에서는 그러나 교통의 이 특별한 편의성과, 그에 의해 촉진된 자본의 회전(그것이 회류시간에 의해서 제약되는 한에서)은 거꾸로, 한편에서는 생산의 중심지의, 다른 한편에서는 그 시장 지역의 집적을 촉진한다. 어떤 지점들에 이렇게 인구와 자본의 량이 집적됨에 따라서 소수의 수중으로의 이 자본량의 집적이 진행된다. 동시에, 변화된 교통수단들과 더불어 생산지들과 시장 소재지들의 상대적 위치가 변화함에 따라서 다시 위치변동과 이동이 발생한다. 국도(國道)나 운하 옆에 위치해 있어서 특수한 위치의 이점이 있었던 생산지가 지금은 단지 상대적으로 큰 간격을 두고서만 운행되는 단선(單線)의 철도 지선(支線) 쪽에 있는 반면에, 주요 교통로로부터 완전히 멀리 떨어져 있던 다른 지점이 이제는 여러 철도의 교차점에 있다. 두 번째 장소는 번성하고, 첫 번째 장소는 쇠락한다. 따라서 교통수단들의 변화에 의해서 상품의 회류시간, 즉 매매의 기회 등에서의 장소상의 차이가 생기거나, 혹은 기존의 장소상의 차이가 다르게 배분된다. 자본의 회전에서의 이러한 사정의 중요성은 여러 지역의 상공업 대표자들의 철도 중역들과의 끊임없는 분쟁에서 나타나고 있다. (예컨대, 위에서[*1] 인용했던, 철도위원회의 청서

[*1] [MEW 편집자 주] 이 책, S. 152[채만수 역, 제2권, 제1분책, pp. 233-234]를 보라.

를 보라.)

그리하여, 양조장들처럼, 상품의 성질상 주로 지방적 매상에 의존하는 모든 생산부문은 주요 인구 중심지들에서 대규모로 발전한다. 여기에서는 자본의 보다 빠른 회전이, 건축부지 등등, 여러 생산조건들의 등귀를 부분적으로 상쇄한다.

한편에서는 자본주의적 생산의 진보와 더불어 운송·교통수단들의 발달이 일정한 량의 상품의 회류시간을 단축한다면, 동일한 진보와, 운송·교통수단들의 발달과 함께 주어지는 가능성은 — 거꾸로 더욱더 원거리(遠距離) 시장을 위해서, 한 마디로, 세계시장을 위해서 일해야 할 필연성을 야기한다. 이동 중에 있는, 그리고 원격지들로 이동하고 있는 상품들의 량이 엄청나게 증대하며, 그리하여 사회적 자본 가운데 끊임없이 상당히 장기간 상품자본의 단계에, 즉 회류시간의 내부에 있는 부분 역시 절대적으로도 상대적으로도 엄청나게 증대한다. 그와 더불어 동시에, 사회적 부 가운데, 직접적 생산수단들로서 복무하는 대신에, 운송·교통수단들에, 그리고 그것들의 경영에 필요한 고정자본과 유동자본에 투하되는 부분 또한 증대한다.

생산지로부터 판매지로의 상품 이동의 단순한 상대적 길이는, 회류시간의 첫 번째 부분, 즉 판매시간에 차이를 불러일으킬 뿐 아니라, 그 두 번째 부분, 즉 생산자본의 제 요소로의 화폐의 재전화인 구매시간에도 차이를 불러일으킨다. 예컨대, 상품이 인도(印度)로 보내진다고 하자. 이에는, 예컨대, 4개월이 걸린다고 하자. 판매시간은 0이라고, 다시 말해서, 상품은 주문에 의해 발송되고, 인도(引渡)될 때에 생산자의 대리인에게 지불된다고 하자. 화폐의 반송(返送)(그것이 반송되는 형태는 여기에서는 아무래도 상관이 없다)에 다시 4개월이 걸린다. 그러면, 동일한 자본이

다시 생산자본으로서 기능할 수 있고, 그와 함께 동일한 절차(Operation)가 갱신될 수 있기까지는 총 8개월이 걸린다. 이렇게 해서 야기된 회전상의 차이들은, 해외무역이, 예컨대, 베네치아와 제노바에서 무릇 본래의 신용제도의 기원의 하나를 이루고 있듯이, 상이한 신용기간들의 물질적 기초의 하나를 이룬다.

"1847년의 공황은 당시의 은행업계와 상업계[banking and mercantile community]로 하여금 인도 및 중국의 어음의 관행적 지불기한(usance)"(인도 및 중국과 유럽 사이의 어음의 유효기간)"을 일부(日附) 후 10개월에서 일람(一覽) 후 6개월로 단축할 수 있게 하였고,"[*1]

---

*1 [역주] 오늘날 해외무역에서 주문과 선적, 대금 결제의 절차는 대략 다음과 같다.— 1) 상품의 수입업자는 자신의 거래은행에 의뢰하여 수출업자 앞으로 신용장(Letter of Credit; L/C. 개설 은행이 대금지불을 보증하는, 상품의 종류・수량・금액・선적(船積)기한・지불기한 등을 명시한 물품주문서)를 개설한다. 2) 개설은행은 그 신용장을 자신과 거래관계(한국의 무역・은행업계에서 말하는 속칭 corres)에 있는, 수출국의 은행을 통해서 수출업자에게 전달한다. 3) 수출업자는 일정한 기간 내에 수출 상품을 생산 혹은 조달하여 상품 종류・수량・대금 등을 명시한 송장(送狀, Invoice)과 포장 명세서(Packing List)를 갖추어 해운회사에 상품의 발송을 의뢰한 후 해운회사로부터 발송 의뢰 확인서이자 선적 확인서인 선하증권(船荷證券, Bill of Lading; B/L)을 받고, 4) 신용장에 명시된 금액과 지불조건에 따라 대금을 지불할 것을 요구하는 청구서인 환어음을 발행하여, 신용장을 매개한 은행을 통해 이 어음을 B/L과 함께 신용장 개설 은행에 보내, 신용장 개설 은행으로부터 대금을 지불 받는다.

참고로 말하자면, 신용장은 수입업자의 거래 은행이 발행하는 만큼, 수입업자의 대금 지불 능력 여부는 그와 신용장 개설 은행 간의 문제일 뿐, 수출업자와는 무관하다.

한편, 어음이란 '기한부 채무증서'인데, 이른바 '약속어음'은 지불의무자인 채무자가 발행하는 데에 비해, 해외무역에서의 일반적인 대금 결제 수단인 '환어음'은 채권자인 수출업자가 발행하고, 최종 지불의무자인 수입업자를 대신하여 수출업자에게 지불을 보증한, 신용장 개설 은행에 제시해, 지불받는다.

위 인용문에서의 "유산스(usance)"는 —기본적으로 당시의 교통・운송・

그 후 20년을 경과하면서 항해 속도가 빨라지고 전신(電信)도 개설되어 …" 일람 후 6개월로부터 일람 후 4개월로의 제1보로서 일부 후 4개월로의'[*1] "더 한층의 단축이 … 필요해지고 있다. 콜카타(Kolkata)로부터 희망봉(Cape)을 돌아 런던까지의 범선의 항해는 평균 90일 미만이다. 일람 후 4개월이라는 유산스는 대략 150일의 유통기간과 같을 것이다. 일람 후 6개월이라는 현재의 관행적 지불기한은 대략 210일의 유통기간과 같다." (≪런던 에코노미스트(London Economist)≫, 1866년 6월 16일.)

그런데:

"브라질의 관행적 지불기한은 여전히 일람 후 2개월이나 3개월이고, 안트베르펜(Antwerpen)으로부터" (런던 앞)[*2] "어음은 일부 후 3개월로 발행되며, 심지어 맨체스터와 브래드포드(Bradford)로부터 런던 앞도 3개월이나 그보다 더 장기로 발행된다. 암묵의 합의에 의해서 상인에게, 발행된 어음의 만기가 되기 전에는 아니더라도, 만기까지는, 그의 물품의 수익을 실현할 충분한 기회가 주어지는 것이다. 이렇게 보면, 인도 어음에 대한 현재의 관행적 지불기한이 과도하다고 할 수 없다. 런던에서 대부분 3개월 불(拂)로 판매되고, 또한 판매하

통신수단들의 발전 정도에 의해 제약된,— (환)어음의 관행적 유효기간, 즉 관행적 지불기한을 의미한다. 그에 비해 오늘날에는 '유산스(usance)'라고 하면, 환어음이 제시되면 곧바로 대금을 지불하여야 하는 '일람불(一覽拂, at sight) 거래'에 비해서, '외상 거래'를 의미하고, 또한 지불해야 할 날까지의 그 외상 기일을 의미한다. 위 인용문의 "일부(日附) 후"는 어음의 '발행일 후'를, "일람(一覽) 후"는 지불의무자에게 어음이 '제시된 후'를 의미한다.

*1 [역주] "일람 후 4개월"은 "일부 후" 즉 발행 후 "4개월"보다 발행일로부토 더 장기간이기 때문에 "일람 후 6개월로부터 일람 후 4개월로의 제1보로서 일부 후 4개월로"는 아마 '일람 후 6개월로부터 일부 후 4개월로의 제1보로서 일람 후 4개월로'의 착오일 것이다.

*2 [역주] "안트베르펜으로부터 런던 앞 어음"이란, 안트베르펜(벨기에 북부 도시)에 거주하는 채권자, 즉 수출업자가 런던의 신용장 개설은행(지불의무자) 앞으로 발행·제시하는 어음이다.

는 데에도 시간이 손실되는 인도의 생산물은 5개월보다 훨씬 더 짧은 기간 내에는 판매될 수 없으며, 다른 한편에서는 인도에서 구매하여 영국의 창고에서 인도(引渡)되기까지 (평균적으로) 5개월의 또 다른 기간이 이전에 흘러갔을 것이다. 그리하여 10개월이 되지만, 물품에 대해서 발행되는 어음의 지불기한은 7개월을 넘지 않는다."(같은 신문, 1866년 6월 30일.) 1866년 7월 2일에, 주로 인도 및 중국과 거래하는 런던의 5대 은행과 빠리의 꽁뚜아르 데스꽁뜨(Comptoir d'Escompte de Paris; 빠리어음할인은행)는 "1867년 1월 1일부터는 동양에 있는 자신들의 지점과 대리점은 일람 후 4개월을 넘지 않은 환어음만을 매매할 것이라고 공고했다."(같은 신문, 1866년 7월 7일.)

그러나 이러한 감축은 성공하지 못했고, 다시 포기되지 않을 수 없었다. (그 후 수에즈 운하는 이 모두를 변혁해 버렸다.)

상품의 회류시간이 길어짐에 따라, 가격변동이 일어날 수 있는 기간이 증대하기 때문에, 판매시장에서의 가격변동의 위험성이 높아진다는 것은 자명하다.

즉시 현금으로 지불되지 않는 경우, 어음의 상이한 지불기한에 따른, 부분적으로는 개별적으로 동일한 사업부문의 상이한 개별자본들 사이의, 부분적으로는 상이한 사업부문들 사이의, 회류시간의 차이는 구입 및 판매 시의 지불 기한의 차이에서 생긴다. 이 점은 신용제도에 있어서 중요하지만, 여기에서는 더 이상 다루지 않는다.

회전시간의 차이는 또한 납품계약의 크기로부터도 발생하는데, 이 납품계약의 크기는 자본주의적 생산의 범위 및 규모와 함께 증대한다. 구매자와 판매자 간의 거래로서의 납품계약은 시장, 즉 유통영역에 속하는 작업(Operation)이다. 따라서 납품계약의 크기에서 발생하는 회전시간의 차이는 유통영역에서 발생하는데, 그러나 생산영역에 직접적으로 반작용하며, 더욱이 일체의 지불기한과 신용관계를 도외시하더라도, 즉 현금으로 지불되는 경우에도 그렇다. 예컨대, 석탄, 면화, 면사 등등은 분리될 수 있는 생산물들이다. 매일매일 일정량의 완성 생산물이 공급된다. 그러나 만일 방적업자나 탄광주가 가령 4주간 혹은 6주간의 잇달은 노동일을 필요로 하는 량의 생산물을 납품하기로 떠맡는다면, 그것은, 자본이 선대되어 있지 않으면 안 되는 기간과 관련해서는, 마치 4주 혹은 6주의 연속적 노동기간이 이 노동과정에 도입되는 것과 전적으로 동일하다. 이 경우에는 물론, 주문된 생산물량 전체가 한꺼번에 납품되어야 한다는 것, 혹은 그것들이 전부 납품된 후에야 비로소 지불받는다는 것이 전제되어 있다. 그리하여, 개별적으로 고찰하면, 어느 날에나 일정량의 그 날의 완성 생산물이 공급되었다. 그러나 완성된 이 량은 언제나 계약상 납품되어야 할 량의 일부분일 뿐이다. 이 경우, 주문된 상품 중 이미 완성된 부분은 더 이상 생산과정에 있지는 않지만, 그것은 단지 잠세적 자본으로서 창고 속에 있다.

이제 회류시간의 제2기로 가보자. 구매시간, 즉 자본이 화폐형태로부터 생산자본의 요소들로 재전화하는 시기가 그것이다. 이 시기 동안 자본은 길거나 짧은 시간 동안 화폐자본의 상태에 있지 않으면 안 되고, 따라서 선대 총자본의 일정 부분은, 비록 이 부분을 구성하는 요소들은 끊임없이 교체되지만, 지속적으로 화폐자본의 상태에 있지 않으면 안 된다. 예컨대, 어떤 일정한 사업에서는 선대 총자본 중 n × 100파운드 스털링은 화폐자본의 형태로 존재하지 않으면 안 되며, 그리하여, 이 n × 100파운드 스털링의 모든 구성부분들은 지속적으로 생산자본으로 전화되지만, 이 금액은 유통으로부터의, 즉 실현된 상품자본으로부터의 유입에 의해서 마찬가지로 끊임없이 다시 보충된다. 따라서 선대자본은 일정한 가치 부분은 끊임없이 화폐자본의 상태에, 따라서 생산영역이 아니라 유통영역에 속하는 형태에 있다.

이미 본 바와 같이, 시장이 멂으로써 생기는, 자본이 상품자본의 형태에 묶여 있는 시간의 연장(延長)은 직접적으로 화폐의 환류의 지연을 야기하고, 따라서 화폐자본으로부터 생산자본으로의 전화도 지연시킨다.

나아가, 상품의 매입과 관련하여, 구매시간, 즉 원료의 주요 구입원(購入源)으로부터의 멀거나 가까운 거리가 어떻게 비교적 장기간 사용할 원료를 구입하여 생산용 재고의 형태로, 즉 잠재적 혹은 잠세적 생산자본의 형태로 유지해둘 필요가 있게끔 하는가는; 따라서, 생산의 규모가 동일한 경우, 구매시간이 한꺼번에 선대되지 않으면 안 되는 자본의 총량과, 자본이 선대되어 있지 않으면 안 되는 시간을 증대시킨다는 것은 이미 본 바와 같다(제6장).

다양한 사업부문들에서는 비교적 대량의 원료가 시장에 출하되는 — 길거나 짧은 — 기간들이 유사하게 작용한다. 예컨대, 런던에서는 대규모 양모 경매가 3개월마다 벌어지고, 이것이 양모 시장을 지배하는 반면에, 면화 시장은 수확기에서 수확기까지, 비록 한결같지는 않지만, 대체로 계속적으로 갱신된다.[*1] 이러한 기간들은 이들 원료의 주요 매입 일정들을 결정하며, 또한 특히 이들 생산요소에의 장기간 혹은 단기간의 선대를 전제로 하는, 투기적인 매입에도 영향을 미치는데, 이는 생산물을 장기간 혹은 단기간 잠세적인 상품자본의 형태로 투기적·의도적으로 유보해두는 데에 생산되는 상품의 성격이 영향을 미치는 것과 전적으로 마찬가지이다.

---

*1 [역주] "갱신된다(erneuert werden)"가 영어판에는, "다시 채워진다(be re-stocked)".

"그리하여 농업경영자(Landwirt) 역시 어느 정도는 투기자이지 않으면 안 되며, 따라서 시세(時勢)에 따라서는 자신의 생산물의 판매를 유보해두지 않으면 안 된다...."

이어서 몇 개의 일반적 원칙이 뒤따른다.

"그러나 생산물을 판매하는 경우 대부분은 사람과 생산물 그 자체, 그리고 장소에 달려 있다. 수완과 행운(!)으로 충분한 경영자본을 갖추고 있는 사람은 가격이 이례적으로 낮은 경우 자신이 거둬들인 수확물을 1년 동안 팔지 않고 놔둔다고 해도 비난받지 않을 것이다. 그에 반해서, 경영자본이 없든가, 무릇(!) 투기심이 없는 사람은 현행 평균가격을 획득하려고 할 것이고, 따라서 그러한 기회가 생기자마자 혹은 생길 때마다 매도하지 않으면 안 될 것이다. 양모를 1년 이상 그대로 놔둔다면, 거의 언제나 손해만 볼 것이다. 반면에 곡물과 채소씨앗(Ölsaat)은 상태와 품질의 손상 없이 수년간 보존될 수 있다. 예컨대, 채소씨앗·홉(Hopfen)·산토끼꽃 등등과 같이 일반적으로 그 가격이 단기간 내에 크게 오르내리는 생산물들은, 가격이 생산가격보다 훨씬 낮은 경우에는 몇 년이고 팔지 않고 놔두는 것이 당연하다. 살찐 가축처럼 매일매일 유지비가 드는 것들이나, 과일·감자 등과 같이 부패하기 쉬운 것들의 판매는 조금도 망설여서는 안 된다. 많은 지방에서는 어떤 생산물의 가격이 어떤 일정한 계절에는 평균적으로 가장 낮고, 그에 반해서 다른 계절에는 가장 높다. 예컨대, 곡물 가격은 많은 곳에서 크리스마스와 부활절 사이보다 성(聖)마르틴 축제 무렵이 더 낮다. 나아가, 많은 지방에서는 여러 생산물이 어떤 일정한 시기에만 잘 팔려서, 예컨대, 다른 때에는 대개 양모 거래가 중단되어 있는 지방들에서 양모시장이 열릴 때의 양모가 그러한 경우이다. 운운." (키르히호프, p. 302.)

화폐가 생산자본의 요소들로 재전화되는, 회류시간의 후반을 고찰할 때에는, 그 자체로서 파악된 이 전환 그 자체만이 고찰되는 것이 아니며, 생산물이 판매되는 시장과의 거리에 따라 화폐가 환류하는 시간만이 고찰되는 것이 아니다. 무엇보다도 우선, 선대된 자본의 일부가 끊임없이 화폐형태로, 즉 화폐자본의 상태로 있지 않으면 안 되는 규모도 역시 고찰된다.

모든 투기를 도외시하면, 끊임없이 생산용 재고로서 현존하지 않으면 안 되는 상품들의 매입 규모는 이 재고의 갱신 기간에 달려 있으며, 따라서, 다시 시장 상황에 달려 있어서 상이한 원료들마다 상이한 사정들에 달려 있다. 따라서 이 경우에는 때때로 꽤 많은 량의 화폐가 한꺼번에 선대되지 않으면 안 된다. 이 화폐는 자본이 회전함에 따라, 보다 급속히 혹은 보다 완만히, 그러나 언제나 조금씩 환류한다. 그 중 일부분, 즉 임금으로 재전화되는 부분은 마찬가지로 끊임없이 단기간에 다시 지출된다. 그러나 원료 등으로 재전화되는 다른 부분은, 대량 구매를 위해서든, 지불을 위해서든, 준비기금으로서 비교적 장기간 적립해 두어야 한다. 그리하여 이 부분은, 그것이 화폐자본으로서 존재하는 규모는 변하지만, 화폐자본의 형태로 존재한다.

우리는 다음 장(章)에서, 다른 사정들— 그것들이 생산과정으로부터 기인하든, 유통과정으로부터 기인하든 —이 어떻게 선대자본의 일정 부분을 이렇게 화폐형태로 현존하지 않을 수 없게끔 하는가를 볼 것이다. 그러나 일반적으로 지적해야 할 것은, 사업에 필요한 자본의 일부는 끊임없이 화폐자본, 생산자본 그리고 상품자본이라는 세 형태를 번갈아 통과할 뿐 아니라, 같은 자본의 상이한 부분들이, 이 부분들의 상대적 크기는 끊임없이 변동하더라도, 끊임없이 서로 나란히 이 형태들을 취한다는 것을 경제학자들이 자주 망각하는 경향이 있다는 사실이다. 경제학자들이 망각하는 것은, 특히 끊임없이 화폐자본으로서 현존하는 부분인데, 하지만 바로 이러한 사정*¹이야말로 부르주아 경제를 이해하기 위해서 대단히 필요하며, 따라서 실제로도 또한 그렇게 중시되고 있다.

---

*1 [역주] "이러한 사정(dieser Umstand)"은, '선대자본의 일정 부분은 언제나 끊임없이 화폐자본의 형태에 있어야 한다는 사정'으로 이해해야 할 것이다.

제15장
자본선대의 크기에 대한 회전시간의 영향

이 장과 바로 다음의 제16장에서는 자본의 가치증식에 대한 회전시간의 영향을 다룬다.

예컨대, 9주간에 걸친 한 노동기간의 생산물인 상품자본을 들어보자. 고정자본의 평균적 마모에 의해서 생산물에 부가되는 가치부분과, 생산과정 중에 생산물에 부가되는 잉여가치를 당분간 도외시하면, 이 생산물의 가치는 그것을 생산하기 위해 선대된 유동자본의 가치, 다시 말해서, 임금의 가치와 그것을 생산하는 데에 소모된 원료 및 보조재료의 가치와 같다. 이 가치가 900파운드 스털링이고, 따라서 매주의 투하는 100파운드 스털링이라고 하자. 주기적 생산시간은, 이 경우 노동기간과 일치하고, 따라서 9주간이다. 여기에서의 문제가 어떤 연속적인[=분리될 수 없는: 역자] 생산물을 위한 하나의 노동기간이라고 가정하든, 아니면 분리될 수 있는 어떤 생산물을 위한 하나의 연속적인 노동기간이라고 가정하든, 시장을 위해서 한꺼번에 생산되는 분리될 수 있는 생산물의 량이 9주간의 노동을 필요로 하는 한, 아무래도 상관이 없다. 회류시간은 3주간이라고 하자. 따라서 전체 회전기간은 12주간이라고 하자. 9주간이 경과하면, 선대된 생산자본은 상품자본으로 전화되어 있는데, 그러나 그것은 이제 3주간 동안 유통기간 속에 머문다. 따라서 새로운 생산기간은 제13주 초에야 비로소 다시 시작될 수 있고, 생산은 3주간 동안 혹은 전체 회전기간의 4분의 1 동안 정지될 것이다. 상품이 판매되기까지 평균적으로 그렇게 오래 걸린다고 전제하든, 아니면 시장과의 거리에 의해서, 혹은 판매된 상품의 지불기한에 의해서 이 시간이 요구된다고 전제하든, 다시 아무런 상관이 없다. 생산은, 3개월마다 3주 간씩, 따라서 1년 중에는 4 × 3 = 12주간 = 3개월 = 년 회전기간의 $1/4$만큼 정지할 것이다. 그리하여, 생산이 연속적이어야 하고, 매주 동일한 규모로 운영되어야 한다면, 단지 두 가지만이 가능하다.

그 중 하나는, 생산의 규모가 축소되어, 900파운드 스털링이 첫 번째 회전의 노동기간 중에도 그 회류시간 중에도 노동을 계속 진행시키는 데에 충분하지 않으면 안 된다. 그럴 경우에는, 첫 번째 회전기간이 끝나기 전, 제10 주(週)부터 두 번째 노동기간, 따라서 또한 두 번째 회전기간이 개시되는데, 왜냐하면 회전기간은 12주이고, 노동기간은 9주이기 때문이다. 900파운드 스털링을 12주로 나누면 매주 75파운드 스털링이다. 맨 먼저 명확한 것은, 그렇게 축소된 사업 규모는 고정자본의 크기 변화를 전제하고, 따라서 무릇 축소된 사업투자를 전제한다는 것이다. 두 번째로는, 다양한 사업에서는 생산이 발전함에 따라 자본투하의 어떤 표준적 최소한이 존재하고, 그보다 작아서는 개개의 사업이 경쟁을 할 수 없게 되기 때문에, 무릇 이러한 축소가 일어날 수 있는지가 문제가 된다. 이 표준적 최소한 자체도 자본주의적 생산의 발전과 더불어 끊임없이 증대하며, 따라서 결코 고정된 것이 아니다. 그러나 그때그때 주어지는 표준적 최소한과, 끊임없이 팽창하는 표준적 최대한 사이에는 수많은 중간단계들— 대단히 다양한 정도의 자본투하를 허용하는 중간 —이 발생한다. 그리하여 축소 역시 이 중간의 한계 내에서 일어날 수 있고, 그 한계는 그 때그때의 표준적 최소한 그 자체다. — 생산이 장애(Hemmung)에 부딪히는 경우, 시장이 범람하는 경우, 원료의 가격이 등귀하는 등의 경우에는 노동시간이 제한됨으로써, 즉, 예컨대, 오직 반나절밖에 노동하지 않음으로써, 고정자본의 주어진 기초 위에서 유동자본의 정상적 투하에 제한이 발생한다. 마찬가지로 번영기에는, 부분적으로는 노동시간을 연장함으로써, 부분적으로는 노동을 강화함으로써, 고정자본의 주어진 기초 위에서 유동자본의 비정상적인 확대가 발생한다. 이러한 변동을 처음부터 계산에 넣는 사업들의 경우에는, 부분적으로는 앞서 말한 수단들을 통해서, 부분적으로는 예비 고정자본의 충용, 예컨대, 철도의 경우 예비 기관차 등의 충용과 결부된, 보다 많은 수의 노동자들을 동시에 충용함으로써 대처한다. 그러나, 정상적인 상태를 전제하는 여기에서는 그러한 비정상적인 변동들은 고찰하지 않는다.

따라서 생산을 계속적으로 하기 위해서 여기에서는 동일한 유동자본의 지출이 보다 더 장기간에, 즉 9주간이 아니라 12주간에 배분되어 있다. 따라서 주어진 각 기간에는 축소된 생산자본이 기능한다. 생산자본의 유동적 부분은 100에서 75로, 즉 $1/4$만큼 축소되어 있다. 9주간의 노동기간 중에 기능하는 생산자본이 축소되는 총액은, $9 \times 25 = 225$파운드 스털링, 즉 900파운드 스털링의 $1/4$이다. 그러나 회전기간에 대한 회류시간의 비율도 마찬가지로 $3/12 = 1/4$이다. 그리하여 이렇게 된다: 상품자본으로 전화된 생산자본의 회류시간 중에 생산이 중단되지 않으려면, 즉 생산이 오히려 동시에 매주 계속되려면, 그리고 이를 위해서 어떤 특별한 유동자본도 주어져 있지 않다면, 이는 오직 생산작업을 줄임으로써만, 즉 기능하고 있는 생산자본의 유동적 구성부분을 축소함으로써만 달성될 수 있다. 그리하여 회류시간 중의 생산을 위해서 유리(遊離)된 유동자본의 선대된 총유동자본에 대한 비율은 회류시간의 회전기간에 대한 비율과 같다. 이는, 이미 언급한 바와 같이, 오로지 노동과정이 매주 동일한 규모로 수행되는 생산부문들에만, 따라서 농업에서와 같이 상이한 노동기간에 다른 자본액이 투하되어야 하지 않는 생산부문들에만 해당된다.

그러나 반대로,[*1] 사업의 성질상 생산 규모의 축소가, 그리고 따라서 또한 매주 선대되어야 하는 유동자본의 규모의 축소가 배제된다고 가정하면, 생산의 계속성은 오로지 추가 유동자본에 의해서만, 즉 상술한 경우에는 300파운드 스털링의 추가 유동자본에 의해서만 달성될 수 있다. 12주간의 회전기간 중에 1,200파운드 스털링이 순차적으로 선대되고, 그 중 300파운드 스털링이 네 번째 부분인 것은 3주간이 12주간의 네 번째 부분인 것과 같다. 9주간의 노동기간 후에는 900파운드 스털링의 자본가치가 생산자본의 형태로부터 상품자본의 형태로 전화되어 있다. 그 자본가치의 노동기간은 끝났지만, 이 노동기간은 동일한 자본에 의해서 갱신될 수 없다. 이 자본이 유통영역에 머무는, 즉 상품자본으로서 기능하는 3주간 동안엔 이 자본은, 생산과정과 관련해서는 마치 그것이 무릇 존재하지 않는 것과 동일한 상태에 있다. 여기에서는 모든 신용관계는 도외시되고, 그리하여 자본가는 오직 자기 자신의 자본만으로 경영한다고 가정한다. 그러나 첫 번째 노동기간을 위해서 선대된 자본이, 생산과정이 완료된 후, 3주간 유통

---

*1 [역주] 여기에서 가정되는 것은, 앞에서, 즉 독일어판 S. 261에서, "생산이 연속적이어야 하고, 매주 동일한 규모로 운영되어야 한다면, 단지 두 가지만이 가능하다."고 했던 것 중의 두 번째 경우다.

과정에 머무는 동안, 추가적으로 투하된 300파운드 스털링의 자본이 기능하고, 그리하여 생산의 계속성은 중단되지 않는다.

그런데 이와 관련해서는 다음과 같은 것을 언급해야 한다.

첫째로, 최초에 선대된 자본 900파운드 스털링의 노동기간은 9주간 후에 종료되어, 3주간 전에는 환류하지 않고, 따라서 제13주 초에야 비로소 환류한다. 그러나 새로운 노동기간이 300파운드 스털링의 추가 자본으로 곧바로 다시 개시된다. 바로 이에 의해서 생산의 계속성이 조성된다.

둘째로, 최초의 자본 900파운드 스털링의 기능과, 9주간의 최초 노동기간의 말(末)에 새로 선대되어, 제1의 노동기간이 끝난 후에 중단없이 제2의 노동기간을 개시하는 자본 300파운드 스털링의 기능은, 제1의 회전기간에는 명확히 분리되어 있거나, 혹은 적어도 그럴 수 있지만, 그에 반해서 제2의 회전기간의 경과 중에는 그것들은 서로 교차한다.

사태를 구체적으로 설명하자면:

12주간의 제1 회전기간. 9주간의 제1 노동기간: 이 기간에 선대된 자본의 회전은 제13주가 시작될 때 완료된다. 마지막 3주간 중에는 300파운드 스털링의 추가 자본이 기능하여, 9주간의 제2의 노동기간을 개시한다.

제2의 회전기간. 제13주 초에는 900파운드 스털링이 환류되어 있어, 새로운 회전을 시작할 수 있다. 그러나 제2의 노동기간은 추가된 300파운드 스털링에 의해서 제10주에 이미 개시되었다. 제13주가 시작될 때에는 이 300파운드 스털링에 의해서 이미 노동기간의 3분의 1이 완료되어 300파운드 스털링은 생산자본으로부터 생산물로 전화되어 있다. 제2의 노동기간을 끝내기 위해서는 단지 6주간만이 필요하기 때문에, 환류된 자본 900파운드 스털링의 단지 3분의 2, 즉 단지 600파운드 스털링만이 제2 노동기간의 생산과정에 들어갈 수 있다. 300파운드 스털링은, 300파운드 스털링의 추가 자본이 제1 노동기간에 놀았던 동일한 역할을 놀기 위해서 최초의 900파운드 스털링으로부터 유리되어 있다. 제2 회전기간의 제6주 말에 제2의 노동기간이 종료된다. 이 제2의 노동기간에 투하된 900파운드 스털링의 자본은 3주간 후에, 따라서 제2의 12주간 회전기간의 제9주 말에 환류한다. 그 회류시간의 3주간 동안에는 유리된 자본 300파운드 스털링이 들어간다. 그와 더불어 900파운드 스털링의 자본의 제3의 노동기간이 제2 회전기간의 제7주에, 즉 1년의 제19주에 시작된다.

제3의 회전기간. 제2 회전기간의 제9주 말에 900파운드 스털링이 새로 환류한다. 그러나 제3의 노동기간은 이미 바로 전 회전기간의 제7주에 시작되어, 6주간이 이미 지나 있다. 따라서 그것은 단지 3주간만 더 지속될 뿐이다. 따라서 환류된 900파운드 스털링의 단지 300파운드 스털링만이 생산과정에 들어간다. 제4의 노동기간은 이 회전기간의 나머지 9주간을 차지하고, 그리하여 1년의 제37주와 함께 제4의 회전기간과 제5의 노동기간이 동시에 시작된다.

계산을 간단히 하기 위해서, 노동기간이 5주간, 회류시간이 5주간, 따라서 회전기간이 10주간이고, 1년을 50주간으로 계산하여 주당(週當) 자본투하를 100파운드 스털링이라고 가정하자. 따라서 노동기간은 500파운드 스털링의 유동자본을 필요로 하고, 회류시간은 그 이상의 500파운드 스털링의 추가 자본을 필요로 한다. 그 경우 노동기간들과 회전기간들(Umschlagszeiten)은 다음과 같이 된다:

노동기간	주(週)	상품(파운드 스털링)	환류
제1	제1-5	500	제10 주 말
제2	제6-10	500	제15 주 말
제3	제11-15	500	제20 주 말
제4	제16-20	500	제25 주 말
제5	제21-25	500	제30 주 말
			등등

만일 회류시간 = 0, 따라서 회전기간이 노동기간과 같다면, 1년간의 회전수는 노동기간의 수와 같다. 따라서 노동기간이 5주간인 경우, 년간 회전수는 $^{50주간}/_{5주간}$ = 10이고, 회전한 자본의 가치는 500 × 10 = 5,000일 것이다. 회류시간이 5주간으로 가정된 위의 표에서는 마찬가지로 매년 5,000파운드 스털링(Wert)어치의 상품이 매년 생산되는데, 그러나 그 중 $^1/_{10}$ = 500파운드 스털링은 언제나 상품자본의 모습으로 있어, 5주간 후에야 비로소 환류한다. 이 경우 년도 말에 제10 노동기간(제46-50 노동주)의 생산물은 그 회전기간을 단지 절반만 완료하는데, 그 회류시간이 다음 년도의 최초의 5주간에 해당하기 때문이다.

또 하나, 노동기간이 6주간, 회류시간이 3주간, 노동과정에서의 매주 선대가 100파운드 스털링인 제3의 예를 들어보자.

제1 노동기간: 제1-6주. 제6주 말에, 제9주 말에야 환수되는 600파운드 스털링의 상품자본.

제2 노동기간: 제7-12주. 제7-9주 동안에 300파운드 스털링의 추가 자본이 선대된다. 제9주 말에 600파운드 스털링이 환류. 그 가운데 300파운드 스털링은 제10-12주에 선대된다. 따라서 제12주 말에는 현금으로 300파운드 스털링, 제15주 말에 환수되는 상품자본으로 600파운드 스털링이 존재.

제3 노동기간: 제13-18주. 제13-15주에 위의 300파운드 스털링 선대, 그 후에 600파운드 스털링 환류, 그 중 300파운드 스털링은 제16-18주를 위해 선대. 제18주 말에는 300파운드 스털링은 화폐로, 600파운드 스털링은 제21주 말에 환류하는 상품자본으로 존재. (이 경우의 더욱 상세한 설명은, 아래의 제2절을 보라.)

따라서 9개의 노동기간(=54주간)에는 600 × 9 = 5,400파운드 스털링의 상품이 생산된다. 제9 노동기간 말에 자본가는 화폐로 300파운드 스털링, 그리고 그 회류시간이 아직 지나지 않은 상품으로 600파운드 스털링을 가지고 있다.

이들 3개의 예를 비교할 경우 첫 번째로 발견되는 것은, 오직 제2의 예에서만 500파운드 스털링의 자본 I과, 마찬가지로 500파운드 스털링인 자본 II가 순차적으로 교체(Ablösung)되고, 그리하여 이 두 자본부분이 서로 분리되어 운동한다는 것인데, 이는 사실은 이 경우에는 노동기간과 회류시간이 회전기간의 동등한 두 절반을 이루고 있다는, 전적으로 예외적인 가정을 하고 있기 때문일 뿐이다. 다른 모든 경우에서는, 회전기간의 두 기간 사이의 차이가 어떠하든, 예 I 및 예 III에서처럼, 두 자본의 운동은, 이미 제2의 회전기간에서부터, 서로 교차한다. 그 경우, 추가 자본 II는 자본 I의 한 부분과 함께 제2의 회전기간에서 기능하는 자본을 형성하는 한편, 자본 I의 나머지는 자본 II의 원래의 기능을 위해서 유리된다. 상품자본의 회류시간 동안에 활동하는 자본은 이 경우 원래 이 목적을 위해서 선대된 자본 II와 동일하지는 않지만, 가치에서는 그것과 같고, 선대 총자본의 동일한 약수(約數)를 이루고 있다.

둘째로, 노동기간 중에 기능한 자본은 회류시간 중에는 유휴상태에 있다. 제2의 예에서는 자본은 5주간의 노동기간 동안 기능하고, 5주간의 회류시간 동안 유휴상태에 있다. 따라서 이 경우 1년이 지나는 동안 자본 I이 유휴상태에 있는 총시간은 반년에 달한다. 그때 이 시간 동안 추가자본 II가 들어오는데, 이 자본 역시 이 경우에는 따라서 그것대로 반년은 유휴상태에 있다. 그러나 회류시간 동안 생산을 계속하기 위해서 필요한 추가 자본은, 1년 중 회류시간의 총규모 혹은 합계에 의해서 규정되는 것이 아니라, 단지 회전기간에 대한 회류시간의 비율에 의해서 규정될 뿐이다. (여기에서는 물론, 모든 회전이 동일한 제조건 하에서 진행된다고 전제되어 있다.) 따라서 예 II에서는 500파운드 스털링의 추가자본이 필요하지, 2,500파운드 스털링이 필요하지 않다. 이는 단순히, 추가자본도 최초에 선대된 자본과 마찬가지로 회전에 들어가며, 따라서 이 최초의 자본과 전적으로 마찬가지로 그 회전수에 의해서 그 량을 보충하는 데에서 비롯된다.

셋째로, 생산시간이 노동시간보다 긴가 어떤가는 여기에서 고찰된 사정들에 아무런 변화도 일으키지 않는다. 생산시간이 노동시간보다 길면 물론 총회전기간이 연장되지만, 이 연장된 회전 때문에 노동과정을 위한 어떤 추가 자본이 요구되는 것은 결코 아니다. 추가자본은, 단지, 회류시간에 의해서 노동과정에 발생하는 틈들을 메우는 데에 그 목적이 있을 뿐이다. 따라서 그것은 회류시간에서 기인하는 교란들로부터 생산을 보호하기만 하면 되는 것이다. 생산 그 자체에 고유한 조건들로부터 발생하는 교란들은, 여기에서는 고찰하지 않을 다른 방식으로 해소되어야 한다. 그런데, 단지 주문에 의해서 간헐적으로만 작업이 이루어지는 사업들이 있고, 따라서 거기에서는 노동기간과 노동기간 사이에 중단들이 생길 수 있다. 그러한 사업들에서는 추가 자본의 필요성이 그만큼(pro tanto) 없어진다. 다른 한편에서, 대다수 계절노동의 경우에도 역시 환류 시기(Zeit)에 일정한 한계가 주어져 있다. 동일한 노동이 동일한 자본에서 다음 해에 갱신될 수 있는 것은, 그 사이에 이 자본의 유통시간이 모두 흘러가 버리지 않는다면, 불가능하다. 그에 반해서, 한 생산기간에서 다음 생산기간까지의 간격보다 회류시간이 짧을 수도 있다. 이 경우 자본은, 이 중간기간에 다른 곳에 사용되지 않으면, 유휴상태에 있다.

넷째로, 한 노동기간에 선대되는 자본, 예컨대, 예 III에서의 600파운드 스털링은, 일부는 원료 및 보조재료에, 즉 노동기간을 위한 생산용 재고에, 즉 불변적 유동자본에 투하되고, 일부는 가변적 유동자본에, 즉 노동 그것의 지불에 투하된다. 불변적 유동자본에 투하되는 부분은 동일한 기간 생산용 재고의 형태로 존재하지 않을지도 모르는바, 예컨대, 원료는 노동기간 전체에 걸쳐서 원료로서 있지 않을 수 있으며, 석탄은 2주간마다 조달될지도 모른다. 그럼에도 불구하고 — 여기에서는 신용은 아직 제외되어 있기 때문에 — 자본의 이 부분은, 생산용 재고의 형태로 자유롭게 처분할 수 있지 않은 한, 필요에 따라 생산용 재고로 전화되도록, 화폐의 형태로 남아 있어 마음대로 처리할 수 있지 않으면 안 된다. 이는, 6주간에 선대되는 불변적 유동자본의 크기에 아무런 변화도 일으키지 않는다. 그에 반해서 — 예측할 수 없는 지출을 위한 화폐 비축, 즉 교란을 해소하기 위한 본래적 준비금을 도외시하면 — 임금은 더 단기간마다, 주로 매주 지불된다. 따라서 자본가가 노동자를 강제하여 그의 노동을 자신에게 더 오래 선대하도록 하지 않는 한, 임금을 위해 필요한 자본은 수중에 화폐형태로 있지 않으면 안 된다. 따라서 자본이 환류할 때에, 다른 부분은 생산용 재고로 전화될 수 있지만, 일부는 임금 지불을 위하여 화폐형태로 보유되지 않으면 안 된다.

　추가자본은 전적으로 최초의 자본과 마찬가지로 분할된다. 그러나 그것이 자본 I과 다른 것은, 그것은 (신용관계를 도외시하면), 그것 자신의 노동기간에 마음대로 이용될 수 있기 위해서는, 그것이 들어가지 않는, 자본 I의 제1 노동기간이 지속되는 동안 내내 이미 선대되어 있지 않으면 안 된다는 점이다. 이 시간 중에 이미 그것은, 적어도 부분적으로는, 회전기간 전체를 위해서 선대되어 있는 불변적 유동자본으로 전화될 수 있다. 어느 정도까지 그것이 이러한 형태를 취하는가, 혹은 이러한 전화가 필요해지는 순간까지 어느 정도까지 그것이 추가적 화폐자본의 형태에 머무는가는, 부분적으로는 특정 사업부문들의 특수한 생산조건들에, 부분적으로는 지역의 사정들에, 부분적으로는 원료 등의 가격변동에 달려 있을 것이다. 사회적 총자본을 고찰하면, 이러한 추가 자본의, 많든 적든 현저한 부분이 언제나 비교적 장시간 화폐자본의 상태에 있을 것이다. 그에 반해서 자본 II 가운데 임금에 선대되어야 하는 부분과 관련해서는, 그것은 언제나, 비교적 짧은 노동기간이 경과하여 지불됨에 따라서, 단지 서서히만 노동력으로 전화된다. 따라서 자본 II의 이 부분은, 노동력으로 전화됨으로써 생산자본의 기능을 하게 될 때까지는, 노동기간이 지속되는 동안 내내 화폐자본의 형태로 존재한다.

　따라서 자본 I의 회류시간을 생산시간으로 전화시키기 위해서 필요한 추가자본의 이러한 유입은, 단지 선대자본의 크기와, 총자본이 필수적으로 선대되는 시간의 길이를 증대시킬 뿐 아니라, 그것은 특히 선대자본 가운데 화폐 재고로서 존재하는, 그리하여 화폐자본의 상태에 있어 잠세적 화폐자본의 형태를 취하는 부분도 또한 증대시킨다.

이러한 것은, 회류시간에 의해서 필요한, 자본의 두 부분으로의 분할, 즉 최초의 노동기간을 위한 자본과 회류시간을 위한 보전(補塡)자본으로의 분할이, 투하 자본의 증대에 의해서가 아니라, 생산 규모의 축소에 의해서 이루어진다면, — 생산용 재고의 형태로의 선대와 관련해서도, 화폐 재고의 형태로의 선대와 관련해서도 — 마찬가지로 발생한다. 이 경우에는 생산의 규모에 비해서 화폐형태에 묶여 있는 자본이 도리어 더 증가한다.

최초의 생산자본과 추가자본으로의 자본의 이러한 분할에 의해서 무릇 달성되는 것은 노동기간들의 중단없는 연속, 즉 선대자본 중 크기가 동일한 부분의, 생산자본으로서의 끊임없는 기능이다.

예 II를 보자. 언제나 생산과정에 있는 자본은 500파운드 스털링이다. 노동기간 = 5주간이기 때문에, (1년으로 가정된) 50주간 동안 그것은 10번 작동한다. 따라서 생산물 역시, 잉여가치를 도외시하면, 10 × 500 = 5,000파운드 스털링이 된다. 따라서 직접적으로 중단없이 생산과정에서 작동하는 자본의 — 500파운드 스털링이라는 자본가치의 — 입장에서 보면, 회류시간은 완전히 없어지는 것처럼 보인다. 회전기간은 노동기간과 일치하고, 회류시간은 0인 것으로 상정(想定)되는 것이다.

그에 반해서, 만일 500파운드 스털링의 자본이 5주간의 회류시간에 의해서 그 생산적 활동을 규칙적으로 저지당하여, 10주간의 회전기간 전체가 종료된 후에야 비로소 다시 생산이 가능해진다면, 50주간의 1년 동안에는 10주간 회전을 5번 할 것이며; 그 속에서는 5주간의 생산기간이 5번, 따라서 도합 25생산주간이 있어, 총생산물은 5 × 500 = 2,500파운드 스털링일 것이고; 5주간의 회류시간이 5번이고, 따라서 총회류시간은 마찬가지로 25

주간일 것이다. 이 경우 우리가 만일, 500파운드 스털링의 자본이 1년에 5번 회전했다고 말한다면, 매(每) 회전기간의 절반 동안은 이 500파운드 스털링의 자본이 생산자본으로서 전혀 기능하지 않았다는 것, 그리고, 모두 합해서, 그것은 1년의 절반 동안만 기능했고, 다른 반년 동안은 전혀 기능하지 않았다는 것이 아주 명백하다.

우리의 예에서는 이들 5개의 회류시간이 지속되는 동안 500파운드 스털링의 보전자본이 들어오고, 그럼으로써 회전이 2,500파운드 스털링으로부터 5,000파운드 스털링으로 높여진다. 그러나 선대자본도 이제는, 500파운드 스털링이 아니라, 1,000파운드 스털링이다. 5,000을 1,000으로 나누면 5다. 따라서 10회전이 아니라 5회전이다. 그래서 실제로도 그렇게 계산된다. 그러나 그때 1,000파운드 스털링의 자본이 1년에 5번 회전했다고 말함으로써 자본가들의 텅 빈 머리 속에서는 회류시간에 대한 기억이 사라져 버리고, 마치 이 자본이 5번의 연속적인 회전 동안 끊임없이 생산과정에서 기능해 온 것과 같은 혼란된 관념이 형성된다. 그러나 우리가, 이 1,000파운드 스털링의 자본이 5번 회전했다고 말하게 되면, 거기에는 생산시간과 마찬가지로 회류시간도 포함되어 있다. 실제로, 만일 현실적으로 1,000파운드 스털링이 생산과정에서 지속적으로 활동하고 있었다면, 생산물은 우리의 전제 하에서는, 5,000파운드 스털링이 아니라, 10,000파운드 스털링이지 않으면 안 될 것이다. 그리고(aber) 1,000파운드 스털링을 지속적으로 생산과정에 보유하기 위해서는, 그때는 역시 무릇 2,000파운드 스털링이 선대되어 있지 않으면 안 될 것이다. 경제학자들에게서는 회전의 기구(Mechanismus)에 관해서 무릇 무엇 하나 명확한 것을 발견할 수 없는데, 그들은 이 주요한 계기를, 즉 생산이 중단되지 않고 진행되려면, 언제나 산업자본의 단지 일부분만이 실제로 생산과정에 사용될 수 있다는 것을 부단히 간과하고 있다. 일부분이 생산기간에 있는 동안, 다른 부분은 언제나 유통기간에 있지 않으면 안 되는 것이다. 혹은, 다른 말로 하자면, 일부분이 생산자본으로서 기능할 수 있는 것은 오로지, 다른 부분이 상품자본 혹은 화폐자본의 형태로서 본래의 생산으로부터 벗어나 있다는 조건 하에서만이다. 이 점이 간과됨으로써, 무릇 화폐자본의 의의와 역할이 간과되는 것이다.

이제 우리는, 회전기간의 두 부분— 노동기간과 유통기간 —이 서로 같은가, 아니면 노동기간이 유통기간보다 길거나 짧은가에 따라서 회전에 어떠한 차이가 생기는가를, 그리고 나아가서는, 이것이 화폐자본의 형태로의 자본의 구속에 어떻게 작용하는가를 연구하지 않으면 안 된다.

우리는, 매주 선대되는 자본은 어떤 경우에나 100파운드 스털링이며, 회전기간은 9주간, 따라서 각 회전기간마다 선대되는 자본 = 900파운드 스털링이라고 가정한다.

제1절 노동기간이 유통기간과 동일한 경우

이러한 경우는, 현실적으로는 단지 우연한 예외에 불과하지만, 여기에는 관계들이 가장 단순하고 가장 알기 쉽게 나타나기 때문에, 고찰을 위한 출발점으로서 이용되지 않으면 안 된다.

두 개의 자본(제1의 노동기간을 위해서 선대된 자본 I, 그리고 자본 I의 유통기간 중에 기능하는 추가자본 II)은, 운동하면서,

서로 교차되지 않고, 서로 교대된다. 그리하여 제1 기간을 제외하면, 두 자본의 각각도 오직 자기 자신의 회전기간을 위해서만 선대된다. 회전기간이, 다음 예들에서처럼, 9주간, 따라서 노동기간과 회류기간은 각각 $4\frac{1}{2}$주간이라고 하자. 그러면 우리는 다음과 같은 년간 도식을 얻는다:

표 I

자본 I

	회전기간 주(週)	노동기간 주(週)	선대 파운드 스털링	유통기간 주(週)
I	1 – 9	1 – $4\frac{1}{2}$	450	$4\frac{1}{2}$ – 9
II	10 – 18	10 – $13\frac{1}{2}$	450	$13\frac{1}{2}$ – 18
III	19 – 27	19 – $22\frac{1}{2}$	450	$22\frac{1}{2}$ – 27
IV	28 – 36	28 – $31\frac{1}{2}$	450	$31\frac{1}{2}$ – 36
V	37 – 45	37 – $40\frac{1}{2}$	450	$40\frac{1}{2}$ – 45
VI	46 –(54)	46 – $49\frac{1}{2}$	450	$49\frac{1}{2}$ –(54)[31]

자본 II

	회전기간 주(週)	노동기간 주(週)	선대 파운드 스털링	유통기간 주(週)
I	$4\frac{1}{2}$ – $13\frac{1}{2}$	$4\frac{1}{2}$ – 9	450	10 – $13\frac{1}{2}$
II	$13\frac{1}{2}$ – $22\frac{1}{2}$	$13\frac{1}{2}$ – 18	450	19 – $22\frac{1}{2}$
III	$22\frac{1}{2}$ – $31\frac{1}{2}$	$22\frac{1}{2}$ – 27	450	28 – $31\frac{1}{2}$
IV	$31\frac{1}{2}$ – $40\frac{1}{2}$	$31\frac{1}{2}$ – 36	450	37 – $40\frac{1}{2}$
V	$40\frac{1}{2}$ – $49\frac{1}{2}$	$40\frac{1}{2}$ – 45	450	46 – $49\frac{1}{2}$
VI	$49\frac{1}{2}$ – $(58\frac{1}{2})$	$49\frac{1}{2}$ –(54)	450	(55 – $58\frac{1}{2}$)

여기에서 우리가 1년이라고 가정하는 51주간[*1] 내에는 자본 I

---

31 제2 회전 년도에 속하는 주(週)는 괄호 속에 넣어져 있다.

*1 [역주] 앞에서는 50주간을 1년으로 가정하였으나, 여기에서부터는 51주간

은 6개의 완전한 노동기간을 완료하고, 따라서 6 × 450 = 2,700 파운드 스털링의 상품을 생산했으며, 자본 II는 5개의 완전한 노동기간 중에 5 × 450 = 2,250파운드 스털링의 상품을 생산했다. 그 외에 자본 II는 다시 그 해의 마지막 $1\frac{1}{2}$주간(제50 주 중간에서 제 51주의 말까지)에 150파운드 스털링의 상품을 생산하여 — 51주간의 총생산물은 5,100파운드 스털링이다. 따라서, 오직 노동기간 중에만 생산되는 잉여가치의 직접적 생산과 관련해서는, 900파운드 스털링의 총자본은 $5\frac{2}{3}$번 회전한 셈이다($5\frac{2}{3}$ × 900 = 5,100파운드 스털링). 그러나 실제의 회전을 고찰하면, 자본 I은, 제51 주의 말에는 자신의 6번째 회전기간의 3주간을 더 완료해야 하기 때문에, $5\frac{2}{3}$번 회전했다. $5\frac{2}{3}$ × 450 = 2,550파운드 스털링. 그리고 자본 II는, 자신의 6번째 회전기간의 겨우 $1\frac{1}{2}$주간만 완료했고, 따라서 아직 $7\frac{1}{2}$주간은 다음 해에 속하기 때문에, $5\frac{1}{6}$번 회전했다. $5\frac{1}{6}$ × 450 = 2,325파운드 스털링. 실제의 총회전 = 4,875파운드 스털링.

자본 I과 자본 II를 두 개의 상호 완전히 독립적인 자본으로 간주하자. 그것들의 운동에서는 이 두 자본은 완전히 독립적이다. 이들 운동은, 단지 그것들의 노동기간과 유통기간이 서로 직접 교대하기 때문에 서로 보완할 뿐이다. 그것들은 상이한 자본가에게 속하는, 완전히 독립적인 두 자본으로 간주될 수 있다.

자본 I은 5개의 완전한 회전기간과 6번째 회전기간의 3분의 2를 경과했다. 그것은 년도 말에는 상품자본의 형태에 있어, 그것을 정상적으로 실현하기 위해서는 아직 3주간이 필요하다. 이 기간 중에는 그것은 생산과정에 들어갈 수 없다. 그것은 상품자본

을 1년으로 가정하고 있다.

으로서 기능한다. 그것은 유통하는 것이다. 그것은 그 마지막 회전기간의 단지 $2/3$만을 경과했다. 이는 이렇게 표현된다: 그것은 단지 $2/3$번 회전했을 뿐이고, 그 총가치의 단지 $2/3$만이 완전한 1회전을 경과했을 뿐이다. 우리는 말한다: 450파운드 스털링은 그 회전을 9주간에 경과하며, 따라서 300파운드 스털링은 6주간에 경과한다. 그러나[*1] 이러한 표현방식에서는 회전시간의 독자적이고 상이한 두 구성부분들 간의 유기적 관계가 무시된다. 450파운드 스털링의 선대자본이 $5^{2}/_{3}$회전을 했다는 것의 정확한 의미는, 단지, 그것이 5번 회전은 완전히, 그리고 6번째는 단지 $2/3$만을 경과했다는 것일 뿐이다. 이에 반해서, 회전한 자본은 선대자본의 $5^{2}/_{3}$이며, 따라서 위의 경우에는 $5^{2}/_{3} \times$ 450파운드 스털링 = 2,550파운드 스털링이라는 표현은, 450파운드 스털링의 이 자본이 450파운드 스털링의 다른 자본에 의해서 보완되지 않았다면, 실제로 이 자본의 일부분은 생산과정에, 다른 일부분은 유통과정에 있지 않으면 안 되었을 것이라는 의미에서 올바르다. 회전시간이 회전한 자본의 량으로 표현되려면, 그것은 언제나 단지 현존하는 가치(실제로는 완성된 생산물)의 량으로만 표현될 수 있을 뿐이다. 선대자본이 생산과정을 새롭게 개시할 수 있는 상태에 있지 않다는 사정은, 단지 그것의 일부만이 생산 능력이 있는 상태에 있다는 것 속에, 즉 계속적인 생산의 상태에 있기 위해서는, 자본이, 생산기간과 유통기간의 비율에 따라서, 끊임없이 생산기간에 있는 부분과 끊임없이 유통기간에 있는 부분으로 분할되지 않으면 안 된다는 것 속에 표현되고 있다. 이것은, 끊임없이 기능하는 생산자본의 량을 회전시간에 대한 회류시간의 비율에

[*1] [역주] 이 "그러나"는 영어판에 따라서 삽입했다.

의해서 규정하는 것과 동일한 법칙이다.

우리가 여기에서 년도 말이라고 가정하는 제51주의 말에는, 자본 II의 150파운드 스털링이 미완성 생산물의 생산에 선대되어 있다. 또 다른 일부는, 유동적 불변자본— 원료 등 —의 형태에, 즉 생산자본으로서 생산과정에서 기능할 수 있는 형태에 있다. 그러나 제3의 부분은 화폐형태로, 즉, 적어도, 매주 말에야 비로소 지불되는, 나머지 노동기간들(3주간)을 위한 임금액으로 존재한다. 그런데 자본의 이 부분은, 새로운 년도의, 따라서 새로운 회전순환의 초에는 생산자본의 형태에 있지 않고, 생산과정에 들어갈 수 없는 화폐자본의 형태에 있지만, 그럼에도 불구하고 새로운 순환이 개시될 때에는 유동적 가변자본, 즉 살아 있는 노동력이 생산과정에서 활동하고 있다. 이러한 현상은, 노동력은 노동기간의 초에, 예컨대, 매주 구매되어 소비되지만, 주말에야 비로소 지불된다는 데에 기인한다. 화폐는 이 경우 지불수단으로서 기능한다. 그리하여 그것이 한편에서는 화폐로서 아직 자본가의 수중에 있지만, 다른 한편에서는 노동력, 즉 그 화폐가 전환될 상품이 이미 생산과정에서 활동하고 있어, 동일한 자본가치가 여기에서는 따라서 이중으로 나타난다.

단지 노동기간들만을 고찰하면,

$$\begin{array}{ll} \text{자본 I은} & 6 \times 450 = 2{,}700\text{파운드 스털링} \\ \text{자본 II는} & \underline{5\frac{1}{3} \times 450 = 2{,}400\text{파운드 스털링}} \\ \text{따라서 도합} & 5\frac{2}{3} \times 900 = 5{,}100\text{파운드 스털링} \end{array}$$

따라서 900파운드 스털링의 선대총자본은 1년에 $5\frac{2}{3}$번 생산자본으로서 기능했다. 450파운드 스털링이 끊임없이 생산과정에서, 그리고 450파운드 스털링이 끊임없이 유통과정에서 교대로 기능하든, 아니면 900파운드 스털링이 $4\frac{1}{2}$주간은 생산과정에서, 그리고 그 다음 $4\frac{1}{2}$주간은 유통과정에서 기능하든, 잉여가치의 생산에 있어서는 마찬가지이다.

그에 반해서 회전기간을 고찰하면,

자본 I은 $5^{2}/_{3} \times 450$ = 2,550파운드 스털링
자본 II는 $5^{1}/_{6} \times 450$ = 2,325파운드 스털링
따라서 총자본은 $5^{5}/_{12} \times 900$ = 4,875파운드 스털링

회전했다. 왜냐하면, 총자본의 회전수(Umschlag)는 I과 II의 회전액의 합계[4,875: 역자]를 I과 II의 합계[900: 역자]로 나눈 값[商]과 같기 때문이다.

지적해야 할 것은, 자본 I과 II는, 서로 독립적이라고 하더라도, 동일한 생산영역에 선대된 사회적 자본의 상이한 독립적 부분들을 이루고 있을 뿐일 것이라는 점이다. 따라서 만일 이 생산영역 내부의 사회적 자본이 오직 I과 II로만 구성되어 있다면, 이 영역에서의 사회적 자본의 회전에는, 여기에서의 동일한 사적자본의 두 구성부분 I과 II에 해당하는 것과 동일한 계산이 해당될 것이다. 더 확장하자면, 사회적 총자본 중에 어떤 특수한 생산영역에 투하된 부분이든, 모두 이렇게 계산될 수 있다. 그리고(aber) 결국 사회적 총자본의 회전수는 다양한 생산영역들에서 회전한 자본의 총액을 이들 생산영역에 선대된 자본의 총액으로 나눈 값[商]과 같다.

나아가 또 지적해야 할 것은, 이 경우 동일한 사적 사업에서 자본 I과 II가, (자본 II의 회전순환은 자본 I의 그것보다 $4\frac{1}{2}$주 늦

게 시작되고, 따라서 I의 년도는 II의 그것보다 $4\frac{1}{2}$주 먼저 끝남으로써), 엄밀히 말하면, 상이한 회전년(Umschlagsjahre)을 가지고 있는 것처럼, 동일한 생산영역의 상이한 사적 자본들도 역시 그 사업들을 상이한 시기에 시작하고, 따라서 그 년회전 역시 년 중 상이한 시기에 완료한다는 점이다. 위에서 우리가 I과 II에 적용한 동일한 평균계산은, 이 경우 사회적 자본의 다양한 독립적 부분들의 회전년들을 하나의 통일적인 회전년으로 환산하는 데에도 충분하다.

제2절 노동기간이 유통기간보다 큰 경우

자본 I과 II의 노동기간들과 회전기간들[*1]이, 서로 교대하는 대신에, 서로 교차한다. 동시에 이 경우에는 자본의 유리(遊離)가 발생하는데, 이는 지금까지 고찰한 경우에서는 일어나지 않았다.

그러나 이는, 여전히 1) 선대총자본의 노동기간의 수는 선대된 두 자본 부분의 년간 생산물의 가치 총액을 선대 총자본으로 나눈 값과 같다는 것, 그리고 2) 총자본의 회전수는 두 회전액의 합계를 두 선대자본의 합계로 나눈 값과 같다는 것에는 어떤 변화도 일으키지 않는다. 이 경우에도 역시 우리는 두 자본 부분을, 그것들이 마치 상호 전적으로 독립적인 회전운동을 하는 것처럼 고찰하지 않으면 안 되는 것이다.

---

*1 [역주] 이 "회전기간들(Umschlagsperioden)"은, '회류기간들' 혹은 '유통기간들'의 착오일 것이다. 일본의 新日本出版社 판과 岩波文庫 판의 역자들도 같은 의미의 지적을 하고 있다.

그리하여 다시, 매주 100파운드 스털링이 노동과정에 선대된다고 가정하자. 노동기간은 6주간 지속되고, 따라서 매번 600파운드 스털링의 선대(자본 I)를 필요로 한다고 하자. 유통기간은 3주간; 따라서 회전기간은, 위에서처럼, 9주간이라고 하자. 300파운드 스털링의 자본 II가, 자본 I의 3주간의 유통기간 중에 들어온다고 하자. 이 두 자본을 상호 독립적인 자본들로 고찰하면, 년회전 도식은 다음과 같이 된다:

표 II
자본 I, 600파운드 스털링

	회전기간 주(週)	노동기간 주(週)	선대 파운드 스털링	유통기간 주(週)
I	1 - 9	1 - 6	600	7 - 9
II	10 - 18	10 - 15	600	16 - 18
III	19 - 27	19 - 24	600	25 - 27
IV	28 - 36	28 - 33	600	34 - 36
V	37 - 45	37 - 42	600	43 - 45
VI	46 -(54)	46 - 51	600	(52 - 54)

자본 II, 300파운드 스털링

	회전기간 주(週)	노동기간 주(週)	선대 파운드 스털링	유통기간 주(週)
I	7 - 15	7 - 9	300	10 - 15
II	16 - 24	16 - 18	300	19 - 24
III	25 - 33	25 - 27	300	28 - 33
IV	34 - 42	34 - 36	300	37 - 42
V	43 - 51	43 - 45	300	46 - 51

생산과정은 1년 내내 중단없이 동일한 규모로 진행된다. 두

자본 I과 II는 완전히 분리된 채로 있다. 그러나 그것들을 그렇게 분리된 것으로 표시하기 위해서는, 그것들의 실제의 교차·착종을 갈가리 찢고, 그럼으로써 회전수도 변경하지 않으면 안 될 것이다. 즉, 위의 표에 따르면, 회전액은 다음과 같을 것이다:

$$\begin{aligned}
\text{자본 I은} \quad & 5\tfrac{2}{3} \times 600 = 3{,}400\text{파운드 스털링} \\
\text{자본 II는} \quad & \underline{5 \times 300 = 1{,}500\text{파운드 스털링}} \\
\text{따라서 총자본은} \quad & 5\tfrac{4}{9} \times 900 = 4{,}900\text{파운드 스털링}
\end{aligned}$$

그러나 이는 맞지 않은데, 왜냐하면, 다음에 보게 되듯이, 실제의 생산기간들과 유통기간들은, 두 자본 I과 II를 서로 독립적인 것으로 보이게끔 하는 데에 주안점이 있었던 위 도식의 그것들과는 절대로 일치하지 않기 때문이다.

즉, 현실에서는 자본 II는, 자본 I의 노동기간 및 유통기간으로부터 분리된 어떤 특별한 노동기간과 유통기간을 가지고 있지 않은 것이다. 노동기간은 6주간, 유통기간은 3주간이다. 자본 II는 단지 300파운드 스털링일 뿐이기 때문에, 그것은 한 노동기간의 단지 일부만을 충족시킬 수 있다. 이것이 실제다. 제6주의 말에 600파운드 스털링의 생산물 가치가 유통에 들어와, 제9주의 말에 화폐로서 환류한다. 그와 동시에 제7주의 초에 자본 II가 활동을 개시하여, 제7주에서 제9주까지의 다음 노동기간의 필요를 충족시킨다. 하지만 우리의 가정에 따르면, 제9주의 말에는 노동기간이 단지 절반밖에 끝나지 않았다. 따라서 제10주의 초에는 지금 막 환류한 600파운드 스털링의 자본 I이 다시 활동을 개시하여, 300파운드 스털링으로 제10주에서 제12주까지 필요한 선대를 충당한다. 이로써 제2의 노동기간이 끝나 있다. 600파운드 스털링의 생산물 가치가 유통하고 있어, 제15주의 말에 환류할 것이다. 그러나 그와 나란히 300파운드 스털링, 즉 본래의 자본 II의 금액이 유리되어 있어, 다음 노동기간의 전반(前半), 따라서 제13 - 제15주에 기능할 수 있을 것이다. 그 기간이 경과한 후에는 다시 600파운드 스털링이 환류한다. 이 노동기간이 끝날 때까지는 그 가운데 300파운드 스털링으로 충분하고, 300파운드 스털링은 다음 노동기간을 위해서 유리된 채로 있다.

따라서 상황은 다음과 같이 진행된다:

제1 회전기간: 제1 - 9주.

  제1 노동기간: 제1 - 6주. 자본 I, 600파운드 스털링이 기능한다.

  제1 유통기간: 제7 - 9주, 제9주 말에 600파운드 스털링이 환류한다.

제2 회전기간: 제7 - 15주.

  제2 노동기간: 제7 - 12주.

    전반: 제7 - 9주. 자본 II, 300파운드 스털링이 기능한다. 제9주의 말에 600파운드 스털링이 화폐로 환류한다(자본 I).

    후반: 제10 - 12주. 자본 I의 300파운드 스털링이 기능한다. 자본 I의 다른 300파운드 스털링은 유리된 채로 있다.

  제2 유통기간: 제13 - 15주.

    제15 주 말에 (절반은 자본 I로, 절반은 자본 II로 이루어진) 600파운드 스털링이 화폐로 환류한다.

제3 회전기간: 제13 - 21주.

  제3 노동기간: 제13 - 18주.

    전반: 제13 - 15주. 유리되었던 300파운드 스털링이 기능하기 시작한다. 제15주의 말에 600파운드 스털링이 화폐로 환류한다.

후반: 제16 - 18주. 환류된 600파운드 스털링 중에서 300파운드 스털링이 기능하고, 다른 300파운드 스털링은 다시 유리된 채로 있다.

제3 유통기간: 제19 - 21주. 제21주의 말에 다시 600파운드 스털링이 화폐로 환류한다. 600파운드 스털링 안에는 이제 자본 I과 자본 II가 구별할 수 없이 융합되어 있다.

이러한 방식으로, 제51주 말까지 600파운드 스털링의 자본의 8개의 온전한 회전기간들(I: 제1 - 9주; II: 제7 - 15주; III: 제13 - 21주; IV: 제19 - 27주; V: 제25 - 33주; VI: 제31 - 39주; VII: 제37 - 45주; VIII: 제43 - 51주)이 발생한다. 그러나 제49 - 51주는 제8 유통기간에 해당하기 때문에, 이 기간에는 유리된 자본 300파운드 스털링이 들어와서 생산을 지속시키지 않으면 안 된다. 따라서 년도 말에는 회전은 다음과 같이 된다: 600파운드 스털링이 그 순환(Kreislauf)을 8번 완료하여, [회전한 자본액이: 역자] 4,800파운드 스털링이 된다. 거기에 마지막 3주간(제49 - 51주)의 생산물이 추가되는데, 그러나 이것은 그 순환 9주간의 겨우 3분의 1만을 경과했고, 따라서 회전액에는 단지 그 금액의 3분의 1, 즉 100파운드 스털링만이 산입(算入)된다. 따라서 51주간의 년간 생산물이 5,100파운드 스털링이라고 하더라도, 회전한 자본은 단지 4,800 + 100 = 4,900파운드 스털링일 뿐이다. 그리하여 선대 총자본 900파운드 스털링은 $5^4/_5$번 회전했고, 따라서 제1절의 경우보다 사소하게 더 많이 회전했다.[*1]

현재의 예에서는, 노동시간은 회전기간의 $^2/_3$, 회류시간은 회전기간의 $^1/_3$, 따라서 노동시간이 회류시간의 단순 배수(倍數)인 경

[*1] [역주] 제1절의 경우, 900파운드 스털링의 자본이 $5^5/_{12}$번 회전하여, 회전액이 4,875파운드 스털링이다. (*MEW*, Bd. 24, S. 272.; 이 번역본, p. 419.)

우를 가정했다. 문제는, 그렇지 않은 경우에도 역시 위에서 확인된 자본의 유리가 발생하는가, 아닌가이다.

노동기간 = 5주간, 회류시간 = 4주간이고, 주(週)당 자본선대는 100파운드 스털링이라고 하자.

제1 회전기간: 제1 - 9주.

  제1 노동기간: 제1 - 5주. 자본 I = 500파운드 스털링이 기능한다.

  제1 유통기간: 제6 - 9주. 제9주의 말에 500파운드 스털링이 화폐로 환류한다.

제2 회전기간: 제6 - 14주.

  제2 노동기간: 제6 - 10주.

    제1 기: 제6 - 9주. 자본 II = 400파운드 스털링이 기능한다. 제9주의 말에 자본 I = 500파운드 스털링이 화폐로 환류한다.

    제2 기: 제10주. 환류한 500파운드 스털링 중 100파운드 스털링이 기능한다. 나머지 400파운드 스털링은 다음 노동기간을 위해서 유리된 채로 있다.

  제2 유통기간: 제11 - 14주. 제14주의 말에 500파운드 스털링이 화폐로 환류한다.

제14주의 말까지는(제11 - 14주) 위의, 유리된 400파운드 스털링이 기능한다. 그 다음에 환류한 500파운드 스털링 중에서 100파운드 스털링은 제3 노동기간(제11 - 15주)을 위한 필요를 보충하고, 그리하여 또다시 400파운드 스털링은 제4 노동기간을 위해서 유리된다. 동일한 현상이 노동기간마다 반복된다. 노동기간이 시작될 때에는, 처음 4주간을 위해 충분한 400파운드 스털링이 존재한다. 제4주의 말에는 500파운드 스털링이 화폐로 환류하는데, 그 가운데 단지 100파운드 스털링만이 마지막 주를 위해서 필요하고, 나머지 400파운드 스털링은 그 다음 노동기간을 위해서 유리된 채로 있다.

나아가, 700파운드 스털링의 자본 I을 동반하는 7주간의 노동기간과, 200파운드 스털링의 자본 II를 동반하는 2주간의 회류시간을 들어보자.

이 경우, 제1 회전기간은 제1주에서 제9주까지 지속되고, 그 중 제1 노동기간은 제1 - 7주로, 700파운드 스털링이 선대되고, 제1 유통기간은 제8 - 9주이다. 제9 주의 말에 700파운드 스털링이 화폐로 환류한다.

제2의 회전기간 제8 - 16주는 제2의 노동기간 제8 - 14주를 포함한다. 그 가운데 제8 - 9주를 위한 필요는 자본 II에 의해서 충당된다. 제9주의 말에는 상술(上述)한 700파운드 스털링이 환류하고; 그 중에서 500파운드 스털링이 이 노동기간의 말까지 (제10 - 14주) 소진(消盡)된다. 200파운드 스털링은 다음 노동기간을 위해서 유리된 채로 있다. 제2의 회류기간은 제15주에서 제16 주까지 지속되고; 제16주의 말에 다시 700파운드 스털링이 화폐로 환류한다. 그 후에는 노동기간마다 동일한 현상이 반복된다. 처음 2주간의 자본 수요는 직전 노동기간의 말에 유리된 200파운드 스털링에 의해서 충당되고; 제2주의 말에 700파운드 스털링이 환류하는데; 그러나 노동기간은 단지 5주간밖에 남아 있지 않기 때문에, 500파운드 스털링밖에는 소진할 수 없고; 따라서 200파운드 스털링은 언제나 다음 노동기간을 위해서 유리된 채로 있는 것이다.

따라서, 노동기간이 회류기간보다 크다고 가정한 우리의 경우에는, 어떤 사정 하에서도 각 노동기간의 끝에는, 유통기간을 위해서 선대된 자본 II와 같은 크기의 화폐자본이 유리되어 있다는 것을 알 수 있다. 우리의 3개의 예에서 자본 II는, 제1의 예에서는 300파운드 스털링, 제2의 예에서는 400파운드 스털링, 제3의 예에서는 200파운드 스털링이었고; 이에 상응하여 노동기간의 끝에 유리된 자본은 각각 300, 400, 200파운드 스털링이었다.

제3절 노동기간이 회류기간보다 작은 경우

우선 다시 회전기간은 9주간, 그 중 노동기간은 3주간이며, 이 기간에 처분할 수 있는 자본 I = 300파운드 스털링이라고 가정하자. 회류기간은 6주간이라고 하자. 이 6주간을 위해서 600파운드 스털링의 추가자본이 필요한데, 하지만 이것을 다시 우리는, 그 각각이 하나의 노동기간을 채우는 300파운드 스털링씩의 2개의 자본으로 나눌 수 있다. 그렇게 되면, 300파운드 스털링씩의 3개의 자본이 있게 되는데, 그 중 300파운드 스털링은 언제나 생산에 종사하는 반면에, 600파운드 스털링은 회류한다.

표 III

자본 I

	회전기간 주(週)	노동기간 주(週)	회류기간 주(週)
I	1 - 9	1 - 3	4 - 9
II	10 - 18	10 - 12	13 - 18
III	19 - 27	19 - 21	22 - 27
IV	28 - 36	28 - 30	31 - 36
V	37 - 45	37 - 39	44 - 45
VI	46 -(54)	46 - 48	49 - (54)

자본 II

	회전기간 주(週)	노동기간 주(週)	회류기간 주(週)
I	4 – 12	4 – 6	7 – 12
II	13 – 21	13 – 15	16 – 21
III	22 – 30	22 – 24	25 – 30
IV	31 – 39	31 – 33	34 – 39
V	40 – 48	40 – 42	43 – 48
VI	49 –(57)	49 – 51	(52 – 57)

자본 III

	회전기간 주(週)	노동기간 주(週)	회류기간 주(週)
I	7 – 15	7 – 9	10 – 15
II	16 – 24	16 – 18	19 – 24
III	25 – 33	25 – 27	28 – 33
IV	34 – 42	34 – 36	37 – 42
V	43 – 51	43 – 45	46 – 51

여기에서 제1절의 경우의 정확한 대응형(對應型; Gegenbild)을 보는데, 차이는 단지 지금은, 2개의 자본이 아니라, 3개의 자본이 서로 교대한다는 것뿐이다. 자본들의 교차나 착종은 일어나지 않는다. 개별자본은 어느 것이나 년도 말까지 따로따로 추적될 수 있는 것이다. 따라서, 제1절의 경우와 마찬가지로 노동기간의 끝에서 자본의 유리가 발생하지 않는다. 자본 I은 제3주의 말에는 전부 투하되어 있고, 제9주의 말에는 전부 환류하며, 제10주의 초에는 다시 기능하기 시작한다. 자본 II와 III도 마찬가지다. 규칙적이고 완전한 교대가 모든 유리를 배제하는 것이다.

총회전은 다음과 같이 계산된다:

자본 I   300파운드 스털링 × 5²/₃ = 1,700파운드 스털링
자본 II   300파운드 스털링 × 5¹/₃ = 1,600파운드 스털링
자본 III   300파운드 스털링 × 5   = 1,500파운드 스털링
총자본   900파운드 스털링 × 5¹/₃ = 4,800파운드 스털링

이제, 회류기간이 노동기간의 엄밀한 배수가 아닌 예, 이를테면, 노동기간이 4주, 유통기간이 5주인 예를 들어보자. 그 경우, 그에 상응하는 자본액은, 자본 I = 400파운드 스털링, 자본 II = 400파운드 스털링, 자본 III = 100파운드 스털링일 것이다. 최초의 3회전만을 표시한다.

표 IV

자본 I

회전기간 주(週)	노동기간 주(週)	회류기간 주(週)
I 1 - 9	1 - 4	5 - 9
II 9 - 17	9 · 10 - 12	13 - 17
III 17 - 25	17 · 18 - 20	21 - 23

자본 II

회전기간 주(週)	노동기간 주(週)	회류기간 주(週)
I 5 - 13	5 - 8	9 - 13
II 13 - 21	13 · 14 - 16	17 - 21
III 21 - 29	21 · 22 - 24	21 - 23

자본 III

	회전기간 주(週)	노동기간 주(週)	회류기간 주(週)
I	9 - 17	9	10 - 17
II	17 - 25	17	18 - 25
III	25 - 33	25	26 - 33

이 경우에 자본들의 착종이 발생하는 것은, 단지 1주일분일 뿐이어서 어떤 독립적인 노동기간을 갖지 않는 자본 III의 노동기간이 자본 I의 첫 번째 노동주(勞動週)와 일치하는 한에서이다. 그러나 그 대신에, 자본 I과 자본 II의 노동기간의 말에는 공히 자본 III과 같은 액수인 100파운드 스털링이 유리되어 있다. 즉, 자본 III이 자본 I의 두 번째 및 그 후 모든 노동기간들의 첫 번째 주를 채우고, 이 첫째 주의 말에 자본 I 전액, 즉 400파운드 스털링이 환류한다면, 자본 I의 노동기간의 나머지는 단지 3주간의 시간과 그에 상응하는 300파운드 스털링의 자본투하만이 남아 있을 뿐이다. 게다가 그렇게 유리된 100파운드 스털링은, 직접적으로 이어지는, 자본 II의 노동기간의 첫 번째 주를 위해서 충분하며; 이 주의 말에는 자본 II의 전액인 400파운드 스털링이 환류하는데; 그러나 이미 시작된 노동기간은 단지 300파운드 스털링만을 더 흡수할 수 있기 때문에, 그 노동기간의 끝에는 다시 100파운드 스털링이 남게 된다. 이후도 마찬가지이다. 따라서 회류시간이 노동기간의 단순배수를 이루지 않게 되자마자, 노동기간의 말에 자본의 유리가 발생한다. 더욱이 이렇게 유리되는 자본은, 한 노동기간 혹은 배수(倍數)의 노동기간을 넘는 유통기간의 초과분을 채워야 하는 자본 부분과 동등하다.

지금까지 연구한 모든 경우에, 노동기간도 회류시간도, 여기에서 고찰된 임의의 사업에서는 1년 동안 내내 변함이 없다고 가정했다. 회전과 자본선대에 대한 회류시간의 영향을 규명하려면, 이 가정이 필요했다. 이 가정은 현실에서는 이렇게 무조건적으로는 타당하지 않고, 또 자주 전적으로 타당하지 않지만, 그렇다고 해도 사태는 전혀 변하지 않는다.

이 장 전체를 통해서 우리는 단지 유동자본의 회전만을 고찰해 왔고, 고정자본의 회전은 고찰하지 않았다. 단순한 이유 때문, 즉 다루는 문제가 고정자본과는 아무런 관계도 없기 때문이다. 생산과정에서 사용되는 노동수단 등이 고정자본을 형성하는 것은 단지, 그것들의 사용시간이 유동자본의 회전기간보다 더 오래 지속되는 한에서이고; 끊임없이 반복되는 노동과정에서 이들 노동수단들이 계속해서 사용되는 시간이 유동자본의 회전기간보다 더 커서, 유동자본의 회전시간의 n곱절인 한에서이다. 유동자본의 회전기간의 이 n곱절에 의해서 형성되는 총시간이 길든 짧든, 이 시간 동안 고정자본에 선대된 생산자본 부분은 이 시간 내에는 새로 선대되지 않는다. 이 부분은 그 종래의(alt) 사용형태로 계속 기능한다. 다른 점은 단지: 유동자본의 각 회전기간 중 개개의 <u>노동기간</u>의 길이가 상이함에 따라서, 고정자본은 그 원래 가치의 보다 더 많거나 보다 더 적은 부분을 이 노동기간의 생산물에 이전한다는 것, 그리고 각 회전기간 중 유통시간의 길이에 따라서, 생산물에 이전되었던 고정자본의 이 가치 부분이 보다 더 신속히 혹은 보다 더 완만히 화폐형태로 환류한다는 것뿐이다. 우리가 이 장에서 다루는 대상의 본성— 생산자본 중 유동 부분의 회전—은, 이 자본 부분 그 자체의 본성으로부터 나온다. 한 노동기간에 충용된 유동자본은, 그것이 자신의 회전을 완료하기 전에는, 즉 상품자본으로, 상품자본에서 화폐자본으로, 그리고 화폐자본에서 다시 생산자본으로 전화하기 전에는 새로운 노동기간에 충용될 수 없다. 그 때문에 제1 노동기간이 곧바로 제2 노동기간에 의해서 계속되기 위해서는 자본이 새로 선대되어 생산자본의 유동적 요소들로 전화되지 않으면 안 되고, 그것도, 제1 노동기간을 위해서 선대된 유동자본의 유통기간에 의해서 생기는 공백을 채우기에 충분한 양이 아니면 안 된다. 그 때문에, 유동자본의 노동기간의 길이는, 노동과정의 경영 규모에, 그리고 선대자본의 분할에, 혹은 새로운 자본 부분의 추가에 영향을 미치는 것이다. 그리고 바로 이것이야말로 우리가 이 장에서 고찰해야만 했던 그것이다.

제4절 결과들

지금까지의 연구로부터 다음과 같은 결과들이 나온다:

A. 다른 부분들이 유통기간에 있는 동안에 한 부분은 부단히 노동기간에 있기 위해서 자본이 분할되지 않으면 안 되는 상이한 부분들이, 독립적인 상이한 사적자본들처럼, 상호 교대하는 것은 다음 두 경우다. 1) 노동기간이 유통기간과 같고, 회전기간이 따라서 두 개의 동등한 부분들로 분할되어 있는 경우, 2) 유통기간이 노동기간보다 길지만, 동시에 노동기간의 단순 배수(倍數)를 이루고 있어서, 1유통기간 = n노동기간— 이때 n은 정수(整數)이지 않으면 안 된다 —인 경우. 이 경우들에서는, 순차적으로 선대되는 자본의 어떤 부분도 유리되지 않는다.

B. 이에 반해서, 1) 유통기간이, 노동기간의 단수 배수를 이루

지 않으면서, 노동기간보다 큰 경우들, 그리고 2) 노동기간이 유통기간보다 큰 경우들, 이 모든 경우에는 유동자본의 일부가 제2회전부터 각 노동기간의 말에 끊임없이 그리고 주기적으로 유리된다. 그리고 그것도, 이 유리되는 자본은, 노동기간이 유통기간보다 큰 경우에는, 총자본 중 유통기간을 위해서 선대된 부분과 같으며, 또한 유통기간이 노동기간보다 큰 경우에는, 한 노동기간 혹은 그 배수의 노동기간을 넘는, 유통기간의 초과분을 채워야 하는 자본 부분과 같다.

C. 그리하여 이렇게 된다. 즉, 사회적 총자본에 있어서는, 그 유동 부분에 따라 고찰하면, 자본의 유리가 통례이고, 순차적으로 생산과정에서 기능하는 자본 부분들의 단순한 교대는 예외가 아닐 수 없다. 왜냐하면, 노동기간과 유통기간이 같은 것, 혹은 유통기간이 노동기간의 단순 배수와 같은 것, 즉 회전기간의 두 구성부분들의 이러한 규칙적인 비례성은 사상(事象)의 본성과는 전혀 아무런 관계가 없는 것이며, 따라서 대체로 단지 예외적으로만 발생하기 때문이다.

따라서 1년에 여러 번 회전하는 사회적 유동자본의 매우 현저한 부분은 년간 회전순환 중에 주기적으로 유리된 자본의 형태로 있을 것이다.

나아가서 명백한 것은, 다른 모든 사정들이 불변이라면, 이 유리된 자본의 크기는 노동과정의 범위 또는 생산의 규모와 더불어, 따라서 무릇 자본주의적 생산의 발전과 더불어 증대한다는 사실이다. 위 B 2)의 경우에는, 선대 총자본이 증대하기 때문이고; B 1) 경우에는, 자본주의적 생산의 발전과 더불어 유통기간의 길이가 증대하기 때문이며, 따라서 두 기간들의 규칙적인 비율 없이 노동기간이 증대하는 경우들에서는 회전기간도 증대하기 때문이다.

제1의 경우에는 매주, 예컨대, 100파운드 스털링을 투하하지 않으면 안 되었다. 6주간의 노동기간을 위해서 600파운드 스털링, 3주간의 유통기간을 위해서 300파운드 스털링, 도합 900파운드 스털링이었다. 이 경우에는 300파운드 스털링이 끊임없이 유리된다. 그에 반해서, 매주 300파운드 스털링이 투하되면, 노동기간을 위해서는 1,800파운드 스털링, 유통기간을 위해서는 900파운드 스털링이 투하되고, 따라서 또한, 300파운드 스털링이 아니라, 900파운드 스털링이 주기적으로 유리된다.

D. 총자본, 예컨대, 900파운드 스털링은, 위의 노동기간을 위한 600파운드 스털링과 유통기간을 위한 300파운드 스털링처럼, 두 부분으로 분할되지 않으면 안 된다. 실제로 노동과정에 투하되는 부분은 그럼으로써 3분의 1만큼, 즉 900파운드 스털링에서 600파운드 스털링으로 감소되고, 따라서 생산 규모가 3분의 1만큼 축소된다. 다른 한편에서는, 300파운드 스털링은 오직 노동기간을 연속적이게끔 하기 위해서 기능하고, 그리하여 년중 매주 100파운드 스털링이 노동과정에 투하될 수 있다.

추상적으로 보면, 600파운드 스털링이 $6 \times 8 = 48$주 동안 일하든(생산물 = 4,800파운드 스털링), 아니면 전체 자본 900파운드 스털링이 6주 동안 노동과정에 투하되고, 그러고 나서 3주간의 유통기간 동안은 유휴상태에 있든, 마찬가지다. 뒤의 경우, 이 자본은 48주간이 지나면서 $5\frac{1}{3} \times 6 = 32$주간은 일할 것이고(생산물 = $5\frac{1}{3} \times 900$ = 4,800파운드 스털링), 16주간은 유휴상태에 있을 것이다. 그러나, 16주간의 유휴 중의 고정자본의 보다 더 심한 부식(腐蝕)과, 1년 중 단지 일부만 노동하는데도 전체 1년 동안 지불되지 않으면 안 되는 노동의 고가화(高價化)를 도외시하더라도, 생산과정의 이러한 규칙적인 중단은 근대적 대공업의 경영과 무릇 양립할 수 없다. 이 연속성은 그것 자체가 하나의 노동의 생산력이다.

이제, 유리된, 즉 사실상 정지된 자본을 좀 더 상세히 고찰하면, 그 현저한 부분이 언제나 화폐자본의 형태를 취하지 않으면 안 된다는 것이 분명해진다. 위의 예대로 계속, 노동기간 6주간, 유통기간 3주간, 주당 투하 100파운드 스털링이라고 하자. 제2 노동기간의 중간, 즉 제9 주 말에 600파운드 스털링이 환류하는데, 그 중 300파운드 스털링만이 그 노동기간의 나머지 동안에 투하되어야 한다. 따라서 제2 노동기간의 말에는 그 가운데 300파운드 스털링이 유리된다. 이 300파운드 스털링은 어떠한 상태에 있는가? $1/3$은 임금에, $2/3$는 원료와 보조재료에 투하되어야 한다고 가정하자. 따라서 환류한 600파운드 스털링 가운데 200파운드 스털링은 임금을 위해서 화폐형태로, 그리고 400파운드 스털링은 생산용 재고의 형태로, 즉 유동적 불변 생산자본의 요소들의 형태로 존재한다. 그러나 제2 노동기간의 후반을 위해서는 이 생산용 재고의 단지 절반만이 필요하기 때문에, 다른 절반은 3주간 동안 과잉한, 즉 한 노동기간에 대해서는 과잉한 생산용 재고의 형태로 존재한다. 그러나 자본가도, 환류한 자본의 이 부분(= 400파운드 스털링) 중에서 단지 그 절반 = 200파운드 스털링만이 현행 노동기간을 위해서 필요하다는 것을 알고 있다. 따라서, 그가 이 200파운드 스털링을 곧바로 다시 전부 혹은 부분적으로만 과잉 생산용 재고로 전화시킬 것인가, 아니면 보다 유리한 시장 상황을 기대하며 전부 혹은 부분적으로 화폐자본으로 보유할 것인가는, 시장 상황에 달려 있을 것이다. 다른 한편에서, 임금에 투하해야 할 부분 = 200파운드 스털링이 화폐형태로 보유된다는 것은 자명하다. 자본가는 노동력을 구매한 후 그것을 원료처럼 창고에 보관할 수 없다. 그는 그것을 생산과정에 합체시키지 않으면 안 되고, 주말에는 그 대가를 지불한다. 따라서 300파운드 스털링의 유리된 자본 중에서 100파운드 스털링은 어떤 경우에도 유리된 화폐자본, 즉 그 노동기간에는 필요하지 않은 화폐자본의 형태를 취할 것이다. 따라서 화폐자본의 형태로 유리되는 자본은 최소한 가변자본 부분, 즉 임금에 투하되는 자본 부분과 같지 않으면 안 되며; 최대한으로는 그것이 유리된 자본 전체를 포괄할 수도 있다. 현실에서는 그것은 이 최소한과 최대한 사이에서 끊임없이 변동한다.

회전운동이라는 단순한 기구에 의해서 이렇게 유리되는 화폐자본은 (고정자본의 순차적인 환류에 의한 화폐자본 및 어느 노동과정에서나 가변자본을 위해 필요한 화폐자본과 나란히), 신용제도가 발전하자마자, 필연적으로 중대한 역할을 놀 수밖에 없고, 또한 동시에 필연적으로 그 신용제도의 기초의 하나를 형성할 수밖에 없다.

우리의 예에서, 유통시간이 3주간에서 2주간으로 단축된다고 가정하자. 이는, 통상적이 아니라, 아마 호황, 지불기한의 단축 등의 결과일 것이다. 노동기간 중에 투하된 600파운드 스털링의 자본은, 필요할 때보다 1주간 먼저 환류하고, 따라서 그것은 이 1주간 동안 유리되어 있다. 나아가, 이전과 마찬가지로, 그 노동기간의 중간에 300파운드 스털링(저 600파운드 스털링의 일부)이 유리되는데, 그러나 3주간이 아니라 4주간 유리된다. 따라서 화폐시장에는 1주간 동안은 600파운드 스털링이, 그리고 3주간이 아니라 4주간 동안은 300파운드 스털링이 있다. 이는, 단지 한 자본가에 관해서만이 아니라, 수많은 자본가들에 관해서 그리고 다양한 사업부문들에서 다양한 기간에 걸쳐 일어나기 때문에, 이에 의해서 자유롭게 처분 가능한 화폐자본이 더 많이 시장에 등장한다. 이러한 상태가 더 오래 지속되면, 사정이 허용할 경우, 생산은 확대될 것이다. 차입자본으로 일하는 자본가들은 화폐시장에 대한 수요를 줄일 것이고, 이는 공급이 증대되는 것과 마찬가지로 화폐시장을 완화한다. 혹은 마지막으로는, 그 기구에 대해 과잉이 되어 있는 금액들은 최종적으로 화폐시장으로 방출될 것이다.

회류시간[*1]이 3주간에서 2주간으로 단축되고, 그리하여 또한 회전기간이 9주간에서 8주간으로 단축됨으로써, 선대 총자본의 $1/9$이 여분으로 되고; 6주간의 노동기간이 이제는 800파운드 스털링으로, 이전에 900파운드 스털링으로 그랬던 것과 꼭 마찬가지로, 끊임없이 진행될 수 있다. 그리하여 상품자본 가치의 일부 = 100파운드 스털링은, 일단 화폐로 전환되어, 더 이상 생산과정을 위해서 선대된 자본의 일부로서 기능하지 않고, 이 화폐자본의 상태에 머물러 있다. 생산은 여전히 변함이 없는 규모로, 그리고 물가(Preise) 등 여타의 조건들도 여전히 변함없이, 계속되는 반면에, 선대자본의 가치 총액은 900파운드 스털링에서 800파운드 스털링으로 축소되고: 최초에 선대된 가치의 나머지인 100파운드 스털링은 화폐자본의 형태로 분리된다. 그것은 화폐자본으로서 화폐시장에 들어가, 거기에서 기능하고 있는 자본들의 추가적 부분을 형성한다.

이로부터, 어떻게 하여 화폐자본의 과잉(Plethora)이 발생할 수 있는가를 알게 되며 ― 그것도 단지, 화폐자본의 공급이 그 수

[*1] [*MEW* 편집자 주] "회류시간(Umlaufszeit)"이, 제1판과 제2판에는 "회전시간(Umschlagszeit)".

요보다 크다는 의미에서만이 아니다. 이러한 의미에서의 과잉은 언제나 단지, 예컨대, 공황이 끝난 후 새로운 순환을 개시하는 "우울기(憂鬱期; melancholische Periode)"에 발생하는 상대적 과잉에 불과하다. 그러한 의미에서만이 아니라, 선대된 자본가치의 일정한 부분이, (유통과정을 포함한) 사회적 총재생산과정의 작동(Betreibung)에 불필요해지고, 그 때문에 화폐자본의 형태로 분리되어 있다는 의미에서다. 즉, 생산 규모도 여전히 그대로이고, 물가도 여전히 그대로인데, 단지*1 회전기간의 단축에 의해서 발생한 과잉이다. 유통하고 있는 화폐의 량은 ― 그것이 크든 작든 ― 여기에 추호도 영향을 미치지 않았다.

거꾸로, 유통기간이, 가령 3주간에서 5주간으로, 연장된다고 가정하자. 그 경우에는 벌써 바로 다음 회전에서 선대자본의 환류가 2주간만큼이나 늦게 발생한다. 이 노동과정에서의 생산과정의 마지막 부분은, 선대자본 자체의 회전 기구에 의해서 계속 수행될 수 없다. 이러한 상태가 더 오래 지속되면, 앞의 경우의 확대처럼, 생산과정의 ― 그것이 가동되는 규모의 ― 축소가 일어날 수 있을 것이다. 그리고(aber) 그 과정을 동일한 규모로 계속하기 위해서는 선대자본이, 유통기간의 이러한 연장 기간 전체를 위해서 $2/9$ = 200파운드 스털링만큼 증대되지 않으면 안 될 것이다. 이 추가자본은 오직 화폐시장에서만 인출할 수 있다. 그리하여, 만일 유통기간의 연장이 하나 혹은 더 많은 거대 사업부문들에 해당한다면, 이 연장은, 그 작용이 다른 쪽에서의 반작용에 의해서 상쇄되지 않는 경우, 화폐시장에 압박을 야기할 수 있

---

*1 [新日本出版社 판 역주] 원고에는 "단지"의 뒤에 "회류시간 따라서"라는 구절이 있다. 프랑스어판·이딸리아어판·스페인어판·조선어판의 역주 또는 추보(追補)에 의함.

다. 이 경우에도 역시, 이 압박이, 앞에서의 저 과잉(Plethora)처럼, 상품 가격들의 어떤 변동이나 현존 유통수단의 량의 어떤 변동과는 추호의 관계도 없었다는 것은 지극히 명확하다.

{이 장을 인쇄할 수 있도록 마무리하는 데에는 적지 않은 어려움이 있었다. 맑스는 매우 능숙한 대수학자(代數學者)였는데, 그가 수많은 실례를 들며 온갖 상업적 계산방식을 손수 계산해낸 한 뭉치의 두꺼운 노트들이 있었지만, 숫자 계산, 특히 상업적 계산에는 익숙하지 못했다. 그러나 개별적인 계산방식을 아는 것과 상인의 일상적인 실제 계산에 숙달되는 것은 결코 같은 것이 아니고, 그리하여 회전을 계산하면서 그가 혼란에 빠져, 미완성인 것들 외에도 결국 여러 오류와 모순들이 발생했던 것이다. 위에 게재된 표들 속에서 나는 가장 단순하고 산술적으로 올바른 것들만을 보존했는데, 그것도 주로 다음과 같은 이유에서였다.

이 힘든 계산의 불확실한 결과들로 인해 맑스는 하나의 — 내가 보기에 — 사실상 별로 중요하지 않은 사정을 부당하게 중시했다. 내가 말하는 것은, 그가 화폐자본의 "유리"라고 부르는 것이다. 위에서 가정한 전제들 하에서의 실제의 사태는 이렇다:

노동기간과 회류시간의 크기 비율, 따라서 자본 I의 자본 II에 대한 크기 비율이 어떠하든, 마찬가지로 — 제1 회전이 만료된 후에는, 노동기간의 길이만큼의 규칙적인 간격을 두고, 한 노동기간마다 필요한 자본— 따라서 자본 I과 같은 금액 —이 화폐형태로 자본가에게 환류한다.

노동기간 = 5주간, 회류시간 = 4주간, 자본 I = 500파운드 스털링이라면, 제9, 제14, 제19, 제24, 제29주 등등의 말에 매번 500파운드 스털링의 화폐액이 환류한다.

노동기간 = 6주간, 회류기간 = 3주간, 자본 I = 600파운드 스털링이라면, 제9, 제15, 제21, 제27, 제33주 등등의 말에 600파운드 스털링씩이 환류한다.

마지막으로 노동기간 = 4주간, 회류기간 = 5주간, 자본 I = 400파운드 스털링이라면, 제9, 제13, 제17, 제21, 제25주 등등의 말에 400파운드 스털링씩이 환류한다.

이렇게 환류한 화폐가 진행 중인 노동과정에 대해서 과잉이며, 따라서 유리되는가 어떤가는, 그리고 그 화폐 중에서 얼마만큼이 그렇게 되는가는 어떤 차이도 발생시키지 않는다. 생산이 중단되지 않고 진행 중인 규모로 계속된다고 전제되며, 이렇게 되기 위해서는 화폐가 현존하지 않으면 안 되고, 따라서, "유리"되든 안 되든, 환류하지 않으면 안 된다. 생산이 중단되면, 유리도 역시 멈춘다.

다른 말로 하자면: 물론 화폐의 유리, 따라서 화폐형태에 있는 잠재적인, 단지 잠세적인 자본의 형성이 발생하지만; 그러나 모든 사정 하에서 그러하며, 본문에서 상세히 규정된 특수한 조건들 하에서만 발생하는 것이 아니다. 그리고 그것은 본문에서 가정한 규모보다 더 큰 규모로 발생한다. 유동자본 I과 관련해서는, 산업자본가는 각 회전의 말에는 전적으로 창업 당시와 같은 처지에 있다. 그는 이 자본을[*1] 전부 그리고 한꺼번에 수중에 가지고 있는 반면에, 단지 그것을 점차적으로만 다시 생산자본으로 전화할 수 있는 것이다.

본문에서 중요한 것은, 한편에서는 산업자본 중 현저한 부분이 언제나 화폐형태로 현존하지 않으면 안 되고, 다른 한편에서는

[*1] [新日本出版社 판 역주] 프랑스어판 · 이딸리아어판 · 스페인어판 · 조선어판의 역주 또는 추보에 의하면, 원고에는 여기에 "화폐자본의 형태로"라는 구절이 추가되어 있다.

더욱더 현저한 부분이 때때로 화폐형태를 취하지 않으면 안 된다는 논증이다. 나의 이 추가적 언급은 기껏해야 이 논증을 강화할 뿐이다. — F. 엥엘스.}

제5절 가격변동의 영향

지금까지 우리는, 한편에서는 불변하는 가격, 불변하는 생산 규모를, 다른 한편에서는 유통시간의 축소 혹은 확대를 가정해 왔다. 그에 반해서 이제는 불변하는 회전기간의 크기, 불변하는 생산 규모를 가정하면서도, 그러나 다른 한편에서는 가격변동[*1]을, 즉 원료, 보조재료 및 노동의, 또는 이들 요소들 가운데 첫 두 요소의 가격의 등락을 가정하자. 원료와 보조재료의 가격 그리고 임금이 반절만큼 하락한다고 하자. 그렇게 되면 우리의 예에서는 매주 100파운드 스털링이 아니라 50파운드 스털링, 그리고 9주간의 회전기간을 위해서는 900파운드 스털링이 아니라 450파운드 스털링의 선대자본이 필요할 것이다. 선대자본가치 중 450파운드 스털링이 우선 화폐자본으로서 분리되는데, 그러나 생산과정은 동일한 규모로 동일한 회전기간에, 이 회전기간이 이전처럼 분할되어 진행될 것이다. 년간 생산량 역시 여전히 동일하지만, 그 가치는 절반만큼 떨어져 있다. 화폐자본의 공급과 수요의 변동 역시 수반한 이러한 변동을 야기한 것은, 회류의 급속화도 아

[*1] [新日本出版社 판 역주] 원고에는, "가격변동" 다음에, "생산자본의 유동적 요소들의 가격의 등락"이란 구절이 있다. 프랑스어판·이딸리아어판·스페인어판·조선어판의 역주 또는 추보에 의함.

니고, 유통하는 화폐의 량의 변화도 아니다. 그 반대다. 생산자본의 요소들의 가치 또는 가격의 절반만큼의 하락은 우선, 여전히 동일한 규모로 속행되는 사업 X에 절반만큼 축소된 자본가치가 선대되고, 따라서 역시 절반의 화폐만이 사업 X측으로부터 시장에 투여하는 작용을 할 터인데, 왜냐하면 사업 X는 이 자본가치를 우선 화폐의 형태로, 즉 화폐자본으로서 선대하기 때문이다. 유통에 투여되는 화폐량은, 생산요소들의 가격이 하락했기 때문에, 감소되었을 것이다. 이것이 첫 번째 영향일 것이다.

두 번째로는 그러나: 본래의 선대자본가치 900파운드 스털링의 절반 = 450파운드 스털링, a) 화폐자본·생산자본·상품자본의 형태를 번갈아 통과했으며, b) 동시에 언제나 서로 나란히 일부는 화폐자본의 형태에, 일부는 생산자본의 형태에, 그리고 일부는 상품자본의 형태에 있었던, 이 450파운드 스털링은 사업 X의 순환으로부터 분리될 것이고, 그리하여 추가적 화폐자본으로서 화폐시장에 들어가, 추가적 구성부분으로서 그 시장에서 기능할(wirken) 것이다. 이 유리된 450파운드 스털링의 화폐가 화폐자본으로서 기능하는 것은, 그것이 사업 X의 경영에 과잉이 된 화폐이기 때문이 아니라, 그것이 본래의 자본가치의 구성부분이며, 그리하여 계속 자본으로서 기능해야 하고, 단순한 유통수단으로서 지출되어서는 안 되기 때문이다. 그것을 자본으로 기능하게끔 하는 가장 손쉬운 형태[*1]는 그것을 화폐자본으로서 화폐시장에 투입하는 것이다. 다른 한편에서는, 생산 규모가 (고정자본을 도외시하면) 두 배로 될 수도 있을 것이다. 그 경우에는 900파운드 스털링이라는 동일한 선대자본으로 두 배 규모의 생산과정

---

*1 [역주] "가장 손쉬운 형태(die nächste Form)"가 영어판에는, "최선의 방법 (the best method)".

이 운영될 것이다.

다른 한편에서, 생산자본의 유동적 요소들의 가격이 절반만큼 상승했다면, 사업을 동일한 규모로 경영하기 위해서, 매주 100파운드 스털링이 아니라 150파운드 스털링이 필요할 것이고, 따라서 900파운드 스털링이 아니라 1,350파운드 스털링이, 즉 450파운드 스털링의 추가자본이 필요할 것이며, 이것은, 화폐시장의 상황에 따라서는, 그만큼(pro tanto) 크고 작은 압박을 화폐시장에 가할 것이다. 화폐시장에 있는, 이용 가능한 자본 모두가 이미 요구되어 있다면, 이용 가능한 자본을 위한 경쟁이 격화될 것이다. 그 자본의 일부가 유휴하고 있다면, 그것은 그만큼(pro tanto) 활용될 것이다.

그러나 세 번째로는 또한, 생산 규모가 주어져 있고, 회전속도도 여전하며, 유동적 생산자본 요소들의 가격도 여전한 경우에도 사업 X의 생산물들의 가격이 하락하거나 상승할 수 있다. 사업 X에서 공급되는 상품들의 가격이 하락하면, 그 사업이 끊임없이 유통에 투입한 600파운드 스털링의 상품자본의 가격이, 예컨대, 500파운드 스털링으로 내려간다. 따라서 선대자본의 가치의 6분의 1이 유통과정으로부터 환류하지 않는다(상품자본에 포함되어 있는 잉여가치는 여기에서도 여전히 고려하지 않는다). 그것은 유통과정에서 소실된다. 그러나 생산요소들의 가치 또는 가격은 여전하기 때문에 이 환류 500파운드 스털링은, 끊임없이 생산과정에 종사하고 있는 600파운드 스털링의 단지 $5/6$를 보전하기에 족할 뿐이다. 따라서 생산을 동일한 규모로 계속하기 위해서는 추가 자본 100파운드 스털링이 지출되지 않으면 안 될 것이다.

거꾸로, 사업 X의 생산물들의 가격이 상승하면, 600파운드 스털링의 상품자본의 가격이, 예컨대, 700파운드 스털링으로 상승한다. 그 가격의 7분의 1 = 100파운드 스털링은, 생산과정에서 나오는 것이 아니고, 즉 생산과정에 선대되어 있지 않았고, 유통과정으로부터 흘러나온다. 그러나 생산 요소들을 보전(補塡)하는 데에는 오로지 600파운드 스털링만이 필요하고; 따라서 100파운드 스털링이 유리된다.

왜 첫 번째 경우에는 회전기간이 단축되거나 연장되고, 두 번째 경우에는 원료와 임금의 가격이, 세 번째 경우에는 공급되는 생산물들의 가격이 오르거나 내리는가 하는 원인의 연구는 지금까지의 연구의 범위에 속하지 않는다.

그러나 다음의 것은 실로 여기에서의 연구 범위에 속한다:

I. 생산규모 불변, 생산요소들 및 생산물들의 가격 불변이며, 유통기간 그리고 따라서 회전기간이 변동하는 경우.

우리의 예의 전제에 의하면, 유통기간이 단축됨으로써 $1/9$ 적은 선대총자본이 필요하고, 그리하여 선대총자본은 900파운드 스털링에서 800파운드 스털링으로 축소되어 100파운드 스털링의 화폐자본이 분리된다.

사업 X는, 여전히 600파운드 스털링의 동일한 가치를 가진, 동일한 6주간의 생산물을 공급하고, 1년 내내 중단없이 작업하기 때문에 그것은 51주간 동안에는 5,100파운드 스털링의 가치를 가진 동일한 량의 생산물을 공급한다. 따라서 이 사업이 유통에 투입하는 생산물들의 량 및 가격과 관련해서는 그 어떤 변화도 없으며, 그 사업이 생산물을 시장에 투입하는 기간과 관련해서도 변화가 없다. 그러나 유통기간이 단축됨으로써 종전의 900파운드 스털링 대신에 단지 800파운드 스털링의 선대자본으로 과정이 채워지기 때문에, 100파운드 스털링이 분리된다. 분리되는 자본 100파운드 스털링은 화폐자본의 형태로 존재한다. 그러나 그것은 결코 끊임없이 화폐형태로 기능하지 않으면 안 되는, 선대자본 부분을 대표하는 것이 아니다. 선대 유동자본 I = 600파운드 스털링 가운데 $4/5$ = 480파운드 스털링은 언제나 생산재료에 투하되고, $1/5$ = 120파운드 스털링은 임금에 투하된다고 가정하자. 따라서 매주 80파운드 스털링은 생산재료에, 20파운드 스털링은 임금에 투하된다. 따라서 자본 II = 300파운드 스털링도 마찬가지로 생산재료를 위한 $4/5$ = 240파운드 스털링과 임금을 위한 $1/5$ = 60파운드 스털링으로 분할되지 않으면 안 된다. 임금에 투하되는 자본은 언제나 화폐형태로 선대되지 않으면 안 된다. 600파운드 스털링의 가치액의 상품생산물이 화폐형태로 재전화하자마자, 즉 판매되자마자, 그 가운데 480파운드 스털링은 생산재료로 (생산용 재고로) 전화될 수 있지만, 120파운드 스털링은 6주간 동안의 임금 지불에 복무하기 위해서 그 화폐형태를 유지한다. 이 120파운드 스털링은, 환류하는 자본 600파운드 스털링 중에서 언제나 화폐자본의 형태로 갱신되고 보전되지 않으면 안 되는, 따라서 선대자본 중에서 언제나 화폐형태로 기능하는 부분으로서 현존하지 않으면 안 되는 최소한이다.

그런데 주기적으로 3주간 유리되고, 또한 240파운드 스털링의 생산용 재고와 60파운드 스털링의 임금으로 분할될 수 있는 300파운드 스털링으로부터, 회류시간의 단축에 의해서 100파운드 스털링이 화폐자본의 형태로 분리되어 회전 기구로부터 전부 투출(投出)된다면 — 이 화폐자본 100파운드 스털링을 위한 화폐는 어디에서 오는가? 그것은 오직 5분의 1만이 회전의 내부에서 주기적으로 유리되는 화폐자본으로 이루어져 있다. 그러나 $4/5$ = 80파운드 스털링은 동일한 가치의 생산용 추가 재고에 의해서 이미 보전되어 있다. 어떠한 방식으로 이 생산용 추가 재고는 화폐로 전화되며, 이 전환을 위한 화폐는 어디에서 오는가?

회류시간이 일단 단축되면, 위의 600파운드 스털링 중에서, 480파운드 스털링이 아니라, 단지 400파운드 스털링만이 생산용 재고로 재전화된다. 나머지 80파운드 스털링은 그 화폐형태로 유지되어, 임금을 위한 위의 20파운드 스털링과 함께 분리되는 자본 100파운드 스털링을 형성한다. 이 100파운드 스털링은 600파운드 스털링의 상품자본의 매매(Kauf)에 의해서 유통으로부터 생기고, 그것이 임금 및 생산요소들에 재투하되지 않음으로써 이제 유통으로부터 인출되지만, 화폐형태에서의 그것은, 그것이 본래 유통에 투입되었던 것과 동일한 형태에 있는 것임을 잊어서는 안 된다. 처음에는 900파운드 스털링의 화폐가 생산용 재고와 임금에 투하되었다. 동일한 생산과정을 수행하기 위해 이제는 단지 800파운드 스털링만이 필요하다. 이에 의해서 화폐자본의 형태로 분리된 100파운드 스털링은 이제 투자처를 찾는 새로운 화폐자본, 즉 화폐시장의 새로운 구성부분을 구성한다. 사실은 그것은 이미 이전에 주기적으로 유리된 화폐자본의 형태 및 추가적 생산자본의 형태에 있었는데, 그러나 이 잠재적 상태들 그 자체가, 생산과정의 연속성을 위한 것이었기 때문에, 생산과정 수행의 조건이었다. 이제는 그것은 더 이상 생산과정의 수행을 위해서 필요하지 않고, 그 때문에 그것은, 비록 그것이 전혀 현존하는 사회적 화폐 재고의 추가적 요소를 형성하지도 않고 (왜냐하면, 그것은 사업을 시작할 때에 존재하고 있었고, 그 사업에 의해 유통에 투입되었기 때문이다), 새로 축적된 축장화폐를 형성하는 것도 아니지만, 화폐시장의 새로운 화폐자본 및 구성요소를 이룬다.

이 100파운드 스털링은, 그것이 선대된 화폐자본 중에서 더 이상 동일한 사업에서 사용되지 않는 부분인 한에서는, 이제 사실상 유통으로부터 인출되어 있다. 그러나 이러한 인출이 가능한 것은 오로지, 상품자본의 화폐로의, 그리고 이 화폐의 생산자본으로의 전화, 즉 W' - G - W가 1주일만큼 빨라지고, 따라서 또한 이 과정 속에서 활동하는 화폐의 회류도 빨라져 있기 때문이다. 그것이 유통에서 인출되는 것은, 더 이상은 그것이 자본 X의 회전을 위해 필요하지 않기 때문이다.

여기에서는, 선대자본은 그 충용자의 소유라고 가정되어 있다. 그것이 차입된 것이더라도, 변하는 건 아무것도 없을 것이다. 회류시간이 단축됨으로써 그는 900파운드 스털링 대신에 단지 800파운드 스털링의 차입자본만을 필요로 할 것이다. 100파운드 스털링은, 대주(貸主)에게 반환되면, 예전과 마찬가지로 100파운드 스털링의 새로운 화폐자본을 형성하는데, 다만 X의 수중에서가 아니라 Y의 수중에서다. 나아가, 만일 자본가 X가 480파운드 스털링의 가치에 해당하는 그의 생산재료들을 신용[*1]으로 획득하고, 그리하여 그는 임금을 위한 120파운드 스털링만을 스스로 화폐로서 선대해야 한다면, 그는 이제는 80파운드 스털링만큼 적은 생산재료들을 신용으로 마련하면 되고, 따라서 이 80파운드 스털링의 생산재료들은 신용을 주는 자본가에게 과잉 상품자본이 될 것이며, 다른 한편에서 자본가 X는 20파운드 스털링을 화폐로 분리했을 것이다.

추가적인 생산용 재고는 이제 $1/3$만큼 감소되어 있다. 그것은 300파운드 스털링의 추가자본 II의 $4/5$ = 240파운드 스털링이었

---

*1 [역주] 참고로, 이 문단 속의 "신용"은 '외상'을 의미한다.

는데, 이제는 단지 160파운드 스털링; 즉, 3주간이 아니라 2주간에 대한 추가적 재고일 뿐이다. 그것은 이제 3주간마다 갱신되지 않고 2주간마다 갱신되며, 그러나 또한 3주간 용·(用)이 아니라 단지 2주간 용만이 갱신된다. 예컨대, 면화시장에서의 구입은 그만큼 더 빈번히 그리고 더 적은 량으로 반복된다. 시장에서 인출되는 면화의 량은 동일한데, 왜냐하면 생산량이 여전하기 때문이다. 그러나 인출은 시기적으로 다르게, 그리고 더 긴 기간에 걸쳐 배분된다. 예컨대, 3개월과 2개월이 문제라고 가정하고, 면화의 년간 소비는 1,200곤(梱)이라고 하자. 첫 번째 경우에는 이렇게 판매된다:

1월 1일	300곤이 판매되고	900곤이 창고에 남는다
4월 1일	300 〃 〃	600 〃 〃
7월 1일	300 〃 〃	300 〃 〃
10월 1일	300 〃 〃	0 〃 〃

이에 반해서 두 번째 경우에는:

1월 1일	200곤이 판매되고	1,000곤이 창고에 남는다
3월 1일	200 〃 〃	800 〃 〃
5월 1일	200 〃 〃	600 〃 〃
7월 1일	200 〃 〃	400 〃 〃
9월 1일	200 〃 〃	200 〃 〃
11월 1일	200 〃 〃	0 〃 〃

따라서 면화에 투하된 화폐는 1개월 늦게야, 즉, 10월이 아니라 11월에야 비로소 완전히 환류한다. 그리하여 회류시간의, 그리고 그와 함께 회전의 단축에 의해서 선대자본의 $1/9$ = 100파운드 스털링이 화폐자본의 형태로 분리된다면, 그리고 이 100파운

드 스털링이, 주기적으로 과잉이 되는 주임금(週賃金) 지불을 위한 화폐자본 20파운드 스털링과, 주기적으로 과잉이 되는 1주간을 위한 생산용 재고로서 존재하는 80파운드 스털링으로 구성되어 있는 것이라면 — 이 80파운드 스털링과 관련해서는, 공장주 측의 줄어든 과잉 생산용 재고에 대응하여 면화상인 측의 상품 재고가 증대된다. 면화가 공장주의 창고에 생산용 재고로 놓여 있는 기간이 짧아지자, 같은 면화가 그만큼 더 오래 면화상인의 창고에 상품으로 놓여 있는 것이다.

지금까지 우리는, 사업 X에서의 회류시간의 단축은, X가 자신의 상품을 보다 빨리 판매하든가 보다 빨리 지불받음으로써, 또는 신용[*1]의 경우 지불기한이 단축됨으로써 생긴다고 가정했다. 따라서 이 단축은 상품 판매의 단축, 즉 유통과정의 제1 단계인 상품자본의 화폐자본으로의 전화, $W' - G$의 단축으로부터 도출되어 있다. 이 단축은 또한 제2 단계 $G - W$로부터도, 그리고 따라서 자본가 X에게 그의 유동자본의 생산요소들을 공급하는 자본 Y, Z 등의 노동기간이나 회류시간의 동시적 변화로부터도 생길 수 있을 것이다.

예를 들어, 면화, 석탄 등이 그 생산지 또는 집산지로부터 자본가 X의 생산 장소의 소재지까지 운반되는 데에 종래의 운송[*2]으로 3주간이 소요된다면, 새로운 재고들이 도착할 때까지 X의 생산용 재고의 최소한은 적어도 3주간 용(用)에 달하지 않으면 안 된다. 면화와 석탄이 운반되고 있는 동안은, 그것들은 생산수단으로서 이용될 수 없다. 그것들은 그때에는 오히려 운송업과 거

---

*1 [역주] '외상 판매'.

*2 [역주] 영어판에는 "운송 방법(methods of transport)".

기에 충용되어 있는 자본의 노동대상이며, 석탄 생산자나 면화 판매자에게는 유통 중에 있는 상품자본이다. 개량된 운송의 경우 운반이 2주간으로 단축된다고 하자. 그렇게 되면, 생산용 재고는 3주간 용에서 2주간 용으로 바뀔 수 있다. 그와 더불어 이를 위해 선대된 80파운드 스털링의 추가자본이 유리되고, 마찬가지로 임금을 위한 20파운드 스털링의 자본도 역시 유리되는데, 왜냐하면 회전된 600파운드 스털링의 자본이 1주간 더 일찍 환류하기 때문이다.

다른 한편에서, 예컨대, 원료를 공급하는 자본의 노동기간이 단축된다면(이에 대한 예들은 앞의 장들에 주어져 있다), 따라서 또한 보다 더 짧은 시간에 원료의 공급을 갱신할 가능성이 생긴다면,[*1] 생산용 재고가 감소될 수 있고, 한 갱신기(更新期)로부터 다른 갱신기까지의 기간이 단축될 수 있다.

거꾸로, 회류시간이, 그리고 따라서 회전기간이 연장된다면, 추가 자본의 선대가 필요하다. 자본가가 추가 자본을 소유하고 있다면, 그 자신의 호주머니에서 나온다. 그 경우 그러나 이 추가 자본은 무언가의 형태로 화폐시장의 일부로서 투하되어 있을 것이며; 그것을 이용할 수 있도록 만들기 위해서는, 예컨대, 주식이 판매되든가, 예금이 인출되어, 그것이 종래의 형태로부터 탈각(脫却)되지 않으면 안 되고, 그리하여 이 경우에도 역시 화폐시장에 대한 간접적인 영향이 발생한다. 혹은 자본가는 그 추가 자본을 차입하지 않으면 안 된다. 추가 자본 가운데 임금을 위해 필

---

*1 [역주] "보다 더 짧은 시간에 원료의 공급을 갱신할 가능성이 생긴다면"은, 영어판의 "if ... the possibility arises of renewing the supply of raw materials in less time"에 따랐음. 독일어판에는, "wenn ... die Möglichkeit, den Rohstoff zu erneuren(원료를 갱신할 가능성이 ...라면)"으로 되어 있음.

요한 부분에 관해 말하자면, 정상적인 사정 하에서는 그는 언제나 그것을 화폐자본으로서 선대해야만 하고, 이를 위해 자본가 X는 화폐시장에 그 부분만큼의 직접적인 압박을 가한다. 생산재료에 투하되는 부분에 대해서는, 단지 그가 생산재료를 현금으로 지불하지 않으면 안 되는 경우에만, 이것이 불가피하다. 그가 그것들을 신용으로 입수할 수 있다면, 그 경우에는 추가 자본이 직접적으로 생산용 재고로서 선대되는 것이고, 우선 먼저 화폐자본으로서 선대되는 것이 아니기 때문에, 화폐시장에 그 어떤 직접적 영향도 미치지 않는다. 그의 신용공여자가 혹시 X로부터 받은 어음을 다시 곧장 화폐시장에 투입하여 그것을 할인하게끔 하는 등을 한다면, 이는 간접적으로, 즉 두 번째 사람의 손을 통해서 화폐시장에 영향을 미칠 것이다. 그러나 만일 그가 이 어음을, 예컨대, 나중에 갚아야 할 채무를 지급하기 위해서 이용한다면, 이 추가적 선대자본은 화폐시장에 직접적으로도 간접적으로도 영향을 미치지 않는다.

II. 생산재료들의 가격은 변동하고, 다른 모든 사정들은 불변인 경우.

지금까지 우리는, 900파운드 스털링의 총자본이 $^4/_5$ = 720파운드 스털링은 생산재료들에, 그리고 $^1/_5$ = 180파운드 스털링은 임금에 투하된다고 가정했다.

생산재료들이 절반만큼 하락하면, 6주간의 노동기간을 위해서 그것들은 480파운드 스털링 대신에 단지 240파운드 스털링만을 필요로 하고, 추가자본 II를 위해서는 240파운드 스털링 대신에 단지 120파운드 스털링만을 필요로 한다. 따라서 자본 I은 600파운드 스털링에서 240 + 120 = 360파운드 스털링으로 감소되고, 자본 II는 300파운드 스털링에서 120 + 60 = 180파운드 스털링으로 감소된다. 총자본은 900파운드 스털링에서 360 + 180 = 540파운드 스털링으로 감소된다. 따라서 360파운드 스털링이 분리된다.

분리되어 충용되지 않고, 그리하여 화폐시장에서 투자처를 찾는 이 자본, 이 화폐자본은, 본래 화폐자본으로서 선대되었던 900파운드 스털링의 자본의 한 부분인데, 이 부분이 주기적으로 전화되던 생산요소들의 가격이 하락했음에도 사업을 확장하지 않고 종래의 규모로 계속함으로써 과잉으로 된 부분 이외의 아무것도 아니다. 만일 이 가격하락이 (특별한 풍작, 공급과잉 등) 우연적인 사정들 때문이 아니라, 원료를 공급하는 부문에서의 생산력의 증대 때문이라면, 이 화폐자본은 화폐시장에 대한, 즉 무릇 화폐자본의 형태로 이용 가능한 자본에 대한 절대적인 추가분일 터인데, 왜냐하면 그것은 더 이상 이미 충용되어 있는 자본의 불가결한 구성부분을 이루지 않을 것이기 때문이다.

III. 생산물 그 자체의 시장가격이 변동하는 경우.

이때, 가격이 하락하는 경우에는 자본의 일부가 상실되며, 그 때문에 화폐자본의 새로운 선대에 의해서 보충되지 않으면 안 된다. 판매자의 이 손실은 구매자의 이득으로 될 수 있을 것이다. 직접적으로는, 생산물의 시장가격이 단지 우연적인 시황(市況)에 의해서 하락했고, 그 후에 다시 정상적인 가격으로 상승하면, 그렇다. 간접적으로는, 그 가격변동이 가치변동에 의해서 야기되어, 종전의 생산물에 반작용하면, 그리고 이 생산물이 다시 다른 생산영역에 생산요소로서 들어가, 거기에서 그만큼(pro tanto) 자본이 유리되면, 그렇다. 두 경우 모두, X에게는 상실된 자본이고, 그것을 보충하기 위해서 그가 시장을 압박하는 이 자본은 그의 사업 동료들로부터 새로운 추가적 자본으로서 공급될 수 있다. 그 경우에는 단지 이전(移轉)이 발생할 뿐이다.

거꾸로, 생산물의 가격이 상승하면, 선대되지 않았던 한 자본부분이 유통으로부터 취득된다. 그것은 결코 생산과정에 선대된 자본의 유기적 부분이 아니며, 따라서, 생산이 확장되지 않으면, 분리된 화폐자본을 형성한다. 여기에서는 생산물의 요소들의 가격들은, 그 생산물이 시장에 상품자본으로서 나타나기 전에 주어져 있다고 가정하기 때문에, 어떤 현실적인 가치변동이 소급적으로 작용하여, 예컨대, 원료들이 사후에 상승한 한에서는, 이 현실적 가치변동이 가격등귀를 초래했을 수도 있을 것이다. 이 경우에는 자본가 X는 상품자본으로서 유통하고 있는 자신의 생산물에서도, 그리고 자신의 현존 생산용 재고에서도 이득을 볼 것이다. 이 이득은, 생산요소들의 새로운·등귀된 가격들 때문에 사업을 계속 경영하기 위해서 바야흐로 필요해진 추가자본을 그에게 공급할 것이다.

혹은 또 가격등귀는 단지 일시적일 뿐이다. 그 경우 자본가 X의 측에서 추가적 자본으로서 필요해지는 것은, 그의 생산물이 다른 사업부문들을 위한 생산요소를 형성하는 한에서는, 다른 측에서는 유리된 자본으로서 탈락한다. 한쪽이 잃은 것을 다른 쪽이 획득한 것이다.

제16장
가변자본의 회전

제1절 잉여가치의 년률

 2,500파운드 스털링의 유동자본을, 그리고 그 $^4/_5$ = 2,000파운드 스털링은 불변자본(생산재료들), $^1/_5$ = 500파운드 스털링은 임금에 투하되는 가변자본이라고 가정하자.

 회전기간 = 5주간, 노동기간 = 4주간, 유통기간 = 1주간이라고 하자. 그 경우, 자본 I = 2,000파운드 스털링으로, 1,600파운드 스털링의 불변자본과 400파운드 스털링의 가변자본으로 구성되고, 자본 II = 500파운드 스털링이며, 그 가운데 400파운드 스털링은 불변자본 그리고 100파운드 스털링은 가변자본이다. 각 노동주(勞動週)마다 500파운드 스털링의 자본이 투하된다. 50주간의 1년 동안에는 50 × 500 = 25,000파운드 스털링의 년생산물이 생산된다. 따라서 1노동기간에 끊임없이 충용되는 2,000파운드 스털링의 자본 I은 $12^1/_2$번 회전한다. $12^1/_2$ × 2,000 = 25,000파운드 스털링. 이 25,000파운드 스털링 가운데 $^4/_5$ = 20,000파운드 스털링은 생산수단들에 투하된 불변자본이고, $^1/_5$ = 5,000파운드 스털링은 임금에 투하된 가변자본이다. 그에 반해서 2,500파운드 스털링의 총자본은 $^{25,000}/_{2,500}$ = 10번 회전한다.

 생산 중에 지출된 가변적 유동자본은, 그 가치가 재생산되어 있는 생산물이, 새롭게 다시 노동력의 지불에 투하되기 위해서, 판매되어 있는, 즉 상품자본으로부터 화폐자본으로 전화되어 있는 한에서만, 유통과정(Zirkulationsprozeß)[*1]에서 새롭게 다시 이용될 수 있다. 그러나 이는, 생산에 투하된 불변적 유동자본(생산재료들)— 그 가치는 생산물 가치의 일부분으로서 재현된다—에 관해서도 마찬가지다. 이들 두 부분— 유동자본의 가변부분과 불변부분 —에 공통적인 것, 그리고 그것들을 고정자본으로부터 구별하는 것은 생산물에 이전된 그것들의 가치가 상품자본에 의해서 유통된다는 것, 즉 상품으로서의 생산물의 유통에 의해서 유통한다는 것이 아니다. 생산물 가치의 일부분, 그리고 따라서 상품으로서 유통하는 생산물의, 즉 상품자본의 가치의 일부분은 언제나 고정자본의 마모분으로, 즉 생산 중에 고정자본이 생산물에 이전한 가치 부분으로 구성되어 있다. 그러나[*2] 구별은 다음과 같다: 고정자본은, 유동자본(= 유동적 불변자본 + 유동적 가변자본)의 순환기간들이 길거나 짧게 순환하는 동안, 그 종래의 사용자태 그대로 계속 생산과정에서 기능하고; 반면에 각 개별적 회전은, 생산영역으로부터 — 상품자본의 자태로 — 유통영역에 들어간 모든 유동자본의 보전(補塡)을 조건으로 하고 있다. 유통의 제1 단계 W′ − G′는 유동적 불변자본과 유동적 가변자본에 공통적이다. 제2 단계에서는 그것들이 분리된다. 상품이 재전화되어 있는 화폐는 그 일부가 생산용 재고(유동적 불변자본)로 전환된다. 생산용 재고의 구성부분들의 구매 일정들이 상이함에 따라 어떤 부분은 보다 일찍, 다른 부분은 보다 늦게 화폐로부터 생

---

*1 [역주] 이 "유통과정"은 혹시 '생산과정(Produktionsprozeß)'의 착오가 아닐까 싶다.

*2 [역주] 이 "그러나(aber)"가 영어판에는, "실로(really)".

산재료들로 전환될지 모르지만, 그러나 결국은 전부 전환된다. 상품이 판매되어 풀려난 화폐의 다른 부분은 계속 화폐 재고인 채로 남겨져, 생산과정에 합체되는 노동력의 지불에 점차 지출된다. 이 부분은 가변적 유동자본을 형성한다. 그럼에도 불구하고, 어떤 부분이든 그 완전한 보전(補塡)은 언제나 자본의 회전으로부터, 즉 그 생산물로의, 생산물로부터 상품으로의, 상품으로부터 화폐로의 전화로부터 생긴다. 이것이 바로, 앞 장에서, 고정자본은 고려하지 않은 채, — 불변적 그리고 가변적 — 유동자본의 회전이 따로따로 그리고 공동으로 다루어져 있는 이유이다.

우리가 이제 다루지 않으면 안 되는 문제를 위해서는, 우리는 한 걸음 더 나아가, 유동자본의 가변적 부분을, 마치 오로지 그것만이 유동자본을 형성하고 있는 것처럼 다루지 않으면 안 된다. 다시 말하면, 가변적 유동자본과 함께 회전하는 불변적 유동자본을 우리는 도외시한다.

2,500파운드 스털링이 선대되어 있고, 그 년생산물의 가치 = 25,000파운드 스털링이다. 그러나 유동자본의 가변적 부분은 500파운드 스털링: 그리하여 25,000파운드 스털링 속에 포함되어 있는 가변자본은 $25,000/5$ = 5,000파운드 스털링이다. 5,000파운드 스털링을 500파운드 스털링으로 나누면, 2,500파운드 스털링의 총자본의 경우와 전적으로 마찬가지로, 우리는 회전수 10을 얻는다.

이 평균계산, 즉 그것에 따르면 년생산물의 가치가 선대자본의 가치로 나누어지고, 이 자본 중에서 끊임없이 노동과정에 충용되는 부분의 가치로 나누어지지 않는 (따라서 이 경우 400이 아니라 500으로, 자본 I이 아니라 자본 I + 자본 II로 나누어지는) 이 평균계산은, 오로지 잉여가치의 생산만이 문제인 여기에서는 절대적으로 정확하다. 나중에 보게 되는 바와 같이, 이 평균계산은, 무릇 이 평균계산이 전적으로 정확한 것은 아닌 것처럼, 다른 관점 하에서는 전적으로 정확하지는 않다. 즉, 그것은 자본가의 실무적 목적을 위해서는 충분하지만, 그것이 회전의 모든 실제의 상황을 정확히 혹은 적절하게 표현하는 것은 아니다.

지금까지 우리는 상품자본의 가치의 일부를, 즉 생산과정 중에 생산되어 생산물에 합체되어 있어서, 상품자본 속에 들어 있는 잉여가치를 전적으로 도외시해 왔다. 이 잉여가치에 이제 우리는 우리의 관심을 기울이지 않으면 안 된다.

매주 투하되는 100파운드 스털링의 가변자본이 100%의 잉여가치 = 100파운드 스털링을 생산한다고 가정하면, 5주간의 회전기간에 투하되는 500파운드 스털링의 가변자본은 500파운드 스털링의 잉여가치를 생산한다. 즉, 노동일의 절반은 잉여노동으로 이루어져 있다.

그리고(aber) 500파운드 스털링의 가변자본이 500파운드 스털링의 잉여가치를 생산한다면, 5,000파운드 스털링은 10 × 500 = 5,000파운드 스털링의 잉여가치를 생산한다. 그러나 선대 가변자본은 500파운드 스털링이다. 선대 가변자본의 가치총액에 대한, 1년 동안에 생산되는 잉여가치 총액의 비율을 우리는 잉여가치의 년률(Jahresrate des Mehrwerts)이라고 부른다. 따라서 당면의 경우 잉여가치의 년률은 $^{5,000}/_{500}$ = 1,000%이다. 이 년률을 더 자세히 분석하면, 그것은, 선대 가변자본이 1회전기간에 생산하는 잉여가치률에 가변자본의 회전수(이것은 전체 유동자본의 회전수와 일치한다)를 곱한 것과 같다는 것이 입증된다.

1회전기간에 선대된 가변자본은 당면의 경우 500파운드 스털링이고; 이 기간에 생산된 잉여가치도 마찬가지로 500파운드 스털링이다. 그리하여 1회전기간의 잉여가치률은 $^{500m}/_{500v}$ = 100%이다. 이 100%에 1년간의 회전수 10을 곱하면, $^{5,000m}/_{500v}$ = 1,000%가 된다.

이것은 잉여가치의 년률에 관한 것이다. 그러나 일정한 1회전기간 중에 획득되는 잉여가치의 량에 관해서 말하자면, 이 량은, 이 기간 중에 선대된 가변자본의 가치, 여기에서는 500파운드 스털링에 잉여가치률을 곱한 것과 같고, 따라서 여기에서는 $500 \times {}^{100}/_{100}$ = 500×1 = 500파운드 스털링이다. 만일 선대자본 = 1,500파운드 스털링이고, 잉여가치가 같다면, 잉여가치의 량 = $1,500 \times {}^{100}/_{100}$ = 1,500파운드 스털링이다.

500파운드 스털링의 가변자본, 1년에 10번 회전하며, 1년 동안에 5,000파운드 스털링의 잉여가치를 생산하는, 따라서 잉여가치의 년률 = 1,000%인 이 500파운드 스털링의 가변자본을 자본 A라고 부르자.

그런데 5,000파운드 스털링의 다른 가변자본 B는 1년 전체 동안 (즉, 여기에서는 50주간 동안) 선대되고, 따라서 1년에 단 1번 회전한다고 가정하자. 나아가 이 경우, 1년 말에는 생산물이, 그것이 완성되는 날과 동일한 날에 지불되고, 따라서 그 생산물이 전화되는 화폐자본이 그 동일한 날에 환류한다고 가정하자. 따라서 이 경우 유통기간 = 0, 회전기간 = 노동기간, 즉 = 1년이다. 앞의 경우에서처럼, 노동과정에는 매주 100파운드 스털링의 가변자본이 있고, 따라서 50주간에는 5,000파운드 스털링의 가변자본이 있다. 나아가, 잉여가치률도 똑같이 100%, 즉 노동일의 길이가 같고, 그 절반은 잉여노동으로 구성되어 있다고 하자. 5주간을 고찰하면, 투하된 가변자본 = 500파운드 스털링, 잉여가치률 = 100%, 따라서 5주간 동안에 생산된 잉여가치의 량

= 500파운드 스털링이다. 이 경우에 착취되는 노동력의 량, 그리고 그들의 착취도(搾取度)는, 여기에서의 전제에 의하면, 자본 A의 그것들과 정확히 동일하다.

1주간마다 100파운드 스털링의 투하 가변자본이 100파운드 스털링의 잉여가치를 생산하고, 그리하여 50주간 동안에는 50 × 100 = 5,000파운드 스털링의 투하 자본이 5,000파운드 스털링의 잉여가치를 생산한다. 년간 생산되는 잉여가치의 량은 앞의 경우와 같은 = 5,000파운드 스털링인데, 그러나 잉여가치의 년률은 전적으로 다르다. 그것은 1년 동안에 생산된 잉여가치를 선대 가변자본으로 나눈 것과 같아서: $5,000m / 5,000v$ = 100%인데, 반면에 앞에서 자본 A의 경우 그것은 = 1,000%였다.

자본 A의 경우에도 자본 B의 경우에도 우리는 매주 100파운드 스털링의 가변자본을 지출해 왔으며; 가치증식도(價値增殖度) 즉 잉여가치률도 마찬가지로 동일한 = 100%; 가변자본의 크기도 역시 동일한 = 100파운드 스털링이다. 동일한 량의 노동력이 착취되고, 두 경우 모두 착취의 크기와 정도가 동일하며, 노동일들이 동일하고, 필요노동과 잉여노동으로 동일하게 분할되어 있다. 1년 동안 충용된 가변자본 총액은 같은 크기, = 5,000파운드 스털링이며, 동일한 량의 노동을 가동하여, 같은 크기의 두 자본에 의해서 가동되는 노동력으로부터 동일한 량의 잉여가치, 5,000파운드 스털링을 착출한다. 그럼에도 불구하고 A와 B의 잉여가치의 년률에는 900%의 차이가 있다.

이러한 현상은 그에 따라 물론, 마치 잉여가치률은, 단지 가변자본에 의해서 가동되는 노동력의 량과 착취도에만이 아니라, 그 밖에도, 유통과정으로부터 발생하는 설명하기 어려운 영향들에도 달려 있는 것 같이 보인다. 그리고 실제로도 이 현상은 그렇게 설명되어 있고, 이렇게 그 순수한 형태에서는 아니지만, (년이윤율이라는) 보다 더 복잡하고 보다 더 은폐된 형태에서 20년대 초 이래 리카도 학파의 완전한 패주(敗走)를 불러일으켰다.

이러한 현상의 기이함은, 우리가 자본 A와 자본 B를 겉보기로만이 아니라 실제로 정확히 동일한 사정 하에 놓으면, 즉시 사라진다. 동일한 사정이 발생하는 것은 오직, 가변자본 B가 자본 A와 같은 기간 내에 노동력에 대한 지불을 위하여 전부 지출되는 경우뿐이다.

그 경우 자본 B 5,000파운드 스털링은 매주 1,000파운드 스털링씩 5주간 투하되고, 그 결과 1년간에는 50,000파운드 스털링이 투하된다. 그 경우 잉여가치는, 우리의 전제 하에서는, 마찬가지로 = 50,000파운드 스털링이다. 회전한 자본 = 50,000파운드 스털링을 선대자본 = 5,000파운드 스털링으로 나누면, 회전수 = 10이 된다. 잉여가치률 = $5,000m/5,000v$ = 100%에 회전수 = 10을 곱하면, 잉여가치의 년률 = $50,000m/5,000v$ = $10/1$ = 1,000%가 된다. 그리하여 이제 잉여가치의 년률은 A와 B에게 동일한데, 즉 1,000%인데, 그러나 잉여가치의 량은, B에게는 50,000파운드 스털링, A에게는 5,000파운드 스털링이고; 생산된 잉여가치의 량의 비율은 이제, 선대된 자본가치 B와 A처럼, 즉 5,000 : 500처럼, = 10 : 1이다. 그것을 위해서 그러나 자본 B는 또한 자본 A보다 같은 시간에 10배나 많은 노동력을 가동시켰다.

잉여가치를 생산하는 것은 단지 노동과정에 실제로 충용되는 자본뿐이고, 이러한 자본에 대해서만 잉여가치에 관해 주어진 모든 법칙이, 따라서 률이 주어져 있는 경우 잉여가치의 량은 가변자본의 상대적 크기에 의해서 규정된다는 법칙[*1]도, 유효하다.

[*1] [*MEW* 편집자 주] *MEW* Bd. 23, S. 321-330[채만수 역, 제1권, 제2분책,

노동시간 그 자체는 시간에 의해서 측정된다. (잉여가치의 년률에서의 차이를 명확히 밝히기 위해서 자본 A와 자본 B 사이의 모든 사정들을 동일시하는 여기에서처럼) 노동일의 길이가 주어져 있으면, 노동주는 일정한 수의 노동일로 구성된다. 혹은 어떤 노동기간, 예컨대, 여기에서는 5주간의 노동기간을, 예컨대, 노동일 = 10시간이고 1주간 = 6노동일이라면, 300시간의 하나의 단일한 노동일로 간주할 수 있다. 그러나 더 나아가서는 우리는 이 수에, 매일 동시에 같은 노동과정에 함께 충용되는 노동자들의 수를 곱하지 않으면 안 된다. 이 수가, 예컨대, 10이라면, 주(週) 합계 = 60 × 10 = 600시간이고, 5주간의 1노동기간 = 600 × 5 = 3,000시간이다. 그리하여, 동일한 크기·량의 노동력(동일한 가격에 동일한 수를 곱한 노동력)이 동일한 기간에 가동되면, 동일한 크기의 잉여가치률과 동일한 길이의 노동일인 경우 동일한 크기의 가변자본이 충용된다.

이제 우리의 원래의 예들로 돌아가자. A와 B 두 경우 모두에서 동일한 크기의 가변자본, 즉 주당 100파운드 스털링이 1년 동안 매주 충용된다. 그리하여, 충용되어 노동과정에서 실제로 기능하는 가변자본은 같지만, 선대 가변자본은 전적으로 다르다. A의 경우에는(sub A) 5주간마다 500파운드 스털링이 선대되어, 그 가운데에서 매주 100파운드 스털링이 충용된다. B의 경우에는(sub B) 5주간의 첫 번째 기간을 위해 5,000파운드 스털링이 선대되어야 하는데, 그러나 그 가운데에서 주당 단지 100파운드 스털링만이 5주간 동안, 그리하여 단지 500파운드 스털링 = 선대자본의 $1/10$만이 충용된다. 5주간의 두 번째 기간에는 4,500파운드 스털링이 선대되지만, 단지 500파운드 스털링만이 충용된

---

pp. 503-517]을 보라.

다, 등등. 어떤 일정 기간에 선대된 가변자본은, 오직 그것이 각 기간 중 노동과정에 의해 채워지는 시기들에 실제로 들어가는 정도로만, 즉 노동과정에서 실제로 기능하는 정도로만, 충용된, 따라서 기능하고 작용하는 가변자본으로 전화된다. 그 가변자본 가운데 어떤 부분이 나중에 어떤 시기에야 비로소 충용되기 위해서 선대되어 있는 중간기간에는, 이 부분은 노동과정에 대해서는 현존하지 않는 것과 마찬가지이고, 그리하여 가치 형성에도 잉여가치 형성에도 어떤 영향도 결코 미치지 않는다. 예컨대, 500파운드 스털링의 자본 A. 그것은 5주간 동안 선대되어 있지만, 매주 그 가운데 단지 100파운드 스털링만이 순차적으로 노동과정에 들어간다. 첫 번째 주간에는 그 가운데 $1/5$이 충용되고; $4/5$는, 비록 그것이 다음에 이어지는 4주간의 노동과정을 위해서 준비되어 있지 않으면 안 되고, 그리하여 선대되어 있지 않으면 안 되지만, 충용되지 않은 채 선대되어 있다.

선대 가변자본과 충용 가변자본 사이의 비율을 변이(變異)시키는 사정들은, ─ 잉여가치률이 주어져 있는 경우 ─ 단지 그것들이, 예컨대, 1주간 동안에, 5주간 동안에 등등, 어떤 일정한 기간에 현실적으로 충용될 수 있는 가변자본의 량을 변이시키는 한에서만, 그리고 그것을 통해서만, 잉여가치의 생산에 영향을 끼친다. 선대 가변자본은, 그것이 실제로 충용되는 시간 중에만, 그리고 그러한 한에서만 가변자본으로서 기능하며; 충용되지 않은 채 예비적으로 선대되어 있는 동안은 가변자본으로서 기능하지 않는다. 그러나 선대 가변자본과 충용 가변자본 사이의 비율을 변이시키는 모든 사정은 (노동기간의 차이나, 유통기간의 차이나, 그 양자 모두의 차이에 의해서 규정되는) 회전기간의 차이로 요약된다. 잉여가치 생산의 법칙은, 잉여가치률이 같은 경우 같은 량의 기능 가변자본은 같은 량의 잉여가치를 생산한다는 것이다. 따라서 자본 A와 자본 B에 의해서 같은 기간 동안 같은 잉여가치률에 같은 량의 가변자본이 충용된다면, 일정한 기간 동안 선대된 가변자본에 대한, 동일한 기간 동안 충용된 가변자본의 비율이 어떻게 상이하든, 그리하여 충용된 가변자본에 대해서가 아니라 무릇 선대된 가변자본에 대한, 생산된 잉여가치량의 비율이 어떻게 상이하든, 그 충용된 가변자본들은 동일한 기간 동안에 틀림없이(müssen) 같은 량의 잉여가치를 생산한다. 이 비율이 다른 것[*1]은, 잉여가치의 생산에 관하여 전개된 법칙들과 모순되는 것이 아니라, 오히려 그것들이 진실임을 입증하는 것이며, 그들 법칙의 불가피한 한 귀결이다.

자본 B의 첫 번째 5주간의 생산기간을 고찰해 보자. 제5 주의 말에는 500파운드 스털링이 충용되어 소비되어 있다. 가치생산물 = 1,000파운드 스털링이고, 따라서 [잉여가치률 =: 역자] $500m/500v$ = 100%이다. 자본 A의 경우와 전적으로 마찬가지이다. 자본 A의 경우에는 잉여가치가 선대자본과 함께 실현되어 있으나 자본 B의 경우에는 그렇지 않다는 것은, 아직 잉여가치의 생산과, 생산 중에 선대된 가변자본에 대한 그 잉여가치의 비율만이 문제인 여기에서는 아직 우리와 아무런 관계도 없다. 이에 반해서, 선대자본 5,000파운드 스털링 가운데 B에서 잉여가치를 생산하는 중에 충용되고, 그리하여 소비된 부분에 대해서가 아니라, 그 선대 총자본 그 자체에 대한 B에서의 잉여가치의 비율을

---

*1 [역주] "이 비율이 다른 것(die Verschiedenheit dieses Verhältnisses)"이란, 자본 A와 자본 B에 의해서 선대된 가변자본의 량이 서로 다름에 따라, 자본 A와 자본 B에 의해서 동일한 기간 동안, 같은 잉여가치률에 충용된 동일한 량의 가변자본이 생산한 잉여가치량의, 자본 A에 의해 선대된 가변자본 및 자본 B에 의해 선대된 가변자본에 대한 비율이 다른 것을 가리킨다.

계산하면, $500m/5{,}000v = 1/10 = 10\%$가 된다. 따라서 B에게는 10%, A에게는 100%, 즉 10배가 된다. 이 경우에 만일, 같은 량의 노동, 그것도 같은 부분씩 지불노동과 부불노동으로 분할되는, 같은 량의 노동을 가동한 같은 크기의 자본들에게 있어서의 잉여가치률의 이러한 차이는 잉여가치의 생산에 관한 법칙들과 모순된다고 말하는 자가 있다면 — 답변은 간단히 그리고 다음과 같은 사실관계들을 주시함으로써 주어질 것이다: A의 경우에는, 실제의[*1] 잉여가치률, 즉 5주간 동안에 500파운드 스털링의 가변자본에 의해서 생산된 잉여가치의, 이 500파운드 스털링의 가변자본에 대한 비율을 표현하고 있다. 그에 반해서 B의 경우에는, 잉여가치의 생산과도, 그에 상응하는 잉여가치률의 규정과도 아무런 관계가 없는 방식으로 계산되고 있다. 즉, 500파운드 스털링의 가변자본으로 생산된 잉여가치 500파운드 스털링이, 그것을 생산하는 동안에 선대되는 가변자본 500파운드 스털링에 대해서 계산되지 않고, 5,000파운드 스털링의 자본에 대해서 계산되고 있는데, 그 가운데 $9/10$, 즉 4,500파운드 스털링은 500파운드 스털링의 이 잉여가치의 생산과는 전혀 아무런 관계가 없고, 오히려 이어지는 다음 45주간이 경과하면서 비로소 점차로 기능하여야 할 것이며, 따라서 여기에서 오로지 문제가 되고 있는 최초 5주간에 대해서는 전혀 존재하지 않는다. 따라서 이 경우에는 A와 B의 잉여가치률의 차이는 전혀 문제가 되지 않는다.

이제 자본 B와 자본 A의 잉여가치의 년률을 비교해 보자. 자본 B의 경우에는 $5{,}000m/5{,}000v = 100\%$이고; 자본 A의 경우에는 $5{,}000m/500v = 1{,}000\%$이다. 그러나 잉여가치률들의 비율은 이전과

[*1] [역주] 이 "실제의(wirklich)"는 "진정한"으로 번역할 수도 있다.

동일하다. 그때에는 $\frac{\text{자본 B의 잉여가치률}}{\text{자본 A의 잉여가치률}} = \frac{10\%}{100\%}$이었고,

지금은 $\frac{\text{자본 B의 잉여가치의 년률}}{\text{자본 A의 잉여가치의 년률}} = \frac{100\%}{1,000\%}$인데,

그러나 $^{10\%}/_{100\%} = {}^{100\%}/_{1,000\%}$이며, 따라서 위와 동일한 비율이다.

하지만 이제는 문제가 달라졌다. 자본 B의 년률: $^{5,000m}/_{5,000v} = 100\%$는, 우리가 알고 있는, 잉여가치의 생산 및 그에 상응하는 잉여가치률에 관한 법칙들로부터의 어떠한 괴리(Abweichung)도 — 괴리의 낌새조차도 — 전혀 드러내고 있지 않다. 5,000v가 1년 동안에 선대되어 생산적으로 소비되었고, 그것이 5,000m을 생산했다. 따라서 잉여가치률은 상술한 분수 $^{5,000m}/_{5,000v} = 100\%$이다. 그 잉여가치의 년률은 실제의 잉여가치률과 일치한다. 따라서 설명해야 하는 파격(Anomalie)을 드러내고 있는 것은 이번에는, 전과 같이 자본 B가 아니라, 자본 A이다.

여기[*1]에서는 잉여가치률이 $^{5,000m}/_{500v} = 1,000\%$이다. 그러나 첫 번째 경우[*2]에는 5주간의 생산물, 500m이, $^9/_{10}$는 그 생산에 충용되지 않은 5,000파운드 스털링의 선대자본에 대해서 계산되었다면, 지금은 5,000m이 500v에, 즉 5,000m의 생산에 실제로 충용된 가변자본의 단지 $^1/_{10}$에만 계산되었다. 왜냐하면, 5,000m은 50주간 동안에 생산적으로 소비된 5,000파운드 스털링의 가변자본의 생산물이지, 유일한 5주간 기간에 사용된 500파운드 스털링의 자본의 생산물이 아니기 때문이다. 첫 번째 경우에는 5주간 동안에 생산된 잉여가치가 50주간을 위해서 선대되어 있는, 따라서 5주간 동안에 사용된 자본보다 10배가 더 큰 자본에 대해

---

*1 [역주] "여기"는 '자본 A'를 가리킨다.!

*2 [역주] "첫 번째 경우"는 '자본 B의 경우'를 가리킨다.

서 계산되었다. 지금은 50주간 동안에 생산된 잉여가치가, 5주간을 위해서 선대된, 따라서 50주간 동안에 사용된 자본보다 10배나 더 작은 자본에 대해서 계산되고 있다.

500파운드 스털링의 자본 A는 결코 5주간보다 길게 선대되지 않는다. 5주간 말에는 그것은 환류해 있고, 1년이 경과하는 동안 10번의 회전에 의해서 동일한 과정을 10번 갱신할 수 있다. 이로부터 두 가지 결론이 나온다.

<u>첫째로</u>: A의 경우에 선대되는 자본은, 1주간의 생산과정에 끊임없이 충용되는 자본 부분보다 단지 5배 더 클 뿐이다. 그에 반해서, 50주간 동안에 단 1번 회전하는, 따라서 또한 50주간 동안 선대되어 있지 않으면 안 되는 자본 B는, 1주간에 끊임없이 충용될 수 있는 자본 부분보다 50배 더 크다. 그리하여 회전이, 1년 동안의 생산과정을 위해서 선대되는 자본과, 어떤 일정한 생산기간, 예컨대, 1주간에 끊임없이 충용될 수 있는 자본 사이의 비율을 변경시킨다. 그리고, 5주간의 잉여가치가, 이 5주간 동안에 충용되는 자본에 대해서가 아니라, 50주간 동안에 충용되는, 10배가 더 큰 자본에 대해서 계산되는, 우리의 첫 번째 경우는 바로 이로 말미암은 것이다.

<u>둘째로</u>: 5주간이라는 자본 A의 회전기간은 1년의 단지 $1/10$에 불과할 뿐이며, 따라서 1년은, 500파운드 스털링의 자본 A가 끊임없이 새로 충용되는 그러한 회전기간 10번을 포함한다. 이 경우 충용되는 자본은, 5주간을 위해 선대되는 자본에 1년간의 회전기간의 수를 곱한 것과 같다. 1년 동안에 충용되는 자본 = 500 × 10 = 5,000파운드 스털링이다. 1년 동안에 선대되는 자본 = $5,000/10$ = 500파운드 스털링이다. 실제로, 500파운드 스털링이 끊임없이 새로 충용되지만, 5주간마다 이 동일한 500파운드 스

털링보다 더 많이는 결코 선대되지 않는다. 다른 한편에서는, 자본 B의 경우, 5주간 동안에 실로 단지 500파운드 스털링만이 충용되고, 이 5주간을 위해서 선대된다. 그러나 이 경우엔 회전기간 = 50주간이기 때문에, 1년 동안에 선대되는 자본은, 5주간마다를 위해서가 아니라, 50주간을 위해서 선대되는 자본과 같다. 그러나 1년간에 생산되는 잉여가치의 량은, 잉여가치률이 주어져 있는 경우, 1년 동안에 충용되는 자본에 따라 정해지는 것이지, 1년 동안에 선대되는 자본에 따라 정해지는 것이 아니다. 따라서 그 량은, 1번 회전하는 이 5,000파운드 스털링의 자본 쪽이 10번 회전하는 500파운드 스털링의 자본 쪽보다 더 크지 않으며, 그것이 그만큼 큰 것은 단지, 1년에 1번 회전하는 자본 그 자체가 1년에 10번 회전하는 자본보다 10배 더 크기 때문일 뿐이다.

 1년 동안에 회전하는 가변자본— 따라서 년간 생산물 혹은 년간 지출 가운데 이 가변자본 부분과 같은 부분 —은 1년이 경과하는 중에 실제로 충용되어 생산적으로 소비되는 가변자본이다. 그리하여, 년간 회전되는 가변자본 A와 년간 회전되는 가변자본 B가 같은 크기이고, 그것들이 같은 가치증식 조건 하에서 충용된다면, 따라서 잉여가치률이 양쪽 모두에 동일하다면, 년간 생산되는 잉여가치의 량 역시 양쪽 모두 동일하지 않으면 안 되며; 따라서 — 충용되는 자본량들이 동일하기 때문에 — 1년에 대해서 계산되는 잉여가치률도, 그것이 $\frac{년간\ 생산되는\ 잉여가치량}{년간\ 회전되는\ 가변자본}$에 의해서 표시되는 한, 동일하지 않으면 안 되게 된다. 혹은 일반적으로 표현하자면, 회전되는 가변자본의 상대적 크기가 어떠하든, 1년이 경과하면서 생산되는, 그들 자본의 잉여가치의 률은 각 자본이 평균적인 기간(예컨대, 평균 1주 또는 평균 1일) 동안 작업하면서 의거(依據)해왔던 잉여가치률에 의해서 규정되어 있다.

이것은, 잉여가치의 생산에 관한, 그리고 잉여가치률의 규정에 관한 법칙들로부터 나오는 유일한 귀결이다.

이제는 비율: $\frac{\text{년간 회전되는 자본}}{\text{선대자본}}$(여기에서는 이미 말한 것처럼 가변자본만을 고찰한다)이 무엇을 표현하는가를 더 보기로 하자. 이 나눗셈은 1년간에 선대되는 자본의 회전수를 보여준다.

자본 A의 경우에는 $\frac{\text{년간 회전되는 자본 5,000파운드 스털링}}{\text{선대자본 500파운드 스털링}}$이고,

자본 B의 경우에는 $\frac{\text{년간 회전되는 자본 5,000파운드 스털링}}{\text{선대자본 5,000파운드 스털링}}$이다.

두 비율 모두에서 분자는 선대자본에 회전<u>수</u>를 곱한 것을, 즉, A의 경우에는 500 × 10, B의 경우에는 5,000 × 1을 표현하고 있다. 혹은, [선대자본에: 역자] 1년에 대해서 계산된 회전<u>시간</u>의 역수(逆數)가 곱해져 있다. A의 경우 회전시간은 $^1/_{10}$년; 회전시간의 역수는 $^{10}/_1$년. 따라서 500 × $^{10}/_1$ = 5,000이고; B의 경우에는 5,000 × $^1/_1$ = 5,000이다. 분모는 회전되는 자본에 회전수의 역수를 곱한 것을 표현하여; A의 경우에는 5,000 × $^1/_{10}$, B의 경우에는 5,000 × $^1/_1$이다.

이 경우 1년 동안에 회전하는 두 가변자본에 의해서 가동되는 각각의 노동량(지불노동과 부불노동의 총량)은 같은데, 왜냐하면 회전되는 자본 그 자체가 같고 또한 그것들의 가치증식률도 마찬가지로 같기 때문이다.

선대 가변자본에 대한 1년 동안 회전하는 가변자본의 비율이 보여주는 것은, 1) 어떤 일정한 노동기간에 충용되는 가변자본에 대한 선대되어야 할 자본의 비율이다. A의 경우처럼, 회전수 = 10이고, 1년을 50주간이라고 가정하면, 회전시간 = 5주간이다. 이 5주간 동안 가변자본은 선대되지 않으면 안 되고, 5주간 동안

선대되는 자본은 1주간 동안에 충용되는 가변자본의 5배 크기이지 않으면 안 된다. 다시 말하면, 1주간 중에는 선대자본(여기에서는 500파운드 스털링)의 단 $1/5$만이 충용될 수 있다. 그에 반해서 회전수 = $1/1$인 자본 B의 경우에는, 회전시간 = 1년 = 50주간이다. 따라서 매주 충용되는 자본에 대한 선대자본의 비율은 50 : 1이다. 만일 이 비율이 B에 있어서도 A에 있어서와 같았다면, B는 매주, 100파운드 스털링이 아니라, 1,000파운드 스털링을 투하하지 않으면 안 되었을 것이다. — 2) 결국, 1년 동안에 동일한 량의 가변자본, 따라서 또한 주어져 있는 잉여가치률에서 동일한 량의 (지불 및 부불) 노동을 가동시키고, 따라서 또한 동일한 량의 잉여가치를 생산하기 위해서, B에 의해서는 A에 의해서보다 10배나 큰 자본(5,000파운드 스털링)이 충용되어 있는 것이다. 실제의 잉여가치률은, 일정한 기간에 생산되는 잉여가치, 즉 이 기간 동안에 충용되는 가변자본이 가동하는 부불노동의 량에 대한, 그 동일한 기간에 충용되는 가변자본의 비율 이외에는 아무것도 표현하지 않는다. 그것은 가변자본 중에서, 그것이 충용되지 않는 시간 동안 선대되어 있는 부분과는 절대로 아무런 관계도 없으며, 그리하여 또한, 상이한 자본들마다 회전기간에 의해서 수정되고 달라지는 비율인, 일정한 기간 동안 선대되는 자본과 동일한 기간 동안 충용되는 자본 부분 간의 비율과도 마찬가지로 아무런 관계도 없다.

이미 전개된 바로부터는 오히려 이렇게 된다. 즉, 잉여가치의 년률은 단 하나의 경우에만, 노동의 착취도를 표현하는 실제의 잉여가치률과 일치한다. 즉, 선대자본이 1년에 오직 한번 회전하고, 그리하여 선대자본이 1년 동안에 회전되는 자본과 같으며, 따라서 1년 동안에 생산되는 잉여가치량의, 이것을 생산하기 위해서 1년 동안에 충용되는 자본에 대한 비율이, 1년 동안에 생산되는 잉여가치량의, 1년 동안에 선대되는 자본에 대한 비율과 일치하고 동일한 경우가 그것이다.

A) 잉여가치의 년률은 $\frac{1년\ 동안에\ 생산되는\ 잉여가치의\ 량}{선대\ 가변자본}$과 같다.

그러나, 1년 동안에 생산되는 잉여가치의 량은 실제의 잉여가치률에, 잉여가치의 생산에 충용되는 가변자본을 곱한 것과 같다. 년간 잉여가치량의 생산을 위해 충용되는 자본은 선대되는 자본에, 그 회전수를 곱한 것과 같고, 그 회전수를 우리는 n이라고 부르자. 그리하여 공식 A는 다음과 같이 전화된다:

B) 잉여가치의 년률은 $\frac{실제\ 잉여가치률 \times 선대\ 가변자본 \times n}{선대\ 가변자본}$과 같다.

예컨대, 자본 B의 경우에는 $\frac{100\% \times 5{,}000 \times 1}{5{,}000}$ 즉 100%이다. 오직 n = 1일 때에만, 즉 선대 가변자본이 1년에 단 1번 회전하고, 따라서 1년 동안에 충용되는 즉 회전되는 자본과 같을 때에만, 잉여가치의 년률이 실제의 잉여가치률과 같은 것이다.

잉여가치의 년률을 M′, 실제의 잉여가치률을 m′, 선대 가변자본을 v, 회전수를 n이라고 부르면, M′ = $m'vn/v$ = m′n이며, 따라서 M′ = m′n이며, 오로지 n = 1일 때에만 = m′, 따라서 M′ = m′ × 1 = m′이다.

나아가서는 이렇게 된다: 잉여가치의 년률은 언제나 = m′n이다. 다시 말하면, 1회전기간 동안에 소비된 가변자본에 의해서 그 기간 중에 생산된 잉여가치의 실제의 률에, 1년 동안의 이 가변자본의 회전수를 곱한 것, 또는 (같은 것이지만) 1년을 단위로 하여 계산된 그 회전시간의 역수를 곱한 것과 같다. (1년에 가변자본이 10번 회전한다면, 그 회전시간 = $1/10$년; 따라서 그 회전시간의 역수 = $^{10}/_1$ = 10이다.)

더 나아가서는 이렇게 된다: n = 1이면, M′ = m′, n이 1보다 크면, 다시 말해서, 선대자본이 1년에 1번보다 더 회전하거나, 회전하는 자본이 선대자본보다 크면, M′는 m′보다 크다.

마지막으로, n이 1보다 작으면, 다시 말해서, 1년 동안에 회전되는 자본이 선대자본의 단지 일부이고, 따라서 회전기간이 1년보다 더 길게 지속되면, M′는 m′보다 작다.

이 마지막 경우를 잠시 더 살펴보자.

앞의 예의 모든 전제를 그대로 유지하고, 다만 회전기간만이 55주간으로 연장되었다고 하자. 노동과정은 매주 100파운드 스털링, 따라서 그 회전기간을 위해서는 5,500파운드 스털링의 가변자본을 필요로 하며, 매주 100m을 생산한다. 따라서 m′는 전과 마찬가지로 100%이다. 이 경우, 회전기간이 1+ $^1/_{10}$년(1년을 50주간이라고 가정), = $^{11}/_{10}$년이기 때문에, 회전수 n = $^{50}/_{55}$ = $^{10}/_{11}$이다.

$$M' = \frac{100\% \times 5{,}500 \times {}^{10}/_{11}}{5{,}500} = 100 \times {}^{10}/_{11} = {}^{1{,}000}/_{11} = 90{}^{10}/_{11}\%,$$

따라서 100%보다 작다. 실제로, 잉여가치의 년률이 100%라면, 5,500v는 1년 동안에 5,500m을 생산하지 않으면 안 될 것이지만, 그를 위해서는 $^{11}/_{10}$년이 필요하다. 5,500v는 1년 동안에 단지 5,000m만을 생산하고, 따라서 잉여가치의 년률 = $^{5{,}000m}/_{5{,}500v}$ = $^{10}/_{11}$ = $90^{10}/_{11}\%$인 것이다.

그 때문에, 잉여가치의 년률, 즉 1년 동안에 생산되는 잉여가치와 무릇 (1년 동안에 <u>회전되는</u> 가변자본과는 다른) <u>선대된</u> 가변자본의 비교는, 결코 단순히 주관적인 것이 아니라, 자본의 현실적인 운동 그 자체가 이렇게 대비(對比)하게끔 하는 것이다.

자본 A의 소유자에게는 년도 말에 그의 선대 가변자본 = 500파운드 스털링이 환류해 있고, 그 외에 5,000파운드 스털링의 잉여가치가 있다. 1년 동안에 그가 충용한 자본량이 아니라 주기적으로 그에게 환류하는 자본량이 그의 선대자본의 크기를 표현한다. 그 자본이 년도 말에 일부는 생산용 재고로서, 일부는 상품 재고 혹은 화폐자본으로서 존재하든 아니든, 그리고 그 자본이 어떤 비율로 이들 상이한 부분들로 분할되든, 당면 문제와는 아무런 관계가 없다. 자본 B의 소유자에게는 5,000파운드 스털링, 즉 그의 선대자본이 환류해 있고, 그 외에 5,000파운드 스털링의 잉여가치가 있다. 자본 C(마지막에 고찰한 5,500파운드 스털링)의 소유자에게는 1년 동안에 5,000파운드 스털링의 잉여가치가 생산되어(5,000파운드 스털링이 투하되어, 잉여가치률 100%) 있지만, 그의 선대자본은 아직 환류해 있지 않고, 생산된 그의 잉여가치도 아직 마찬가지이다.

$M' = m'n$이 표현하는 것은, 1회전기간 동안에 충용되는 가변자본에 유효한 잉여가치률: $\frac{1회전기간\ 동안에\ 생산되는\ 잉여가치의\ 량}{1회전기간\ 동안에\ 충용되는\ 가변자본}$에, 선대 가변자본의 회전기간 또는 재생산기간의 수를, 즉 선대 가변자본이 순환을 갱신하는 기간의 수를 곱해야 한다는 것이다.

이미 제1권, 제4장(화폐의 자본으로의 전화)에서, 그리고 제1권 제21장(단순재생산)에서 본 바와 같이, 자본가치는 무릇 선대되어 있는 것이지, 지출되어 있는 것이 아닌바, 왜냐하면 이 가치는 그것이 그 순환의 다양한 국면들을 통과한 후에는 다시 그 출발점(Ausgangspunkt)으로, 그리고 그것도 잉여가치에 의해서 증대되어, 복귀하기 때문이다. 이것이 자본가치를 선대된 것으로서 특징짓는다. 그것의 출발시점(Ausgangspunkt)에서부터 그 복귀시점(Rückkehrpunkt)까지 사이에 경과하는 시간은 그것이 선대되어 있는 시간이다. 그 선대에서부터 그 복귀까지의 시간에 의해서 측정된, 자본가치가 통과하는 순환 전체가 그 회전을 형성하고, 이 회전의 지속기간이 1회전기간을 형성한다. 이 기간이 만료되어 그 순환이 끝나면, 동일한 자본가치가 동일한 순환을 새로 시작할 수 있고, 따라서 새로 자신을 증식할 수 있으며, 잉여가치를 생산할 수 있다. 가변자본이, A의 경우처럼, 1년에 10번 회전한다면, 1년이 경과하면서, 동일한 자본선대로, 1회전기간에 상응하는 잉여가치량이 10번 생산되는 것이다.

선대의 본성은 자본주의 사회의 관점에서 밝혀지지 않으면 안 된다.

1년 동안에 10번 회전하는 자본 A는 1년 동안에 10번 선대된다. 그것은 새로운 회전기간마다 새로이 선대된다. 그러나 동시에 A는 1년 동안에 500파운드 스털링이라는 동일한 자본가치보다 더 많이는 결코 선대되지 않으며, 실제로 우리에 의해 고찰되는 생산과정을 위해서 결코 500파운드 스털링보다 더 많이는 처분하지 않는다. 이 500파운드 스털링이 한 순환을 완료하자마자 A는 그것으로 하여금 동일한 순환을 새로이 시작하게끔 하는데; 자본은 그 본성에 따라 오로지, 언제나 그것이 반복되는 생산과정 속에서 자본으로서 기능함으로써만, 바로 그 자본으로서의 성격을 유지하기 때문이다. 그것은 또한 5주간보다 더 길게는 선대되지 않는다. 회전이 더 길어지면, 그 자본으로 충분하지 못하다. 단축되면, 일부는 과잉이 된다. 500파운드 스털링의 자본 10개가 선대되는 것이 아니라, 500파운드 스털링의 자본 1개가 순차적인 기간들에 10번 선대된다. 그렇기 때문에, 잉여가치의 년률은, 10번 선대되는 500파운드 스털링의 자본 즉 5,000파운드 스털링에 대해서 계산되는 것이 아니라, 1번 선대되는 500파운드 스털링의 자본에 대해서 계산된다. 이는 마치, 1탈러(Taler)[*1]가 10번 유통하면, 10탈러의 기능을 수행함에도 불구하고, 언제나 그것은 유통하고 있는 단 1개의 탈러만을 표상하는 것과 전적으로 마찬가지이다. 그리고(aber) 소유자들이야 바뀌더라도, 누구의 수중에서나 그것은 의연히 전과 같이 1탈러라는 동일한 가치인 것이다.

마찬가지로 자본 A는 매번 환류할 때마다, 그리고 또한 년도의 말에 환류할 때에도, 그 소유자가 언제나 단지 500파운드 스털링이라는 동일한 자본가치만으로 조업한다는 것을 보여준다. 그리하여 그의 수중으로는 매번 역시 단지 500파운드 스털링만이 환류한다. 따라서 그의 선대자본은 결코 500파운드 스털링보다 많지 않다. 그리하여 500파운드 스털링의 선대자본은, 잉여가치의 년률을 표현하는 분수의 분모가 된다. 그리하여 위에서는 그 공식: $M' = {m'vn}/{v} = m'n$이었다. 실제의 잉여가치률 $m' = m/v$, 즉 잉여가치의 량을, 그것을 생산한 가변자본으로 나눈 것과 같기 때문에, 우리는 $m'n$에 m'의 가치, 따라서 m/v을 놓을 수 있고, 그렇게 하면 다른 공식: $M' = {mn}/{v}$을 얻게 된다.

그러나 500파운드 스털링의 자본은, 그것이 10번 회전함으로써, 그리고 따라서 그 선대를 10번 갱신함으로써, 10배나 더 큰 자본의 기능을, 즉 5,000파운드 스털링의 자본의 기능을 수행하는 것이고, 이는 마치, 1년에 10번 회전하는 500개의 탈러 주화가, 단 1번만 회전하는 5,000개의 탈러 주화와 동일한 기능을 수행하는 것과 전적으로 마찬가지이다.

[*1] [역주] 탈러(Taler)는 15세기 말부터 19세기에 걸쳐 유럽 각지에서 유통했던 은화. 독일에서는 1탈러는 3마르크에 해당했음.

제2절 개별 가변자본의 회전

"생산과정의 사회적 형태가 어떠한 것이든, 그것은 계속적이지 않으면 안 된다. 즉, 동일한 단계들을 언제나 새로이 주기적으로 통과하지 않으면 안 된다. … 따라서 어떤 생산과정이나, 하나의 연속적인 연관 속에서, 그리고 끊임없이 갱신되는 흐름 속에서 고찰하면, 동시에 재생산과정이다. … 자본가치의 주기적인 증가분, 즉 자본의[*1] 주기적인 열매로서, 잉여가치는 자본으로부터 생기는 <u>수입(收入)</u>이라는 형태를 취한다."(제1권, 제21장, S. 588, 589.[*2])

자본 A의 경우에는 5주간의 회전기간이 10개 있다. 첫 번째 회전기간에는 500파운드 스털링의 가변자본이 선대된다. 즉, 매주 100파운드 스털링이 노동력으로 전환되어, 첫 번째 회전기간의 끝에서는 500파운드 스털링이 노동력에 지출되어 있다. 본래는 선대 총자본의 일부분이었던 이 500파운드 스털링은 자본이 아니게 되었다. 그것들은 임금으로 지급되어 버렸다. 노동자들은 그들대로 자신들의 생활수단들을 구매하는 데에 그것들을 지불해버리고, 따라서 500파운드 스털링의 가치의 생활수단들을 소비한다. 따라서 이 가치액만큼의 상품량이 없어졌다(노동자가 가령 화폐 등으로 저축하는 것도 마찬가지로 자본이 아니다).

이 상품량은, 대체로 그것이 노동자의 노동력을, 따라서 자본가

---

*1 [역주] 제1권(MEW, Bd. 23, S. 592)에는 이 "자본의" 앞에 "과정진행 중인 (prozessierend)"이라는 형용어가 있다.

*2 [MEW 편집자 주] MEW, Band 23, S. 591, 592[채만수 역, 제1권, 제4분책, pp. 923, 924]를 보라.

의 필수불가결한 도구를 작용할 수 있도록 유지한다는 점 외에는, 노동자용으로 비생산적으로 소비된다. — 둘째로는, 그러나 이 500파운드 스털링은 자본가에게는 동일한 가치(혹은 가격)의 노동력으로 전환되어 있다. 그 노동력은 그에 의해서 노동과정에서 생산적으로 소비된다. 5주간의 말에는 1,000파운드 스털링의 가치생산물이 존재한다. 그 중 절반, 즉 500파운드 스털링은, 노동력의 지불에 지출되었던 가변자본이 재생산된 가치이다. 다른 절반인 500파운드 스털링은 새로 생산된 잉여가치이다. 그러나 5주간의 노동력— 이것으로 전환됨으로써 자본의 일부가 가변자본으로 전화되었다 —도 마찬가지로 지출되어, 비록 생산적으로이긴 하지만, 소비되었다. 어제 활동한 노동은 오늘 활동하고 있는 노동과 동일한 노동이 아니다. 어제 노동의 가치는, 그것에 의해 창조된 잉여가치가 합해져, 지금은, 노동력 그것과는 구별되는 물건의, 즉 생산물의 가치로서 존재하고 있다. 하지만 그 생산물이 화폐로 전화됨으로써, 선대 가변자본의 가치와 같은 가치 부분이 다시(von neuem) 노동력으로 전환될 수 있고, 그리하여 다시금 가변자본으로서 기능할 수 있다. 단지 재생산되었을 뿐 아니라 화폐형태로 재전화되기도 한 자본가치로써 동일한 노동자들, 즉 노동력의 동일한 담지자들이 고용된다는 사정은 중요하지가 않다. 자본가는 제2의 회전기간에 종래의 노동자들 대신에 새로운 노동자들을 충용할 수도 있다.

따라서 사실상 10개의 5주간의 회전기간 중에는, 500파운드 스털링이 아니라, 5,000파운드 스털링의 자본이 순차적으로 임금으로 지출되고, 이 임금은 노동자들에 의해서 다시 생활수단들에 지출된다. 그렇게 선대자본 5,000파운드 스털링은 소비되어 있다. 그것은 더 이상 존재하지 않는다. 다른 한편에서는 500파운드 스털링이 아니라 5,000파운드 스털링어치의 노동력이 순차적으로 생산과정에 합체되어, 자기 자신들의 가치 = 5,000파운드 스털링을 재생산할 뿐 아니라, 여분으로 5,000파운드 스털링의 잉여가치도 생산한다. 두 번째 회전기간에 선대되는 500파운드 스털링의 가변자본은, 첫 번째 회전기간에 선대된 500파운드 스털링의 자본과 동일한 자본이 아니다. 첫 번째 회전기간에 선대된 500파운드 스털링의 자본은 소비되어 버렸다. 즉 임금으로 지출되어 버렸다. 그러나 그것은, 첫 번째 회전기간에 상품형태로 생산되어 화폐형태로 재전화된, 500파운드 스털링의 새로운 가변자본에 의해서 <u>보전(補塡)</u>되어 있다. 따라서 이 새로운 화폐자본 500파운드 스털링은, 첫 번째 회전기간에 새로 생산된 상품량의 화폐형태이다. 자본가의 수중에 다시 500파운드 스털링이라는 동일한 화폐액이 존재한다는 사정, 다시 말하면, 잉여가치를 도외시하면, 그가 최초에 선대했던 만큼의 화폐자본이 있다는 사정은, 그가 새로 생산된 자본으로 조업한다는 사정을 은폐한다. (상품자본의 가치구성 부분들 가운데 불변자본 부분들을 보전하는 다른 부분에 관해서 말하자면, 그것들의 가치는 새로 생산되는 것이 아니고, 단지 이 가치가 존재하는 형태만이 바뀔 뿐이다.) ― 세 번째 회전기간을 보자. 여기에서는, 세 번째로 선대되는 500파운드 스털링의 자본은, 옛 자본이 아니라, 새로 생산된 자본이라는 것이 명백한데, 왜냐하면 그것은, 첫 번째 회전기간이 아니라, 두 번째 회전기간에 생산된 상품량의 화폐형태, 즉 이 상품량 가운데 그 가치가 선대 가변자본의 가치와 같은 부분의 화폐형태이기 때문이다. 첫 번째 회전기간에 생산된 상품량은 판매되었다. 그 가치 가운데 선대 가변자본의 가치와 같은 부분이 두 번째 회전기간의 새로운 노동력으로 전환되어 새로운 상품량을 생산했고, 그것이 다시 판매되어 그 가치 가운데 일부분이 세 번째 회전기간에 선대되는 500파운드 스털링의 자본을 형성하고 있다.

그리고 10번의 회전기간 중에 그렇게 진행된다. 이들 회전기간 동안 5주간마다, 새로 생산된 상품량(이것들의 가치는, 그것이 가변자본을 보전하는 한, 마찬가지로 새로 생산되는 것이며, 유동적 불변자본 부분처럼 단지 재현할 뿐인 것이 아니다)이, 새로운 노동력을 끊임없이 생산과정에 합체시키기 위해서, 시장에 투입되는 것이다.

따라서 500파운드 스털링의 선대 가변자본의 10번의 회전에 의해서 달성되는 것은, 500파운드 스털링의 이 자본이 10번 생산적으로 소비될 수 있다든가, 혹은 5주간 분의 가변자본이 50주간 동안 충용될 수 있다든가 하는 것이 아니다. 오히려 10×500 파운드 스털링의 가변자본이 50주간 동안에 충용되는 것이고, 500파운드 스털링의 자본은 언제나 단지 5주간만 꾸려나갈 뿐, 5주간이 끝난 후에는 새로 생산된 500파운드 스털링의 자본에 의해서 보전되지 않으면 안 된다. 이는 자본 A에게도, 자본 B에게도 마찬가지로 일어난다. 그러나 상이(相異)는 여기에서부터 시작된다.

5주간의 첫 번째 시기 말에는 B에 의해서도 A에 의해서도 500파운드 스털링의 가변자본이 선대되어 지출되어 있다. B에 의해서도 A에 의해서도 그의 가치는 노동력으로 전환되어 있어, 이 노동력에 의해 새로 생산된 생산물 가치 가운데 500파운드 스털링의 선대 가변자본의 가치와 같은 부분에 의해서 보전되었다. B에게도 A에게도 노동력은, 지출된 가변자본 500파운드 스털링을 같은 액수의 신가치(新價値)에 의해서 보전했을 뿐 아니라, 잉여가치를 — 그리고 전제에 의하면, 같은 크기의 잉여가치를 — 첨가했다.

그러나 B의 경우에는, 선대 가변자본을 보전하고 그 가치에 잉여가치를 첨가하는 가치생산물이 새로 생산자본 또는 가변자본으로서 기능할 수 있는 형태에 있지 않다. A에게 있어서는 그것은 그러한(dies) 형태에 있다. 그리고 년도 말까지 B는, 첫 번째 5주간에 그리고 그 다음엔 5주간마다 순차적으로 지출된 가변자본을, 새로 생산된 가치와 잉여가치에 의해서 보전되었음에도 불구하고, 생산자본 또는 가변자본으로서 새로 기능할 수 있는 형태로는 가지고 있지 않다. 그 <u>가치</u>는 신가치에 의해서 보전, 따라서 갱신되어 있지만, 그러나 그 가치형태(여기에서는 절대적 가치형태, 그 화폐형태)는 갱신되어 있지 않은 것이다.

따라서 제2의 5주간 기간을 위해서도 (그리고 1년 중 매 5주간을 위해서도 순차적으로), 첫 번째 기간을 위해서와 마찬가지로, 다시 500파운드 스털링이 준비되어 있지 않으면 안 된다. 따라서, 신용관계를 도외시하면, 년도 초에 5,000파운드 스털링이 준비되어, 비록 그것이 년도 중에 점차 비로소 실제로 지출되어 노동력으로 전환됨에도 불구하고, 잠재적인 선대 화폐자본으로서 실재하지 않으면 안 된다.

그에 반해서 A의 경우에는, 최초의 5주간이 경과한 후에는 선대자본의 순환, 회전이 완료되어 있기 때문에 보전가치(補塡價値, Wertersatz)는 이미 새로운 노동력을 5주간 동안 가동할 수 있는 형태, 즉 그 본래의 화폐형태에 있다.

A의 경우에도 B의 경우에도 제2의 5주간 기간에는 새로운 노동력이 소비되고, 500파운드 스털링의 새로운 자본이 이 노동력의 지불에 지출된다. 첫 번째 500파운드 스털링으로 지불된, 노동자들의 생활수단들은 없어졌고, 모든 경우에 그 생활수단들을

위한 가치는 자본가의 손 밖으로 사라졌다. 두 번째의 500파운드 스털링으로 새로운 노동력이 구매되고, 새로운 생활수단들이 시장으로부터 인출된다. 요컨대, 구자본이 아니라, 신자본 500파운드 스털링이 지출되는 것이다. 그러나 A의 경우에는 이 신자본 500파운드 스털링은, 이전에 지출된 500파운드 스털링을 보전하는, 새로 생산된 가치의 화폐형태이다. B의 경우에는 이 보전가치는, 가변자본으로서 기능할 수 없는 형태로 존재하고 있다. 그것은 존재하고는 있지만, 가변자본의 형태로는 아니다. 그리하여, 다음 5주간 동안 생산과정이 계속되기 위해서는 500파운드 스털링의 추가 자본이 여기에서 꼭 필요한 화폐형태로 확보되지 않으면 안 되고, 선대되지 않으면 안 된다. 이렇게 A에 의해서도 B에 의해서도 50주간 동안 같은 량의[*1] 가변자본이 지출되고, 같은 량의[*1] 노동력이 지불되며 사용된다. 그러나 B에 의해서는 이 노동력이 그 총가치 = 5,000파운드 스털링과 같은 선대자본으로 지불되지 않으면 안 된다. A에 의해서는 그것은, 5주간 동안마다 생산되어, 5주간마다 선대되는 500파운드 스털링의 자본을 보전하는 가치가 끊임없이 갱신된 화폐형태에 의해서 순차적으로 지불된다. 따라서 여기에서는 5주간 분보다 더 큰 화폐자본, 즉 첫 번째 5주간 동안에 선대되는 500파운드 스털링보다 더 큰 화폐자본은 결코 선대되지 않는다. 이 500파운드 스털링으로 1년 전체 동안 충분하다. 그리하여, 노동의 착취도가 같은 경우, 즉 실제의 잉여가치률이 같은 경우, A와 B의 잉여가치의 년률은, 1년 동안 동일한 량의 노동력을 가동하기 위해서 선대되지 않으면 안 되는 가변 화폐자본의 크기에 반비례하지 않을 수 없다는 것이 명확

[*1] [역주] 원문은 "똑같이(gleichviel)"인데, 영어판의 "equal amount of"에 따라 번역했음.

하다. A: $^{5,000m}/_{500v}$ = 1,000%, 그리고 B: $^{5,000m}/_{5,000v}$ = 100%. 그런데, 500v : 5,000v = 1 : 10 = 100% : 1,000%.

차이는, 회전기간의 상이(相異)에, 즉 어떤 일정한 기간에 충용된 가변자본의 보전가치(Wertersatz)가 다시(von neuem) 자본으로서, 따라서 새로운 자본으로서 기능할 수 있는 기간이 상이한 데에 기인한다. B의 경우에도 A의 경우에도 동일한 기간 동안 충용된 가변자본에 대해서 동일한 보전가치가 발생한다. 또한 동일한 기간 동안 잉여가치의 동일한 증식도 발생한다. 그러나 B의 경우에는, 5주간마다 500파운드 스털링의 보전가치와 500파운드 스털링의 잉여가치가 존재하긴 하지만, 이 보전가치가 화폐형태에 있지 않기 때문에, 그것은 아직 결코 새로운 자본을 형성하지 않는다. A의 경우에는, 구자본가치가 신자본가치에 의해서 보전되어 있을 뿐 아니라, 그것은 그 화폐형태로 복구되어 있고, 그리하여 기능할 수 있는 새로운 자본으로 보전되어 있다.

보전가치가 화폐로, 그리고 따라서 가변자본이 선대될 수 있는 형태로 보다 일찍 전화되는가, 아니면 보다 늦게 전화되는가는, 분명, 잉여가치의 생산 그 자체와는 전혀 관계가 없는 사정이다. 잉여가치의 생산은 충용되는 가변자본의 크기와 노동의 착취도에 달려 있다. 그러나 상술(上述)한 사정은, 1년 동안에 일정한 량의 노동력을 가동하기 위해서 선대되지 않으면 안 되는 화폐자본의 크기를 변경하며, 따라서 잉여가치의 년률을 규정한다.

제3절 사회적으로 고찰한, 가변자본의 회전

사태를 잠시 사회적 관점에서 고찰하자. 노동자 1명당 매주 1

파운드 스털링이 들고, 노동일 = 10시간이라고 하자. A의 경우에도 B의 경우에도 1년 동안 100명의 노동자가 고용되어 있고 (100명의 노동자에 주당 100파운드 스털링은 5주간에는 500파운드 스털링, 그리고 50주간에는 5,000파운드 스털링이다), 이들은 6일의 1주간당 각각 60노동시간 노동한다. 따라서 100명의 노동자는 주당 6,000노동시간, 그리고 50주간에는 300,000노동시간 일한다. 이 노동력은 A에 의해서도 B에 의해서도 전용(專用)되고 있고, 따라서 사회에 의해서 다른 어떤 것에도 지출될 수 없다. 그러한 한에서는, 따라서, 사태는 A의 경우에도 B의 경우에도 사회적으로 동일하다. 나아가, A의 경우에도 B의 경우에도 노동자 100명마다 1년에 5,000파운드 스털링(따라서 200명은 모두 합해 10,000파운드 스털링)의 임금을 받고, 이 금액만큼 사회로부터 생활수단들을 인출한다. 그러한 한에서는 사태는 A의 경우에도 B의 경우에도 사회적으로 다시 동일하다. 노동자들은 두 경우 모두 매주 지불받기 때문에, 그들은 사회로부터 역시 매주 생활수단들을 인출하며, 이를 위해서 그들은 두 경우 모두 마찬가지로 매주 그 화폐등가(Geldäquivalent)를[*1] 유통에 투입한다. 그러나 여기에서 상이(相異)가 시작된다.

첫째로, A의 노동자가 유통에 투입하는 화폐는, B의 노동자에게 있어서처럼, 단지 그의 노동력의 가치의 화폐형태(실제로는 이미 수행된 노동에 대한 지불수단)인 것만은 아니다. 그것은, 사업 개시 후부터 세자면, 이미 두 번째 회전기간부터는 첫 번째 회전기간의 그 자신의 가치생산물(= 노동력의 가격 + 잉여가치)의 화폐형태이며, 그것으로 두 번째 회전기간 동안 그의 노동이

---

*1 [역주] 참고로, 영어판에는, "등가를 화폐로(equivalent in money)".

지불되는 것이다. B의 경우에는 그렇지 않다. 노동자와 관련해서는 이 경우에도 화폐는 그에 의해서 이미 수행된 노동에 대한 지불수단이지만, 그러나 이 수행된 노동이 화폐화된(vergoldet) 그 자신의 가치생산물(그 자신에 의해 생산된 가치의 화폐형태)로 지불되지는 않는다. 이러한 일은, B의 노동자가, 화폐화된 자신의 지난 년도의 가치생산물로 지불받는 두 번째 년도부터 비로소 발생할 수 있다.

자본의 회전기간이 짧으면 짧을수록 — 그리하여 년도 내에 자본의 재생산기간들이 갱신되는 기간들이 짧으면 짧을수록 — 자본가에 의해서 애초에 화폐형태로 선대된 그의 자본의 가변적 부분은, 이 가변자본을 보전하기 위해서 노동자에 의해서 창조된 가치생산물(이것은 그 외에 잉여가치를 포함하고 있다)의 가치형태로 그만큼 신속하게 전화된다. 따라서 자본가가 화폐를 그 자신의 자금(Fonds)으로부터 선대하지 않으면 안 되는 시간은 그만큼 짧아지고, 주어진 크기의 생산규모에 비해서 무릇 그가 선대하는 자본은 그만큼 작아진다. 그리고 그에 비례해서, 주어진 잉여가치률로 그가 1년간에 착출(搾出)하는 잉여가치의 량은 그만큼 커지는데, 왜냐하면 그만큼 자주 자본가는 노동자를 노동자 자신의 가치생산물의 화폐형태로 끊임없이 새로 구매하여 그의 노동을 가동할 수 있기 때문이다.

생산의 규모가 주어져 있는 경우, 회전기간이 짧아지는 데에 비례하여 선대되는 가변적 화폐자본의(그리고 유동자본 일반의) 절대적 크기는 감소되고, 잉여가치의 년률은 증대한다. 선대자본의 크기가 주어져 있는 경우에는 생산의 규모가 증대하고, 그리하여 잉여가치률이 주어져 있는 경우 한 회전기간에 생산되는 잉여가치의 절대량도, 재생산기간의 단축에 의해서 생기는 잉여가치의 년률의 상승과 동시에, 증대한다. 무릇 지금까지의 연구로부터 분명해진 것은, 회전기간의 크기가 다양함에 따라, 동일한 량의 생산적 유동자본과 동일한 노동량을 동일한 노동착취도로 가동하기 위해서, 대단히 다양한 분량의 화폐자본이 선대되어야 한다는 것이다.

  둘째로 — 그리고 이는 첫 번째 상이와 연관되어 있지만 — 노동자는, B의 경우에도 A의 경우에도, 자신이 구매하는 생활수단들을, 자신의 수중에서 유통수단으로 전화된 가변자본으로 지불한다. 그는 시장으로부터, 예컨대, 소맥을 인출할 뿐만이 아니라, 화폐 등가(Äquivalent in Geld)에 의해서 또한 그것을 보전하기도 한다. 그러나 B의 노동자가, 시장에서 인출하는 자신의 생활수단들에 대해서 지불하는 화폐는, A의 노동자의 경우와 달리, 년도 중에 그에 의해서 시장에 투입된 가치생산물의 화폐형태가 아니기 때문에, 그는 자신의 생활수단들의 판매자에게 화폐를 제공하긴 하지만, 그러나 이 판매자가 받은 그 화폐로 구매할 수 있을 상품— 그것이 생산수단이든, 생활수단이든 —은 그 어떤 것도 결코 제공하지 않는다. 그에 반해서 A의 경우는 그것을 제공한다. 그리하여 노동력, 이 노동력을 위한 생활수단들, B에 충용된 노동수단들이라는 형태에서의 고정자본 및 생산재료들이 시장에서 인출되고, 그것들을 보전하기 위해서 화폐 등가가 시장에 투입되지만; 그러나 그 년도 중에는, 시장에서 인출된 생산자본의 소재적 요소들을 보전하기 위한 그 어떤 생산물도 결코 시장에 투입되지 않는다. 사회가 자본주의적이 아니라 공산주의적이라고 생각하면, 맨 먼저 화폐자본이 모두 폐지되고, 따라서 또한 그것에 의해서 생기는 거래라는 분장(扮裝)도 폐지된다. 문제는 간단히 다음과 같이 귀결되는바, 사회는, 예컨대, 철도의 부설처럼, 1년 혹은 그 이상의 장기간에 걸쳐, 생산수단들도, 생활수단들도, 혹은 어떤 유용효과도 제공하지 않으면서도, 년간 총생산으로부터 노동과 생산수단들, 생활수단들을 인출하는 산업부문들에 얼마만큼의 노동과 생산수단들, 생활수단들을 아무런 차질 없이 투입할 수 있는가를 미리 계산하지 않으면 안 된다는 것이 그것이다. 그에 반해서, 언제나 사후(事後)에야 비로소 사회적 이성이 발동되는 자본주의 사회에서는(in der kapitalistischen Gesellschaft, wo der gesellschaftliche Verstand sich immer erst post festum geltend macht) 끊임없이 큰 교란들이 발생할 수 있고, 또 발생하지 않을 수 없다. 한편에서는 화폐시장에 압박이 발생하고, 반면에 거꾸로 화폐시장이 웬만하면(Leichtigkeit des Geldmarkts) 그것은 그것대로, 나중에 화폐시장에 압박을 불러일으키는 기업들을 대량으로 불러일으키고, 따라서 나중에 화폐시장에 압박을 불러일으키는 바로 그 사정들을 불러일으킨다. 화폐시장이 압박을 받는 것은, 이 경우에는 대규모 화폐자본의 선대가 장기간에 걸쳐서 끊임없이 필요하기 때문이다. 산업자본가와 상인들이 자기들 사업의 경영에 필요한 화폐자본을 철도 투기 등에 투입하고, 화폐시장에서의 차입에 의해 그것을 벌충한다는 것은 전적으로 도외시한다. — 다른 한편에서는: 임의로 이용할 수 있는, 사회의 생산자본에 대한 압박. 생산자본의 요소들이 끊임없이 시장으로부터 인출되고, 그 대신에 오직 화폐등가만이 시장에 투입되기 때문에, 지불능력 있는 수요가, 그 자체로부터는 어떤 공급 요소도 제공하지 않으면서, 증대한다. 그리하여 생활수단들의 가격도 생산재료들의 가격도 상승한다. 더 나아가, 이러한 시기에는 으레 사기(詐欺)가 판을 치고, 자본의 대이동이 일어난다. 투기꾼, 청부업자, 기술자, 변호사 등등의 패거리가 치부한다. 그들은 시장에서 강한 소비 수요를 불러일으키며, 그 바람에 임금도 오른다. 식료품들과 관련해서는, 그것으로 말미암아 농업에도 물론 자극이 주어진다. 하지만 이 식료품들은 1년 내에 갑자기 증가될 리 없기 때문에, 그것들의 수입이, 무릇 외국산 식료품들(커피, 설탕, 포도주 등)과 사치품들의 수입과 함께, 증가한다. 그리하여 수입업의 이 부분에서 과잉수입과 투기가 발생한다. 다른 한편에서, 생산이 급속히 증대될 수 있는 산업부문들(본래의 제조업, 광산업 등)에서는 가격의 등귀가 돌연한 확장을 불러일으키고, 이는 곧 파탄으로 이어진다. 이러한 영향은 노동시장에도 나타나, 대량의 잠재적 과잉인구를, 그리고 심지어 대량의 취업 노동자들을 새로운 사업부문들로 끌어당긴다. 일반적으로 철도와 같은 대규모 기업들은, 오로지 힘센 장정들만이 사용되는 농업 등과 같은 특정한 부문들에서만 나올 수 있는 일정한 량의 노동력을 시장에서 인출한다. 이러한 일은, 심지어 새로운 기업들이 이미 부동의 경영부분으로 되고 난 후에도, 그리하여 그들에게 필요한 유랑 노동자계급이 이미 형성되고 난 후에도 여전히 일어난다. 예컨대, 철도 부설이 일시 평균 이상의 대규모로 진행되자마자 그렇다. 그 압박으로 임금을 저하시켜 왔던 노동자 예비군의 일부가 흡수된다. 임금이 일반적으로 상승하고, 심지어 노동시장 가운데 지금까지 양호하게 고용되어 있던 부문들에서조차 상승한다. 이는 피할 수 없는 공황(Krach)이 노동자들의 예비군을 다시 유리시켜, 임금이 다시 최저한으로, 그리고 그 아래로 인하될 때까지 지속된다.32

---

32 원고에는 여기에 추후의 상술(詳述)을 위한, 다음과 같은 불망기(不忘記)가 삽입되어 있다: "자본주의적 생산양식에서의 모순: 상품의 구매자들로서의 노동자들은 시장을 위해 중요하다. 그러나 그들의 상품— 노동력 —의 판매

회전기간의 길이가 보다 큰가 보다 작은가가 본래적 의미의 노동기간, 즉 시장에 적합하게 생산물을 완성하기 위해 필요한 기간에 의해 좌우되는 한, 그 장단(長短)은 다양한 자본투하 때마다 주어지는 물적 생산조건들에 달려 있는데, 이들 생산조건들은 농업에서는 자연적 생산조건들의 성격을 보다 더 많이 가지고 있고, 제조업과 대부분의 채취산업에서는 생산과정 자체가 사회적으로 발전함에 따라 바뀐다.

노동기간의 길이가 출하량(생산물이 상품으로서 시장에 일반적으로 투입되는 량적 규모)에 달려 있는 한, 그것은 인습적인 성격을 가지고 있다. 그러나 이 인습 그 자체는 생산의 규모를 물질적 기초로 하고 있는 것이며, 따라서 개별적으로 고찰될 때에만 우연적이다.

마지막으로, 회전기간의 길이가 유통기간의 길이에 달려 있는 한, 이는 부분적으로는 실로 시황(市況)의 끊임없는 변동, 판매의 난이(難易), 그리고 이로부터 기인하는, 상품을 부분적으로 가까운 혹은 먼 시장에 투입해야 할 필요성에 의해서 제약된다. 수요 일반의 규모를 도외시하면, 가격의 운동이 여기에서는 주요한 역할을 노는데, 왜냐하면 가격이 떨어지는 경우에는, 생산은 계속되고 있음에도 불구하고, 판매는 고의로 제한되기 때문이고; 가

> 자들로서는, 자본주의 사회는 그들을 최저한의 가격에 제한하는 경향을 가지고 있다. ― 더 한층의 모순: 자본주의적 생산이 그 모든 잠세력(潛勢力)을 발휘하는 시기들은 으레 과잉생산의 시기들임이 드러난다. 왜냐하면, 생산 잠세력은, 그것에 의해서 더 많은 가치가 생산될 수 있을 뿐 아니라, 실현될 수 있을 만큼까지는 결코 충용될 수 없기 때문이다. 상품의 판매, 즉 상품자본의 실현, 따라서 또한 잉여가치의 실현은 그런데, 사회 일반의 소비 욕구에 의해서 제한되어 있는 것이 아니라, 그 대다수가 언제나 가난하고 또한 언제나 가난한 채로 있지 않으면 안 되는 사회의 소비 욕구에 의해서 제한되어 있다. 하지만 이 문제는 무엇보다도 다음 편(編)에 속한다."

격이 상승하는 경우에는 거꾸로, 생산과 판매가 보조를 맞추거나, 먼저 판매될 수 있기 때문이다. 하지만 실제의 물질적 기초로 간주되어야 하는 것은 생산지와 판매시장 간의 현실적 거리이다.

예컨대, 영국의 면직물이나 면사가 인도로 판매된다. 수출상인이 영국의 면업 공장주에게 지불한다고 하자(수출상인이 기꺼이 이렇게 하는 것은 오직 화폐시장의 상황이 좋은 경우뿐이다. 공장주 자신이 신용조작(信用操作)을 통해서 자신의 화폐자본을 보전할 때에는, 상황은 이미 나빠져 있다). 수출업자는 자신의 면상품을 그 후에 인도 시장에서 판매하고, 그곳으로부터 그의 선대자본이 그에게 송금된다. 이것이 환류될 때까지는 사태는, 노동기간의 길이 때문에, 주어진 규모로 생산과정을 계속 유지하기 위해서, 새로운 화폐자본의 선대가 필요해지는 경우와 전적으로 마찬가지이다. 공장주가 자기 노동자들에게 지불하고, 또 마찬가지로 자기 유동자본의 그 외의 요소들을 갱신하는 데에 사용하는 화폐자본은, 그에 의해서 생산된 면사의 화폐형태가 아니다. 이것은, 이 면사의 가치가 화폐 또는 생산물로 영국으로 환류되어 있는 경우에만 비로소 가능하다. 그것은 전과 마찬가지로 추가 화폐자본이다. 다른 점은 단지, 공장주가 아니라 상인이 그것을 선대한다는 것인데, 필시 그 역시 신용조작을 매개로 그것을 입수할 것이다. 마찬가지로, 이 화폐가 시장에 투입되기 전에, 혹은 그와 동시에, 이 화폐로 구매되어 생산적 혹은 개인적 소비에 들어갈 수 있는 추가적 상품이 영국 시장에 투입되어 있는 것도 아니다. 만일 이러한 상태가 장기간에 걸쳐 그리고 대규모로 발생한다면, 그것은 전에 노동기간의 연장이 야기했던 것과 동일한 결과를 야기하지 않을 수 없다.

그런데 인도 자체 내에서도 또한 면사가 신용으로 판매되는 일이 있을 수 있다. 동일한 신용으로 인도에서 생산물이 구매되어 대충상품(代充商品, Retour)으로서[*1] 영국에 보내지거나, 혹은 그 금액의 어음이 송금된다. 이러한 상태가 길어지면, 인도의 화폐시장에 압박이 발생하고, 영국에 대한 그 반작용이 영국에서 공황(Krise)을 불러일으킬 수도 있다. 이 공황은 또 그것대로, 인도로의 귀금속[*2] 수출과 결부되어 있는 경우에조차도, 인도에 새로운 공황을 불러일으키는데, 이는 인도의 은행들로부터 신용이 주어져 있던, 영국의 상사(商社)들 및 그들의 인도 지점들의 파산 때문이다. 이리하여, 무역수지가 적자[逆調]인 시장에서도, 흑자[順調]인 시장에서도 공황이 동시에 발생한다. 이러한 상황은 더욱 복잡할 수도 있다. 예컨대, 영국이 은괴(銀塊)를 인도로 보냈지만, 이제 인도의 영국 채권자[債鬼]들이 자기들의 채권을 거기에서 징수한다면, 인도는 그 후 곧 그 은괴를 영국으로 반송하지 않으면 안 될 것이다.

인도로의 수출무역과 인도로부터의 수입무역이, 비록 후자는 (면화의 등귀 등과 같은 특수한 사정들을 제외하면) 그 규모로 보아 전자에 의해 규정되고 자극되긴 하지만, 대략 균형을 이룰 수도 있다. 영국과 인도 사이의 무역수지가 균형을 이룬 것으로 나타나거나, 아니면 이쪽이나 저쪽 어느 한쪽으로의 단지 미미한 편차만을 보여줄 수 있는 것이다. 그러나 영국에서 공황이 발발하자마자, 팔리지 않은 면상품이 인도의 창고에 쌓여 있다(따라서 상품자본으로부터 화폐자본으로 전화되지 않았다 — 이러한 면에서 과잉생산)고 하는 것, 그리고 다른 한편에서 영국에서는,

---

[*1] [역주] "대충상품으로서(als Retour)"는, 新日本出版社 판에서처럼, "지불을 대신하여(支拂いに代えて)"로 번역·이해해도 좋을 것이다.

[*2] [역주] 참고로, 여기에서 '귀금속'은 물론 화폐 그 자체를 가리킨다.

팔리지 않은 인도 상품들의 재고가 쌓여 있을 뿐 아니라, 판매되어 소비된 재고의 대부분도 아직 지불되어 있지 않다는 것이 명백해진다. 그리하여 화폐시장에서의 공황으로 나타나는 것은 사실은 생산과정 및 재생산과정 자체에서의 이상(異常, Anomalien)을 표현하고 있는 것이다.

셋째로, 충용된 (가변적·불변적) 유동자본 그 자체와 관련해서, 회전기간의 길이는, 그것이 노동기간의 길이에 기인하는 한, 다음과 같은 차이가 생기도록 한다: 1년 중에 여러 번 회전하는 경우에는, 석탄 생산, 기성복 제조 등의 경우처럼, 가변적 유동자본이나 불변적 유동자본의 어떤 요소는 그 자본 자신의 생산물에 의해서 공급될 수 있다. 다른 경우에는 그렇지 않아, 적어도 1년 동안에는 그렇지 않다.

제17장
잉여가치의 유통

지금까지 보아온 것처럼, 년간 생산되는 잉여가치의 량이 변하지 않더라도, 회전기간이 상이(相異)하면, 잉여가치의 년률이 상이해진다.

그러나 나아가서는, 잉여가치의 자본화, 즉 축적에서도 필연적으로 상이가 발생하고, 그러한 한에서는, 잉여가치률이 불변인데도, 1년 중에 생산되는 잉여가치의 량도 역시 상이해진다.

그런데 우선 지적하지만, 자본 A(앞 장의 예에서의)는 연속적인 주기적 수입이 있으며, 따라서, 개업 당초의 회전기간을 제외하면, 그 1년 내의 그 자신의 소비를 생산된 그의 잉여가치로부터 지출하는 것이지, 자신의 자금(Fonds)에서 선불해야 할 필요가 없다. 그에 반해서 B의 경우에는 그것이 선불된다. 그도 A와 마찬가지로 동일한 기간 중에 같은 량의 잉여가치를 생산하긴 하지만, 그러나 그 잉여가치는 실현되어 있지 않고, 그 때문에 개인적으로도 생산적으로도 소비될 수 없다. 개인적 소비가 문제로 되는 한, 그 잉여가치는 지출 가능하기 전에 먼저 취득되는 것이다. 그 때문에 자금이 선불되지 않으면 안 된다.

생산자본 가운데 분류하기 어려운 한 부분, 즉 고정자본의 수선과 정비를 위해서 필요한 추가자본도 이제 새로운 조명을 받게 된다.

A의 경우에는 이 자본 부분은 ― 전부 또는 대부분 ― 생산을

개시할 당시에는 선대되지 않는다. 그것은, 이용 가능해야 할 필요도 없고, 심지어 현존해야 할 필요도 없다. 그것은, 잉여가치의 자본으로의 직접적인 전화에 의해서, 즉 잉여가치를 직접 자본으로 충용함으로써, 사업 그 자체로부터 나온다. 1년 내에 주기적으로 생산될 뿐 아니라 실현되기도 하는 잉여가치의 일부분이 수선 등을 위해 필요한 비용을 지불할 수 있다. 사업을 그 본래의 규모로 운영하기 위해서 필요한 자본의 일부분이 이렇게, 잉여가치의 일부를 자본화함으로써, 사업 그 자체에 의해서 사업 중에 만들어진다. 이는 자본가 B에게는 불가능하다. 문제의 자본부분이 그에게는 최초에 선대되는 자본의 일부분이지 않으면 안 되는 것이다. 두 경우 모두 이 자본 부분은 자본가의 장부에서는 선대자본으로 나타날 것이고, 또한 선대자본이기도 한데, 우리의 가정에 따르면, 그것은 주어진 규모로 사업을 운영하기 위해서 필요한 생산자본의 일부분이기 때문이다. 그러나 어떤 자금으로부터 그것이 선대되는가는 엄청나게 다르다. B의 경우에는 현실적으로 그것은 최초에 선대되어야 할, 혹은 이용 가능하도록 가지고 있어야 할 자본의 일부이다. 그에 반해서 A의 경우 그것은 잉여가치 중에서 자본으로서 충용되는 부분이다. 이 후자의 경우는 우리에게 어떻게 해서, 축적된 자본뿐만이 아니라, 최초에 선대되는 자본의 일부 역시 단지 자본화된 잉여가치일 수 있는가를 보여주고 있다.

신용의 발달이 개입하자마자, 최초에 선대된 자본과, 자본화된 잉여가치의 관계는 가일층 복잡해진다. 예컨대, A는, 사업을 개시하거나, 혹은 1년 간 계속하기 위한 생산자본의 일부를 은행가 C에게서 빌린다. 그는 사업을 운영하기에 충분한 자본을 결코 처음부터는 가지고 있지 않은 것이다. 자본가 C는 어떤 금액을 A에게 대부하는데, 그것은, 단지 그에게 예치되어 있는, 사업가 D, E, F 등의 잉여가치로 구성되어 있을 뿐이다. 그러나 실제로는 D, E, F 등에게 있어서 이 A는, 자신들이 취득한 잉여가치를 자본화하는 대리인 이외의 그 아무것도 아니다.

제1권 제22장에서 본 바와 같이, 축적, 즉 잉여가치의 자본으로의 전화는, 그 실제의 내용을 보면, 확대된 규모에서의 — 이 확대가 낡은 공장들에 새로운 공장들이 첨가되는 형태로 외연적으로 나타나든, 종래의 경영 규모의 내포적 확장으로 나타나든 — 재생산과정이다.

생산 규모의 확대는, 잉여가치의 일부가, 단지 충용되는 노동의 생산력을 높이든가 혹은 동시에 그 노동을 더욱더 집약적으로 착취할 수 있게끔 하는 개량들을 위해 충용됨으로써, 조금씩 진행될 수 있다. 혹은 또한, 노동일이 법률적으로 제한되어 있지 않은 곳에서는 생산 규모를 확대하기 위해서 유동자본의 추가적 지출(생산재료들과 임금에)만으로 충분하며, 고정자본의 확장 없이 그 하루하루의 사용시간만이 연장될 뿐인데, 반면 고정자본의 회전기간은 그에 상응하여 단축된다. 혹은, 자본화된 잉여가치는, 시황(市況)이 유리한 경우에는, 원료에 대한 투기라든가, 최초에 선대된 자본으로는 충분하지 못했을 작업들(Operationen)을 할 수 있게끔 하거나 할지도 모른다.

그럼에도 불구하고 명백한 것은, 회전기간의 수가 많아짐에 따라 1년 내에 잉여가치가 더욱 자주 실현되는 경우에는, 노동일을 연장할 수도 없고, 개별적인 개량들을 도입할 수도 없는 기간들이 나타날 것이다. 반면에 다른 한편에서는, 일부는, 예컨대, 건물들처럼, 사업의 전체 설비에 의해서, 일부는, 농업에서처럼, 노동기금의 확장에 의해서, 사업 전체를 비례적인 규모로 확장하는 것은, 넓든 좁든 간에 단지 일정한 한계 내에서만 가능하며, 게다가 잉여가치의 다년간의 축적에 의해서만 공급될 수 있을 크기의 추가자본이 필요하다.

따라서 실제의 축적, 즉 생산자본으로의 잉여가치의 전화(및 그에 상응하는 확대된 규모에서의 재생산)와 나란히 화폐축적, 즉 나중에 일정한 규모에 달하고 나서야 비로소 능동적인 추가자본으로 기능할 잠재적 화폐자본으로서의 잉여가치의 일부의 수집(收集, Zusammenscharren)이 진행된다.

개별적 자본가의 입장에서는 사태는 그렇게 나타난다. 그러나 자본주의적 생산이 발전함에 따라 동시에 신용제도가 발전한다. 자본가가 아직 자기 자신의 사업에 충용할 수 없는 화폐자본은 다른 자본가에 의해서 충용되고, 그 대신에 전자는 후자로부터 이자를 받는다. 이 자본은 전자에게 특수한 의미에서의 화폐자본으로서, 즉 생산자본과 구별되는 종류의 자본으로서 기능한다. 그러나 그것은 타인의 수중에서 자본으로서 기능한다. 잉여가치의 실현이 빈번해지고, 그것이 생산되는 규모가 커짐에 따라서, 새로운 화폐자본, 즉 자본으로서의 화폐가 화폐시장에 투입되고, 거기로부터 적어도 대부분이 다시 생산의 확대를 위해서 흡수되는 비율이 증대한다는 것은 명백하다.

이러한 잠재적인 추가적 화폐자본이 표현될 수 있는 가장 간단한 형태는 축장화폐의 형태이다. 이 축장화폐는, 귀금속을 생산하는 나라들과의 직접적·간접적 교환을 통해서 획득된 추가적인 금이나 은일 수도 있다. 그리고 오로지 이러한 방식으로만 한 나라의 축장화폐는 절대적으로 증대한다. 다른 한편에서는 — 그리고 이 경우가 다수지만 —, 이 축장화폐는, 국내의 유통에서 인출되어 다른 개별자본가들의 수중에서 축장화폐의 형태를 취한 화폐 이외의 다른 그 아무것도 아닐 수도 있다. 더 나아가서는, 이 잠재적 화폐자본은 그 실체가 단지 가치표장일 뿐이든가 — 우리는 여기에서는 아직 신용제도는 도외시한다 —, 아니면 그 실체가 단지 법적 문서들에 의해서 확인된, 제3자들에 대한 자본가들의 청구권(權原, Rechtstitel)일 뿐일 수도 있다. 이 모든 경우에, 이 추가적 화폐자본의 현존형태가 무엇이든, 그것이 장래의(in spe) 자본인 한, 그것은 그 사회의 장래의 추가적인 년간 생산에 대한 자본가들의 추가적인, 그리고 유보된 권원[=청구권: 역자] 이외에는 전혀 아무것도 대표하지 않는다.

> "실제로 축적된 부의 량은, 그 크기에서 보면, … 그렇게, 그 사회가 어떠한 문명 상태에 있든, 그 사회의 생산력들에 비하면, 혹은 심지어 그 사회의 불과 수년간의 소비에 비하더라도, 참으로 사소한바, 입법자들과 경제학자들이 주로 주목해야 하는 것은 '생산력들'과 그것들의 장래의 자유로운 발전이지, 지금까지처럼, 눈에 띄는,[*1] 단순히 축적된 부가 아니다. 소위 축적된 부의 거의 대부분은 단지 명목적일 뿐이어서, 선박·주택·면직물·토지개량과 같은 실제의 물건들로 이루어져 있지 않고, 사회의 장래의 년간 생산력들에 대한, 불안전한 방책들과 제도들에 의해서 생겨났고 영구화된 단순한 청구권들로 이루어져 있다. … 이러한 물품들"(축적된 물질적 물건들 혹은 현실적 부)"을, 사회의 장래의 생산력들에 의해서 창조될 부를 자신들의 소유로 횡령하기(appropriate) 위한 단순한 수단으로 사용하는 것, 이러한 사용은 분배의 자연법칙들에 의해서, 폭력 없이, 점차 그들로부터 박탈될 것이며, 혹은, 협동조합적 노동(co-operative labour)의 도움을 받으면, 불과 수년만에 그들로부터 박탈될 것이다." (윌리엄 톰슨(willian Thompson), ≪부의 분배 원리 연구(*An Inquiry into the Principles of the Distribution of Wealth*)≫, 런던, 1850, p. 453. — 이 책이 맨 처음 출판된 것은 1824년이었다.)

[*1] [역주] 독일어판에는, "눈을 놀라게 하는(das Auge frapprien)".

"사회의 실제의 축적이 인류의 생산력에 대해서, 심지어는 한 세대의 불과 수년간의 일상적 소비에 대해서도, 그 량으로 보나 그 영향력으로 보나, 얼마나 사소한 비율을 차지하고 있는가는 거의 고려되지 않고 있고, 대부분의 사람들은 전혀 상상조차 하지 않고 있다. 그 이유는 명백하지만, 그 영향은 대단히 치명적이다(pernicious). 매년 소비되는, 즉 그 소비로 사라지는 부는 단지 순간적으로만 눈에 보일 뿐이며, 그것을 향유(享有)하고 사용하는 동안 외에는 어떤 인상도 주지 않는다. 그러나 부 가운데 서서히 소비되는 부분인 가구·기계장치·건물들은 유년기부터 노년기까지 눈앞에 있으며, 인간 노력의 장구(長久)한 기념비들이다. 국민적[*1] 부 가운데, 이러한 고정적·항구적, 혹은 서서히 소비되는 부분인 토지와 노동재료들, 노동 도구들, 노동하는 동안 비·바람 등을 막아주는 가옥들을 소유함으로써 이들 물품의 소유자들은, 사회의 모든 참으로 효율적인 생산적 노동 모두의 년간 생산력들을, 이들 물품은 그 노동의 반복되는 생산물들 중 극히 작은 비율밖에 차지하지 않음에도 불구하고, 자신들 자신의 이익을 위해서 지배한다. 영국과 아일랜드의 인구는 2,000만 명이며, 남자·여자·아동 각 개인의 평균적 소비는 아마 약 20파운드 스털링으로서, 4억 파운드 스털링의 부, 즉 노동의 생산물이 매년 소비된다. 이들 국가의 축적된 부의 총액은 12억 파운드 스털링, 즉 사회의 년간 노동생산물의 3배를 넘지 않는 것으로 평가되어 왔으며; 혹은, 등분하면, 각 개인당 60파운드 스털링의 자본이다. 우리와 관련된 것은, 추산된 이들 금액의 정확한 절대량이라기보다는 오히려 그 비율들이다. 이 총자본의 이자는 총인구를 그들의 현재의 생활 수준으로 1년 중 약 2개월간 부양할 것이며, 축적된 총자본 그 자체는 (구매자들을 발견할 수 있다면) 그들을 3년간 놀면서 먹고 살게 할 것이다! 이 기간 끝에는 그들은 집도, 옷도, 먹을 것도 없이 굶주리거나, 놀고 있는 그들을 3년 동안 부양한 자들의 노예가 되지 않으면 안 될 것이다. 3년의, 건강한 1세대의 수명, 가령 40년에 대한 관계는, 현실적인 부의 크기와 중요성, 심지어 가장 부유한 국가의 축적된 자본의, 그 나라의 생산력에 대한, 단지 1세대의 생산력에 대한 관계와 같고; 더욱이 그것도, 평등

---

*1 [역주] "국민적(national)"이 독일어판에는 "공공(公共)의(öffentlich)".

한 안정[*1]이라는 합리적인 제도 하에서(under judicious arrangements of equal security), 특히 협동조합적 노동의 도움을 받아 그들이 생산할 수 있을 그것들에 대한 관계가 아니라, 불안정이라는, 흠이 있고 의기소침하게 만드는 방편들 하에서 그들이 실제로(absolutely) 생산하고 있는 그것들에 대한 관계와 같다! ... 외견상 방대한 량의 현존 자본을 (혹은 오히려 년간 노동생산물들을 독점하는 수단으로 이용되는, 그들 노동생산물들에 대한 지배를) 강요된 분배라는 현재의 상태대로 ... 유지하고 영구화하기 위해서는, 소름끼치는 온갖 기구(機構)가, 즉 악덕들, 범죄들 그리고 불안정의 고통이 영구화되어야 한다. 필수품들을 우선 공급하지 않고는 아무것도 축적될 수 없기 때문에, 그리고 인간의 기질의 큰 흐름은 즐거움을 추구하기 때문에, 어떤 특정한 순간에나 사회의 실제의 부의 량은 상대적으로 사소하다. 그것이 생산과 소비의 영원한 순환이다. 이 막대한 량의 년간 소비와 생산으로부터도 한 줌의 현실적 축적은 거의 없지 않을 것인데; 그럼에도 불구하고 생산력의 량이 아니라 이 한 줌의 축적에 주로 관심을 기울여 왔다. 하지만, 이 한 줌의 축적은 소수에 의해서 장악되어 왔고, 그들의 동료 인간 대다수의 노동의 부단히 반복되는 년간 생산물들을 그들의 용도로 돌리는 도구가 되어 왔다. 그리하여 이들 소수의 견해로는, 그러한 도구가 가장 중요하다. ... 이들 국가의 년간 노동생산물의 약 3분의 1은, 공적(公的) 부담이라는 명목 하에, 지금 생산자들로부터 추출되어, 생산자들에게 어떤 등가도, 즉 어떤 만족할 만한 등가도 주지 않는 자들에 의해서 비생산적으로 소비된다. ... 그 축적된 량에, 특히 소수 개인들의 수중에 장악되어 있을 경우, 일반 대중의 눈은 언제나 놀라워 해왔다. 매년 생산되어 소비되는 량들은 영원하고 헤아릴 수 없는 장대한 강의 물결처럼 흘러서, 소비라는 망각의 대양 속으로 사라진다. 하지만, 바로 이 영원한 소비에 전체 인류는 거의 모든 만족감들뿐 아니라 그 존재까지도 의존하고 있다. 이 년간 생산물의 량과 분배가 연구의 가장 중요한 대상이 되어야 한다. 현실적인 축적은 전적으로 이차적으로만 중요하며, 이 중요성 역시 거의 모두가 년간 생산물의 분배에 대한 그것의 영향으로부터 나온다. ... 실제의 축

---

*1 [역주] 참고로, "안정(security)"에는, "보장"이라는 의미도 있다.

적과 분배는"(톰슨의 저작에서는) "언제나 생산력과의 관련 속에서, 그리고 그에 부차적으로 고찰되어 왔다. 다른 거의 모든 체계 속에서는 생산력이 축적과의, 그리고 현존하는 분배양식의 영구화와의 관련 속에서, 그리고 그것들에 부차적으로 고찰되어 왔다. 이 실제의 분배의 보존에 비하면, 전체 인류의 끊임없이 반복되는 고통과 행복은 배려할 가치가 없는 것으로 치부되어 온 것이다. 폭력과 사기 그리고 우연의 결과들을 영구화하는 것을 안정이라고 불러왔고; 이 기만적인 안정을 유지하기 위해서 인류의 모든 생산력이 가차없이 희생되어 온 것이다"(같은 책, pp. 440-443).

주어진 규모에서의 재생산 그 자체마저 방해하는 교란들을 도외시하면, 재생산에는 단지 두 개의 정상적인 경우만이 있다.

단순한 규모에서의 재생산이 일어나든가,

잉여가치의 자본화, 즉 축적이 일어난다.

제1절 단순재생산

단순 재생산의 경우에는, 매년 혹은 년도 중 여러 차례의 회전으로 주기적으로 생산되고 실현되는 잉여가치는 그 소유자, 즉 자본가에 의해 개인적으로, 즉 비생산적으로 소비된다.

생산물 가치가 일부는 잉여가치로 존재하고, 다른 일부는 그것 속에 재생산된 가변자본과, 그것 속에 소비된 불변자본에 의해서 형성되어 있다는 사정은, 상품자본으로서 끊임없이 유통에 들어가, 생산적으로 혹은 개인적으로 소비되기 위해서, 즉 생산수단들로서 혹은 소비수단들로서 복무하기 위해 마찬가지로 거기에서 끊임없이 인출되는 총생산물의 량에도 그 가치에도 절대로 아무런 변화도 일으키지 않는다. 불변자본을 도외시하면, 단지 노동자들과 자본가들 사이에서의 년간 생산물의 분배만이 그것에 의해서 영향을 받는다.

그리하여 단순재생산을 가정하더라도, 잉여가치의 일부는 언제나, 생산물이 아니라, 화폐로 존재하지 않으면 안 되는데, 왜냐하면 그것이 그렇지 않으면 소비를 위해서 화폐로부터 생산물로 전화될 수 없기 때문이다. 잉여가치의, 그 본래의 상품형태로부터 화폐로의 이러한 전화는 여기에서 더욱더 연구되어야 한다. 과제를 단순화하기 위해서 문제의 가장 단순한 형태, 즉 오직 금속화폐의, 즉 실제의 등가물인 화폐의 유통만을 전제한다.

단순 상품유통에 관해서 전개된 법칙들(제1권, 제3장)에 따르면, 국내에 현존하는 금속화폐의 량은 상품들을 유통시키기 위해서 충분한 것만으로는 안 된다. 그것은, 부분적으로는 유통의 속도의 변동으로부터, 부분적으로는 상품 가격의 변동으로부터, 부분적으로는 화폐가 지불수단으로서 혹은 본래적 유통수단으로서 기능하는, 상이하고 변동하는 비율로부터 기인하는 화폐유통의 변동을 위해서도 충분하지 않으면 안 된다. 현존하는 화폐량이 축장화폐와 유통 중인 화폐로 분할되는 비율은 끊임없이 변하는데, 그러나 화폐의 량은 언제나 축장화폐로서 그리고 유통 중인 화폐로서 현존하는 화폐의 합계와 같다. 이 화폐량(귀금속의 량)은 점차로 축적된, 사회의 축장화폐이다. 이 축장화폐의 일부가 마멸되어 없어져 버리는 한, 다른 모든 생산물과 마찬가지로, 매년 새로 보전되지 않으면 안 된다. 이는 현실적으로는 년간 국내 생산물의 일부를 금과 은을 생산하는 나라들의 생산물과 직접 혹은 간접적으로 교환함으로써 수행된다. 그런데 거래의 이러한 국제적 성격은 그 거래의 단순한 경과를 은폐한다. 그리하여 문제를 가장 단순하고 가장 투명하게 표현하기 위해서는, 금과 은의 생산이 국내 자체에서 이루어지고, 따라서 금 생산과 은 생산이 각국의 사회적 총생산의 일부분을 구성한다고 전제하지 않으면 안 된다.

사치품을 위해 생산되는 금이나 은을 도외시하면, 그것들의 년간 생산의 최소한은 년간 화폐유통에 의해서 야기되는 화폐금속의 마멸과 같지 않으면 안 된다. 나아가서는: 년간 생산되어 유통되는 상품량의 가치총액이 증대하면, 유통하는 상품의 증대된 가치총액과 그것들의 유통(및 그에 상응하는 화폐 축장)을 위해 요구되는 화폐량이, 화폐의 유통속도의 증대에 의해서, 그리고 지불수단으로서의 화폐의 기능의 확대에 의해서, 즉 실제의 화폐의 개입 없이 구매와 판매의 상호 변제가 증가함으로써, 상쇄되지 않는 한, 년간 금 생산 및 은 생산 역시 증대하지 않으면 안 된다.

따라서 사회적 노동력의 일부와 사회적 생산수단들의 일부는 매년 금과 은의 생산에 지출되지 않으면 안 된다.

금 생산과 은 생산을 경영하는 — 그리고 여기에서처럼 단순재생산을 전제하는 경우에는 — 단지 금과 은이 년간 평균적으로 마멸되는 한계 내에서만, 그리고 그로 말미암은 년간 평균적 소비의 한계 내에서만 그 생산을 경영하는 자본가들은, 우리의 전제에 따르면, 그들이 조금도 자본화하지 않고 매년 소비해버리는 자기들의 잉여가치를 직접적으로 화폐의 형태로 유통에 투입하는데, 이 화폐형태는 그들에게 있어서는, 다른 산업부문들에서마냥 생산물의 전화형태가 아니라, 생산물의 현물형태이다.

나아가서: 임금— 가변자본이 선대되는 화폐형태 —과 관련해서는, 이 경우에는 이것 또한 마찬가지로 생산물의 판매, 즉 화폐

로의 그것의 전화에 의해서가 아니라, 그 현물형태가 애초부터 화폐형태인 생산물에 의해서 보전된다.

마지막으로, 이러한 보전은 귀금속 생산물 가운데 주기적으로 소비되는 불변자본— 불변적 유동자본 및 1년 동안에 소비되는 불변적 고정자본 —의 가치와 같은 부분에 관해서도 일어난다.

귀금속 생산에 투하된 자본의 순환 또는 회전을 우선 G—W…P…G′의 형태 하에 고찰하자. G—W에서 W가, 단지 노동력과 생산수단들로만 구성되어 있지 않고, P에서 그 가치의 일부분만이 소비되는 고정자본으로도 구성되어 있는 한, G′— 생산물 —는, 임금에 투하된 가변자본 더하기 생산수단들에 투하된 유동적 불변자본 더하기 마멸된 고정자본의 가치 더하기 잉여가치와 같은 화폐액이라는 것은 명백하다. 금의 일반적 가치에 변함이 없는데 만일 이 화폐액이 그 보다 더 적다면, 이 광산 투자는 비생산적일 것이며, 혹은 — 이것이 일반적인 경우라면 — 장래에는 금의 가치는, 가치가 변하지 않은 상품들에 비해서 상승할 것이다. 즉, 상품들의 가격이 하락할 것이고, 따라서 장래에는 G—W에 투하되는 화폐액이 더 적을 것이다.

우선, G—W…P…G′의 출발점 G에 선대되는 자본의 유동적 부분만을 고찰하면, 노동력에 지불하기 위해서 그리고 생산재료들을 구입하기 위해서 어떤 일정한 화폐액이 선대되어 유통에 투입된다. 그러나 그것은, 이 자본의 순환에 의해서 유통에서 다시 인출되어 새로 유통에 투입되지는 않는다. 생산물은 그 현물형태에서 이미 화폐이며, 따라서 교환에 의해서, 즉 유통과정에 의해서 비로소 화폐로 전화될 필요가 없다. 생산물은, 화폐자본으로 재전화되어야 할 상품자본의 형태로 생산과정에서 나와 유통영역으로 들어가는 것이 아니라, 생산자본으로 재전화되어야 할, 즉 노동력과 생산재료들을 새로 구매해야 할 화폐자본으로서 생산과정에서 나와 유통영역으로 들어간다. 노동력과 생산수단들에 소비된 유동자본의 화폐형태는, 생산물의 판매에 의해서가 아니라, 생산물의 현물형태 그 자체에 의해서 보전되며, 따라서 유통으로부터 그 가치를 화폐형태로 재인출함으로써 보전되는 것이 아니라, 새로 생산되는 추가적 화폐에 의해서 보전되는 것이다.

이 유동자본 = 500파운드 스털링, 회전기간 = 5주간, 노동기간 = 4주간, 유통기간은 단지 1주간이라고 가정하자. 처음부터 5주간을 위한 화폐가, 일부는 생산용 재고에 선대되고, 일부는 차차로 노동력의 대금을 치르기 위해서 준비되어 있지 않으면 안 된다. 제6주 초에는 400파운드 스털링이 환류하여 100파운드 스털링이 유리되어 있다. 이것이 끊임없이 반복된다. 여기에서도, 앞에서마냥, 100파운드 스털링은 회전의 일정 시간 동안 언제나 유리된 형태에 있을 것이다. 그러나 그것은, 다른 400파운드 스털링과 전적으로 마찬가지로, 새로 생산된 추가적 화폐로 구성된다. 이 경우에는 1년에 10번 회전하고, 생산되는 년간 생산물 = 5,000파운드 스털링의 금이다. (유통기간은, 이 경우에는, 상품이 화폐로 전화하는 데에 드는 시간에 의해서가 아니라, 화폐가 생산요소들로 전화하는 데에 드는 시간에 의해서 생긴다.)

동일한 조건 하에서 회전하는 500파운드 스털링의 다른 자본들의 경우에는, 어느 경우에나, 끊임없이 갱신되는 화폐형태는 생산된 상품자본의 전화형태이며, 이 상품자본이 4주간마다 유통에 투입되어, 그것이 판매됨으로써 ― 따라서 그것이 최초로 과정에 들어갔을 때의 화폐량을 주기적으로 인출함으로써 ― 끊임없이 새롭게 이 화폐형태를 다시 취하는 것이다. 이 경우에는, 그에 반해서, 각 회전기간마다 500파운드 스털링의 새로운 추가적 화폐량이 생산과정 자체로부터 유통에 투입되어, 거기에서 끊임없이 생산재료들과 노동력을 인출한다. 유통에 투입되는 이 화폐는, 이 자본의 순환에 의해서 거기에서 다시 인출되지 않고, 끊임없이 새로 생산되는 금량에 의해서 더욱 증대된다.

이 유동자본의 가변적 부분을 고찰하면, 그리고, 위에서처럼, 그 부분 = 100파운드 스털링이라고 하면, 통상적인 상품생산에서는 이 100파운드 스털링은, 10번 회전하는 경우, 끊임없이 노동력의 대가를 지불하기에 충분할 것이다. 여기, 즉 화폐생산에서도 동일한 금액으로 충분하지만, 그러나 5주간마다 노동력의 대가로 지불되는 100파운드 스털링의 환류는, 그것의 생산물의 전화형태가 아니라, 그것의 끊임없이 갱신되는 생산물 자체의 일부분이다. 금생산자는 자기 노동자들에게 직접 그들 자신에 의해서 생산된 금의 일부분으로 지불하는 것이다. 그리하여, 이렇게 매년 노동력에 투하되어 노동자들에 의해서 유통에 투입되는 1,000파운드 스털링은 유통에 의해서 그 출발점으로 복귀하지 않는다.

나아가, 고정자본과 관련해서는, 창업(erste Anlage des Geschäfts)의 경우에는 상당히 큰 화폐자본의 지출을 필요로 하고, 따라서 그 화폐자본이 유통에 투입된다. 모든 고정자본과 마찬가지로 그것은 여러 해가 경과하면서 단지 조금씩만 환류한다. 그러나 그것은, 생산물의 판매에 의해서 그리고 그럼으로써 이루어지는 금화(金化)에 의해서가 아니라, 생산물의, 즉 금의 직접적인 조각으로서 환류한다. 따라서 그것은, 유통으로부터의 화폐의 인출에 의해서가 아니라, 생산물 가운데 그것에 상응하는 부분의 퇴적에 의해서 점차 그 화폐형태를 취한다. 그리하여 다시 복구되는 화폐자본은, 애초에 그 고정자본을 위해서 유통에 투입된 화폐액을 보상하기 위해서 유통으로부터 점차 인출되는 화폐액이 아니다. 그것은 추가적인 화폐량이다.

마지막으로, 잉여가치와 관련해서는, 이것도 마찬가지로, 새로운 금생산물 가운데 새로운 회전기간마다 유통에 투입되어, 우리의 가정에 의하면, 비생산적으로 지출되는, 즉 생활수단들과 사치품들에 지불되어 버리는 부분과 같다.

그러나, 전제에 의하면, 이 년간 금생산 모두— 이것에 의해서 노동력과 생산재료들이 끊임없이 시장으로부터 인출되지만, 화폐는 결코 인출되지 않으며, 추가적인 화폐가 끊임없이 시장에 공급된다 —는 단지 1년 동안에 마멸된 화폐를 보전할 뿐이며, 따라서 단지, 비율상으로는 변동하면서도 언제나 축장화폐와 회류중인 화폐라는 두 형태로 존재하는 사회적 화폐량을 부족하지 않게 유지할 뿐이다.

상품유통의 법칙에 의하면, 화폐량은, 유통을 위해 필요한 화폐량에 축장화폐의 형태로 존재하는 화폐량을 합한 것과 같지 않으면 안 되는데, 이 축장화폐의 형태로 존재하는 화폐량은 유통이 수축 혹은 팽창함에 따라서 증가하거나 감소하며, 또한 특히 지불수단의 필요 준비금의 형성에 이용된다. 화폐로 지불되지 않으면 안 되는 것은 — 지불들이 상쇄되지 않는 한 — 상품들의 가치이다. 이 가치의 일부는 잉여가치로 구성된다는 것, 즉 상품의 판매자에게는 아무런 비용도 들지 않았다는 것은 사태를 절대로 아무것도 달라지게 하지 않는다. 생산자들은 모두 자신들의 생산수단의 독립적 소유자들이고, 따라서 직접적 생산자들 자신들 사이에서 유통이 발생한다고 가정하자. 그러고 나서, 그들의 자본의 불변적 부분을 도외시하면, 그들의 년간 잉여생산물은, 자본주의적 상태와 유사하게, 두 개의 부분으로, 즉 순전히 그들의 필요 생활수단들을 보전하는 부분 a와, 부분적으로는 사치품들에 소비되고, 부분적으로는 생산의 확대를 위해 충용되는 부분 b로 나누어질 수 있을 것이다. 그 경우엔 a는 가변자본을, b는 잉여가치를 대표한다. 그러나 이 분할은, 그들의 총생산물의 유통을 위해 필요한 화폐량의 크기에는 여전히 어떤 영향도 미치지 않을 것이다. 다른 사정들이 변하지 않았다면, 유통 상품량의 가치는 동일할 것이고, 따라서 그것을 위해 필요한 화폐량도 또한 동일할 것이다. 또한 그들은, 회전기간의 분할이 동등한 경우, 동일한 예비금(Geldreserve)을, 즉 그들의 자본의 동일한 부분을 화폐형태로 가지고 있지 않으면 안 될 것인데, 왜냐하면, 가정에 따르면, 그들의 생산은 여전히 상품생산일 것이기 때문이다. 따라서, 상품가치의 일부분이 잉여가치로 구성되어 있다는 사정은, 사업경영을 위해서 필요한 화폐의 량에 절대로 아무런 변화도 일으키지 않는다.

형태 G—W—G'에 집착하는, 투크(Tooke)의 한 반대자는 투크에게, 도대체 어떻게 자본가는 자신이 유통에 투입하는 화폐보다 더 많은 화폐를 끊임없이 유통으로부터 인출할 수 있는가, 묻고 있다. 오해하지 마라. 여기에서의 문제는 잉여가치의 <u>형성</u>이 아니다. 유일한 비밀인 이 잉여가치의 형성은 자본주의적 관점에서는 자명한 것이다. 충용되는 가치액은, 만일 그것이 잉여가치에 의해서 불어나지 않는다면, 자본이 아닐 것이다. 따라서,[*1] 가정에 의하면 그것은 자본이기 때문에, 잉여가치는 자명하다.

따라서 문제는, 잉여가치는 어디에서 오는가가 아니라, 잉여가치를 화폐화하기 위한 화폐는 어디서 오는가이다.

그런데 부르주아 경제학에서는 잉여가치의 존재는 자명한 일

---

*1 [역주] "따라서(also)"가 영어판에는 "but(그러나, 그런데)".

이다. 따라서 잉여가치의 존재가 가정되어 있을 뿐 아니라, 나아가서는 그것과 더불어 또한, 유통에 투입되는 상품량의 일부는 잉여가치로 이루어져 있으며, 따라서 자본가가 자신의 자본으로 유통에 투입하지 않은 어떤 가치를 표현하고 있다는 것; 따라서 자본가는 자기의 자본을 넘는 어떤 초과분을 자신의 생산물로 유통에 투입하며, 이 초과분을 다시 유통으로부터 인출한다는 것도 가정되어 있다.

자본가가 유통에 투입하는 상품자본은, 그가 노동력 및 생산수단들로서 유통으로부터 인출했던 생산자본보다 더 큰 가치이다 (왜 그렇게 되는가는 설명도 이해도 되지 않지만, 자본가의 관점에서는 <u>그것은 하나의 사실이다</u>(c'est un fait)). 그리하여 이러한 전제 하에서는, 왜 자본가 A뿐 아니라 B, C, D 등도 또한, 최초에 그리고 부단히 새로 선대되는 자신의 자본보다 많은 가치를 자신의 상품의 교환을 통해서 끊임없이 유통으로부터 인출할 수 있는가가 명확하다. A, B, C, D 등은, 그들이 생산자본의 형태로 유통으로부터 인출하는 것보다 더 큰 상품가치를 상품자본의 형태로 끊임없이 유통에 투입한다 ― 이 조작(操作)은, 독립적으로 기능하는 자본들과 마찬가지로, 다면적이다. 따라서 그들은 그들 각자의 선대된 생산자본의 가치액과 같은 가치액을 자신들 사이에서 끊임없이 분배하지 (즉, 각자는 제각기 유통으로부터 생산자본을 인출하지) 않으면 안 되며; 또한 마찬가지로 각자의 상품가치 가운데 자신의 생산요소들의 가치를 넘는 초과분으로서 마찬가지로 끊임없이 전면적으로 유통에 상품형태로 투입하는 가치액을 자신들 사이에서 끊임없이 분배하지 않으면 안 된다.

그러나 상품자본은, 그것이 생산자본으로 재전화하기 전에 그리고 그것에 포함되어 있는 잉여가치가 지출되기 전에, 화폐화되지 않으면 안 된다. 그것을 위한 화폐는 어디에서 오는가? 이 문제는 일견 어려워 보이며, 투크도 그리고 다른 누구도 아직까지 그것에 답하지 않았다.

화폐자본의 형태로 선대되는 500파운드 스털링의 유동자본이, 그 회전기간이 무엇이든, 사회의, 따라서 자본가계급의 총유동자본이라고 하자. 잉여가치는 100파운드 스털링이라고 하자. 그렇다면, 전체 자본가계급은, 끊임없이 500파운드 스털링을 유통에 투입하는데, 어떻게 유통으로부터 끊임없이 600파운드 스털링을 인출할 수 있는가?

500파운드 스털링의 화폐자본은 생산자본으로 전화한 후에, 이 생산자본은 생산과정 속에서 600파운드 스털링의 상품가치로 전화되며, 유통에는, 애초에 선대된 화폐가치와 같은 500파운드 스털링의 상품가치만이 아니라, 100파운드 스털링이라는 새로 생산된 잉여가치도 존재한다.

100파운드 스털링의 이 추가적 잉여가치는 상품형태로 유통에 투입되어 있다. 이에 관해서는 결코 어떤 의문도 없다. 그러나 동일한 조작에 의해서 이 추가적 상품가치의 유통을 위한 추가적 화폐가 주어져 있지는 않다.

이러한 상황에서 그럴듯한 속임수들(Ausflüchte)[*1]로 이 곤란을 회피하려고 해서는 안 된다.

예컨대: 불변적 유동자본과 관련해서는, 모두가 그것을 동시에 투하하지 않는다는 것은 명백하다. 자본가 A는 자신의 상품을 판매하고, 따라서 그에게 있어서는 선대된 자본이 화폐형태를 취하는 반면에, 구매자 B에게 있어서는 역으로 화폐형태로 선대된 그

[*1] [역주] 영어판의 "subterfuges"에 따라 번역하였다.

의 자본이, 바로 A가 생산하는 생산수단의 형태를 취한다. A가 자신이 생산한 상품자본에 다시 화폐형태를 부여하는 동일한 행위에 의해서, B는 자신의 자본에 다시 생산적 형태를 부여한다. 즉 그것을 화폐형태로부터 생산수단과 노동력으로 전화한다. 동일한 화폐액이, 모든 단순한 매매 W-G에서와 마찬가지로, 양면적인 과정으로 기능한다. 다른 한편에서 A가 그 화폐를 다시 생산수단으로 전화할 때에는 그는 C로부터 구매하고, C는 그것으로 B에게 지불한다, 등등. 전말(顚末, Hergang)은 그렇게 설명될 것이다. 그러나:

상품유통에서(제1권, 제3장) 유통하는 화폐량에 관해서 확립된 모든 법칙은 생산과정의 자본주의적 성격에 의해서 결코 어떤 식으로도 바뀌지 않는다.

따라서 화폐형태로 선대되는 사회의 유동자본이 500파운드 스털링에 달한다고 얘기한다면, 그 경우에는, 이것은 한편에서는 동시에 선대된 금액이라는 것, 그러나 다른 한편에서는, 이 금액은, 그것이 번갈아 다양한 생산자본들의 화폐기금으로서 이용되기 때문에, 500파운드 스털링보다 많은 생산자본을 가동한다는 것이 이미 계산에 들어 있다. 따라서 이러한 설명 방식은, 그 존재를 설명해야 할 화폐를 이미 현존하는 것으로서 전제하고 있다. ―

나아가서는 이렇게도 말할 수 있을 것이다: 자본가 A는, 자본가 B가 개인적으로, 비생산적으로 소비하는 물품을 생산한다. 따라서 B의 화폐는 A의 상품자본을 화폐화하며, 그리하여 동일한 화폐액이 B의 잉여가치와 A의 유동적 불변자본의 화폐화를 위해서 이용된다고. 이 경우에는 그러나 답변되어야 할 문제의 해결이 더욱더 직접적으로 가정되어 있다. 즉, 어디에서 B는 자신의 소득의 지출을 위한(zur Bestreitung seiner Revenue)[*1] 이 화폐를 입수하는가? 어떻게 그는 자신의 생산물의 이 잉여가치 부분을 화폐화했는가? ―

나아가서는 이렇게 말할 수도 있을 것이다: 유동적 가변자본 가운데 A가 자기 노동자들에게 끊임없이 선대하는 부분은 유통으로부터 끊임없이 그에게 환류하며; 그 가운데 단지 일부만이 임금 지불을 위해서 번갈아 그 자신에게 끊임없이 머물러 있다고. 하지만 지출과 환류 사이에는 일정한 시간이 흐르는 것이며, 임금으로 지출된 화폐가 그 동안에 다른 용도 외에(unter andrem) 잉여가치의 화폐화를 위해서도 이용될 수 있다고. ― 그러나 우리는, 첫째로, 이 시간이 길면 길수록, 자본가 A가 끊임없이 은밀히 (in petto) 보유하고 있지 않으면 안 되는 화폐 비축량 역시 그만큼 더 크지 않으면 안 된다는 것을 알고 있다. 둘째로, 노동자는 그 화폐를 지출하여 그것으로 상품들을 구매하고, 그리하여 그만큼(pro tanto) 이들 상품에 포함된 잉여가치를 화폐화한다. 따라서 가변자본의 형태로 선대되는 동일한 화폐가 그만큼(pro tanto) 잉여가치의 화폐화를 위해서도 이용되는 것이다. 여기에서는 이 문제에 더 이상 깊이 들어가지 않고, 여기에서는 단지 다음과 같은 지적으로 충분하다: 전체 자본가계급과 그들에 매달려 있는 비생산적인 사람들의 소비는 노동자계급의 소비와 동시에 보조를 같이하고 있으며; 따라서, 노동자들에 의해서 화폐가 유통에 투입되는 것과 동시에, 자본가계급에 의해서도 그들의 잉여가치를 소득으로서 지출하기 위해서 화폐가 유통에 투입되지 않으면 안 되고; 따라서 이를 위해서 화폐가 유통으로부터 인출되지 않으면 안 된다. 조금 전의 설명은 필요한 량을 그렇게 감소시킬 뿐

---

*1 [역주] 영어판에는, "자신의 소득을 이루는(that makes up his revenue)".

이며, 그것을 제거하진 않을 것이다. —

마지막으로는 이렇게도 말할 수 있을 것이다: 하지만 고정자본이 최초로 투하되는 경우에는 언제나 대량의 화폐가 유통에 투입되고, 그것은 여러 해가 경과하는 중에 단지 점차로, 조금씩만 그것을 투입한 사람에 의해서 다시 유통으로부터 인출된다. 이 금액이면, 잉여가치를 현금화하기에 충분할 수 있지 않을까? — 이에 대해서는, (필요한 준비금을 위한 축장화폐 형성도 포함한) 500파운드 스털링의 금액 속에는 아마도, 그것을 투입한 사람에 의해서는 아니지만, 다른 누군가에 의해서 이 금액이 고정자본으로서 충용되는 것이 이미 포함되어 있다고 대답해야 한다. 그밖에도 고정자본으로 이용되는 생산물들을 조달하기 위해 지출되는 금액의 경우에는, 이들 상품 속에 포함되어 있는 잉여가치도 역시 지불되어 있다는 것이 이미 가정되어 있으며, 문제는 바로 어디에서 이 화폐가 오는가 하는 것이다.

일반적인 대답은 이미 주어져 있다: x × 1,000파운드 스털링의 상품량이 순환해야 한다면, 이 상품량의 가치가 잉여가치를 포함하고 있는가 아닌가, 이 상품량이 자본주의적으로 생산되었는가 아닌가는 이 유통을 위해서 필요한 화폐액의 분량을 절대적으로 결코 아무것도 바꾸지 않는다. 따라서 <u>문제 그 자체가 존재하지 않는다</u>. 화폐의 회류속도 등 다른 조건들이 주어져 있는 경우, x × 1,000파운드 스털링의 상품가치를 유통시키기 위해서는, 이 가치 가운데 얼마나 많거나 얼마나 적은 량이 이들 상품의 직접 생산자에게 귀속되는가 하는 사정에는 전혀 무관하게, 어떤 일정한 화폐액이 요구된다. 여기에 어떤 문제가 존재한다면, 그것은 일반적인 문제와, 즉 한 나라에서 상품의 유통을 위해서 필요한 화폐액은 어디에서 오는가 하는 문제와 일치한다.

그럼에도 불구하고 물론, 자본주의적 생산의 관점에서는, 특별한 문제라는 <u>외관</u>이 존재한다. 즉 여기에서는 화폐가 유통에 투입되는 출발점으로서 나타나는 것은 자본가이다. 노동자가 자신의 생활수단들의 대가를 지불하기 위해서 지출하는 화폐는 미리 가변자본의 화폐형태로서 존재하고, 그리하여 원래 자본가에 의해서 노동력의 구매수단 즉 지불수단으로서 유통에 투입된다. 그 외에 자본가는, 그에게 있어서 원래 그의 불변적 고정자본 및 불변적 유동자본의 화폐형태를 이루는 화폐를 유통에 투입하며; 그것을 그는 노동수단들과 생산자료들에 대한 구매수단이나 지불수단으로서 지출한다. 그러나 이것 이상으로는 자본가는 유통 속에 있는 화폐량의 출발점으로서 더 이상은 나타나지 않는다. 그러나 지금 존재하는 것은 단지 두 개의 출발점, 즉 자본가와 노동자뿐이다. 제3의 모든 인간부류들은 봉사를 하고 이들 두 계급으로부터 화폐를 받지 않으면 안 되고, 아니면 그들이 반대급부 없이 화폐를 받는 한, 그들은 지대, 이자 등의 형태에서의 잉여가치의 공동소유자들이다. 잉여가치가 전부 산업자본가의 호주머니 속에 머물지 않고, 그에 의해서 다른 사람들과 분배되지 않으면 안 된다는 것은 당면 문제와 아무런 관계도 없다. 문제는, 어떻게 그가 그의 잉여가치를 화폐화하는가이지, 그 잉여가치 대신에 얻은 화폐(Silber)가 나중에 어떻게 분배되는가가 아니다. 따라서 우리의 경우에는 자본가가 아직 잉여가치의 유일한 소유자로 간주되어야 한다. 그러나 노동자와 관련해서는, 이미 말한 것처럼, 그는 단지 제2차적인 출발점일 뿐이고, 노동자에 의해서 유통에 투입되는 화폐의 제1차적 출발점은 자본가다. 처음에 가변자본으로서 선대된 화폐는, 노동자가 생활수단들의 대가를 지불하기 위해 그것을 지출하면, 이미 그것의 두 번째 회류를 수행한다.

따라서 자본가계급은 여전히 화폐유통의 유일한 출발점이다. 그들이 만일 생산수단들에 대한 지불에 400파운드 스털링, 노동력에 대한 지불에 100파운드 스털링을 사용한다면, 그들은 500파운드 스털링을 유통에 투입한다. 그런데 생산물에 포함되어 있는 잉여가치는, 잉여가치률이 100%인 경우, 100파운드 스털링의 가치와 같다. 자본가계급은 끊임없이 단지 500파운드 스털링만을 유통에 투입하는데, 어떻게 600파운드 스털링을 유통으로부터 끊임없이 끌어낼 수 있는가? 아무것도 없으면, 아무것도 나오지 않는다. 자본가 총계급은 유통으로부터, 사전에 투입되지 않은 것은, 아무것도 끌어낼 수 없다.

여기에서는, 400파운드 스털링의 화폐액은, 10번 회전할 경우 4,000파운드 스털링 어치만큼 생산수단들을, 그리고 1,000파운드 스털링 어치만큼의 노동을 유통시키는 데에 필시 충분하며, 나머지 100파운드 스털링은 1,000파운드 스털링의 잉여가치를 유통시키는 데에 역시 충분하다는 것은 도외시한다. 화폐액과 그것에 의해 유통되는 상품가치의 비율은 사태와 아무런 관련이 없다. 문제는 여전히 동일하다. 동일한 화폐조각들이 여러 차례 회류하지 않는다면(Fänden nicht verschiedne Umläufe derselben Geldstücke statt)[*1], 5,000파운드 스털링이 자본으로서 유통에 투입되어야 할 것이며, 1,000파운드 스털링이 잉여가치를 화폐화하기 위해서 필요할 것이다. 문제는 이 후자의 화폐가, 그것이 1,000파운드 스털링이든, 100파운드 스털링이든, 어디에서 오는가다. 어쨌든 그것은 유통에 투입된 화폐자본을 넘는 초과분이다.

실제로는, 일견 역설적으로 보이겠지만, 상품 속에 포함되어

---

*1 [역주] "동일한 화폐조각들이 여러 차례 회류하지 않는다면"은, 영어판의 "Unless the same pieces of money circulate several times"에 따라 번역했다.

있는 잉여가치의 실현을 위해 이용되는 화폐는 자본가계급 자신이 유통에 투입한다. 그러나 <u>주의하라</u>(notabene): 자본가계급은 그것을 선대되는 화폐로서, 따라서 자본으로서 투입하는 것이 아니다. 자본가계급은 그것을, 그 계급의 개인적 소비를 위한 구매수단으로서 지출한다. 따라서 자본가계급은 이 화폐의 유통의 출발점이긴 하지만, 이 화폐가 자본가계급에 의해서 선대되는 것은 아니다.

자신의 사업을 개시하는 어떤 개별자본가, 예컨대, 한 차지농업가를 들어 보자. 최초 1년 동안에 그는 가령 5,000파운드 스털링의 화폐자본을, 생산수단들(4,000파운드 스털링) 및 노동력(1,000파운드 스털링)에 대한 지불에 선대한다. 잉여가치률은 100%, 그가 취득하는 잉여가치 = 1,000파운드 스털링이라고 하자. 상술한 5,000파운드 스털링은, 그가 화폐자본으로서 선대하는 모든 화폐를 포함하고 있다. 그러나 이 사람도 역시 살아가지 않으면 안 되는데, 그는 그 년도 말 전에는 결코 어떤 화폐도 입수하지 못한다. 그의 소비는 1,000파운드 스털링에 달한다고 하자. 그는 이것을 가지고 있지 않으면 안 된다. 심지어, 그는 이 1,000파운드 스털링을 첫 1년 동안 자신에게 선대하지 않으면 안 된다고까지 말한다. 하지만, — 이 경우 단지 주관적인 의미밖에는 갖지 않는 — 이 선대는, 그는 첫 1년 동안 자신의 개인적 소비를, 그의 노동자들의 무상노동(無償勞動)으로부터가 아니라, 그의 호주머니로부터 부담하지 않으면 안 된다는 것 이상의 아무것도 의미하지 않는다. 그는 이 화폐를 자본으로 선대하는 것이 아니다. 그는 그것을 지출하고, 그것을 그가 소비하는 생활수단들이라는 등가물에 대해서(für ein Äquivalent in Lebensmitteln, die er verzehrt.) 지불해 버린다. 이 가치는 그에 의해서 화폐로 지출되어 유통에 투입되고, 상품가치들로서 거기에서 인출되었다. 이 상품가치들을 그는 소비했다. 따라서 그는 그 상품의 가치와는 어떤 관계도 없게 되었다. 그가 그 가치를 지불한 화폐는 유통화폐의 요소로서 존재한다. 그러나 이 화폐의 가치를 그는 유통으로부터 생산물들로 인출했고, 그 가치가 그 속에 존재했던 생산물들과 함께 그 가치도 없어졌다. 그 가치는 모두 없어졌다. 이제 그 년도의 말에 그는 6,000파운드 스털링의 상품가치를 유통에 투입하고, 그것을 판매한다. 이와 더불어 그에게는: 1) 그의 선대 화폐자본 5,000파운드 스털링; 2) 화폐화된 잉여가치 1,000파운드 스털링이 환류한다. 그는 5,000파운드 스털링을 자본으로서 선대하여 유통에 투입했고, 6,000파운드 스털링을, 즉 자본분(分) 5,000파운드 스털링과 잉여가치분 1,000파운드 스털링을 유통으로부터 인출한다. 이 잉여가치 1,000파운드 스털링은, 그 자신이 자본가로서가 아니라, 소비자로서 유통에 투입했던, 선대한 것이 아니라, 지출했던 화폐로써 화폐화되어 있다. 그것은 지금 그에 의해서 생산된 잉여가치의 화폐형태로서 그에게 돌아온다. 그리고 이제부터는 이 조작(操作)이 매년 반복된다. 그러나 제2차 년도부터는 그가 지출하는 1,000파운드 스털링은 언제나 그에 의해서 생산된 잉여가치의 전화된 형태, 즉 화폐형태이다. 그는 그것을 매년 지출하고, 그것은 마찬가지로 매년 그에게 환류한다.

그의 자본이 1년에 보다 더 자주 회전하더라도, 그렇다고 해서 사태는 아무것도 변하지 않을 것이다. 비록 그가 자신의 개인적 소비를 위해 자신의 선대 화폐자본을 넘어 유통에 투입하지 않으면 안 될 시간의 길이, 따라서 또한 금액의 크기는 변하겠지만, 그렇다.

이 화폐는 자본가에 의해서 자본으로서 유통에 투입되는 것이 아니다. 비록, 잉여가치가 환류할 때까지 그가 그의 소유인 자금에 의해서 살아갈 수 있다는 것은 자본가의 특성에 속하지만, 그렇다.

이 경우에는, 자본가가, 자신의 자본이 최초로 환류할 때까지 자기의 개인적 소비를 부담하기 위해서 유통에 투입하는 화폐액은, 그에 의해서 생산된, 그리하여 또한 화폐화되어야 할 잉여가치와 정확히 같다고 가정하였다. 이는 명백히 개별자본가에 관해서는 자의적인 가정이다. 그러나, 단순재생산을 가정하는 경우, 이 가정은 자본가계급 전체에 대해서는 올바르지 않을 수 없다. 그것은 단지 이 단순재생산이라는 가정이 의미하는 것과 동일한 것, 즉 잉여가치 전체가, 그러나 또한 이것만이, 비생산적으로 소비되며, 따라서 최초의 자본금(Kapitalstock)의 결코 어떤 한 토막도 비생산적으로 소비되지 않는다는 것을 표현할 뿐이다.

위에서는, 귀금속의 총생산(= 500파운드 스털링이라고 가정된)은 단지 화폐의 마멸을 보전하는 데에 충분할 뿐이라고 가정하였다.

금을 생산하는 자본가들은 자기들의 모든 생산물을, 그 가운데 불변자본을 보전하는 부분도, 가변자본을 보전하는 부분도, 또한 잉여가치로 구성되어 있는 부분도, 금으로 소유한다. 따라서 사회의 잉여가치의 일부분은, 유통의 내부에서 비로소 금화(金化)되는 생산물로 구성되지 않고, 금으로 구성되어 있다. 그 부분은 애초부터 금으로 구성되어 있고, 유통으로부터 생산물들을 인출하기 위해서 거기에 투입되는 것이다. 이 경우 동일한 것은 임금, 즉 가변자본에도, 그리고 선대 불변자본의 보전에도 해당된다. 따라서 자본가계급의 일부가, 그들에 의해서 선대된 화폐자본보다 (잉여가치만큼) 더 큰 상품가치를 유통에 투입한다면, 자본가들의 다른 부분은, 그들이 금을 생산하기 위해 끊임없이 유통으로부터 인출하는 상품가치보다 더 큰 화폐가치를 (잉여가치만큼 더 많이) 유통에 투입한다. 자본가의 일부가 자신들이 투입하는 것보다 더 많은 화폐를 끊임없이 유통으로부터 펌프질해 낸다면, 금을 생산하는 부분은 자신들이 생산수단들의 형태로 유통으로부터 인출하는 것보다 더 많은 화폐를 끊임없이 펌프질해 넣는 것이다.

그런데 500파운드 스털링의 이 금 생산물의 일부분은 금 생산자들의 잉여가치이지만, 그 전체 금액은 하지만 단지 상품의 유통을 위해서 필요한 화폐를 보전하도록 규정되어 있고: 그 가운데 얼마만큼이 상품들의 잉여가치를 화폐화하고, 얼마만큼이 상품가치의 다른 구성부분들을 화폐화하는가는 이 경우에는 상관이 없다.

금 생산을 이 나라에서 다른 나라들로 옮겨놓더라도, 사태는 절대로 아무것도 변하지 않는다. 나라 A의 사회적 노동력과 사회적 생산수단들의 일부가 어떤 생산물, 예컨대, 500파운드 스털링의 가치의 아마포로 전화되어, 나라 B에서 금을 구입하기 위해서 그곳으로 수출된다. 그렇게 나라 A 내에서 사용되는 생산자본은, 그것이 직접적으로 금 생산에 사용될 때와 마찬가지로, 나라 A의 시장에 — 화폐와는 다른 — 상품을 투여하지 않는다. A의 이 생산물은 500파운드 스털링의 금으로 나타나며, 오로지 화폐로서만 나라 A의 유통에 들어간다. 사회적 잉여가치 가운데 이 생산물에 포함되어 있는 부분은 직접적으로 화폐로 존재하며, 나라 A에게 있어서는 화폐의 형태 이외의 다른 것으로는 결코 존재하지 않는다. 화폐를 생산하는 자본가에게 있어서는 생산물의 단지 일부분만이 잉여가치를 표현하고 있고, 다른 부분은 자본의 보전분

(補塡分)을 표현하고 있지만, 그에 반해서 이 금의 얼마만큼이, 유동적 불변자본 외에, 가변자본을 보전하고, 얼마만큼이 잉여가치를 표현하는가 하는 문제는 오로지 유통하는 상품들의 가치 중에서 임금과 잉여가치가 점하는 각각의 비율에 달려 있다. 잉여가치가 형성하는 부분은, 자본가계급의 다양한 구성원들 사이에 분배된다. 비록 이 부분은 끊임없이 개인적 소비를 위해서 그들에 의해서 지출되고, 새로운 생산물의 판매에 의해서 다시 입수되긴 하지만 — 바로 이 구매와 판매만이 무릇 잉여가치의 화폐화를 위해서 필요한 화폐를 그들 자신 사이에 유통시킨다 —, 하지만 사회의 잉여가치의 일부분은, 그 분량들(Portionen)[*1]은 변동하면서도, 화폐의 형태로 자본가들의 호주머니 속에 있으며, 이는 임금의 일부분이 1주간 중 최소한 한 부분 동안은 화폐의 형태로 노동자들의 호주머니 속에 머무는 것과 전적으로 마찬가지이다. 그리고 이 부분은, 금 생산물[*2] 가운데 애초에 금을 생산하는 자본가들의 잉여가치를 형성하는 부분에 의해서 제한되어 있는 것이 아니라, 이미 말한 바와 같이, 상술한 500파운드 스털링의 생산물이 무릇 자본가들과 노동자들 사이에서 분배되는 비율 및 유통해야 할 상품가치[*3]가 잉여가치와 다른 가치 구성부분들로 구성되는 비율에 의해서 제한되어 있다.

그럼에도 불구하고 잉여가치 가운데 다른 상품 속에 존재하지 않고, 이들 다른 상품과 나란히 금으로 존재하는 부분은, 년간 금

---

*1 [역주] 영어판에는, "비율들(proportions)".

*2 [MEW 편집자주] 제1판과 제2판에는 '화폐 생산물'; 엥엘스의 인쇄용 원고에 따라 수정되었다.

*3 [MEW 편집자주] 제1판과 제2판에는 '상품 재고'; 엥엘스의 인쇄용 원고에 따라 수정되었다.

생산의 일부가 잉여가치의 실현을 위하여 유통하는 한에서만, 매년 생산되는 금의 일부로써 구성된다. 화폐 가운데, 그 분량이 변하면서도 자본가계급의 잉여가치의 화폐형태로서 끊임없이 그들의 수중에 있는 다른 부분은, 매년 생산되는 금의 요소가 아니라, 이전에 그 나라에 축적된 금량의 요소이다.

우리의 가정에 의하면, 500파운드 스털링이라는 년간 금 생산은 단지 바로 매년 마멸되는 화폐를 보전하기에만 충분할 뿐이다. 그리하여 이 500파운드 스털링만을 안중에 두고, 년간 생산되는 상품량 중 그 유통을 위해서 이전에 축적된 금이 이용되는 부분을 도외시하면, 상품형태로 생산되는 잉여가치는, 다른 한편에서 잉여가치가 매년 금의 형태로 생산되기 때문에, 이미 유통에서 그 화폐화를 위한 화폐를 발견한다. 동일한 것은, 500파운드 스털링의 금 생산물 가운데 선대 화폐자본을 보전하는 다른 부분들에도 해당된다.

그런데 여기에서는 두 가지를 언급해야 한다.

첫째로. 자본가들에 의해서 화폐로 지출되는 잉여가치는, 그들에 의해서 화폐로 선대되는 가변자본 및 기타 생산자본과 마찬가지로, 노동자들의 생산물, 즉 금 생산에 고용된 노동자들의 생산물이다. 그들은 금 생산물 중 자신들에게 임금으로서 "선대되는" 부분도, 금 생산물 중 자본주의적 금 생산자들의 잉여가치가 직접적으로 표현되는 부분도 새로 생산한다. 마지막으로, 금생산물 가운데 단지 그것을 생산하기 위해 선대된 불변자본 가치를 보전하는 부분과 관련해서는, 그것은 오직 노동자들의 년간 노동에 의해서만 금 형태[*1]로 (일반적으로 생산물 속에) 다시 나타난다.

[*1] [*MEW* 편집자주] 제1판과 제2판에서는 "화폐형태"; 엥엘스의 인쇄용 원고에 따라 수정되었다.

사업을 시작할 때에 이 부분은 애초에 자본가에 의해서 화폐로 투하되었는데, 이 화폐는, 새로 생산되지 않고, 회류하고 있는 사회적 화폐량의 일부를 이루고 있던 것이었다. 그에 반해서 그것이 새로운 생산물, 즉 추가적인 금에 의해서 보전되는 한, 그것은 노동자의 년간 생산물이다. 자본가 측으로부터의 선대는 여기에서도 역시 단지, 노동자는 자기 자신의 생산수단들의 소유자도 아니고, 생산하는 중에는 다른 노동자들에 의해서 생산된 생활수단들을 마음대로 처분할 수도 없다는 데에서 유래하는 형태로서만 나타난다.

두 번째로는 그러나, 500파운드 스털링의 이 매년의 보전과는 독립적으로 존재하는, 즉 일부는 축장화폐의 형태로, 일부는 회류하는 화폐의 형태에 있는 화폐량과 관련해서는, 그것도 사정은 바로, 이 500파운드 스털링이 매년 처하는 사정과 같지 않을 수 없다. 즉, 본래 같지 않을 수 없었다. 이 점에는 이 절의 끝에서 다시 돌아온다. 그 전에 다른 몇 가지를 더 언급하자.

―――――――

회전을 고찰하면서 이미 본 바와 같이, 기타의 사정들이 불변인 경우, 회전기간의 크기가 변동함에 따라서, 생산을 동일한 규모로 수행하기 위해서 필요한 화폐자본의 량이 변동한다. 따라서 화폐유통의 탄력성은 팽창과 수축이라는 이 변동에 적응할 만큼 충분히 크지 않으면 안 된다.

나아가서, 다른 사정들은 불변― 노동일의 길이, 강도 및 생산성 역시 불변 ―인데, 임금과 잉여가치 사이의 가치생산물의 분할이 변하여, 전자가 상승하고 후자가 하락한다고, 혹은 그 역

(逆)이라고 가정하더라도, 회류하는 화폐의 량은 그것에 의해서 영향을 받지 않는다. 이러한 변화는 회류하고 있는 화폐량의 어떤 팽창이나 수축이 없이도 발생할 수 있다. 특히, 임금이 전반적으로 상승하고, 그리하여 — 전제된 제조건 하에서 — 잉여가치률이 전반적으로 하락하지만, 그 외에, 마찬가지로 가정에 따르면, 유통하는 화폐량의 가치에는 결코 아무런 변화도 일어나지 않는 경우를 고찰해 보자. 이러한 경우에는, 가변자본으로서 선대되지 않으면 안 되는 화폐자본, 따라서 이러한 기능에 이용되는 화폐량이 물론 증대한다. 그러나 가변자본의 기능을 위해서 요구되는 화폐량이 증대하는 바로 그만큼, 바로 그만큼 잉여가치가 감소하며, 따라서 그것을 실현하기 위해서 필요한 화폐량도 역시 감소한다. 상품가치의 실현을 위해서 필요한 화폐량의 총액은, 이 상품가치 그 자체와 마찬가지로, 그것에 의해서는 영향을 받지 않는다. 개별자본가에게 있어서는 상품의 비용가격이 상승하지만, 그 사회적 생산가격은 여전히 변하지 않는다.*1 변하는 것은, 불변적 가치 부분을 도외시하면, 상품의 생산가격*2이 임금과 이윤으로 분할되는 비율이다.

그러나 이렇게들 얘기한다. 가변적 화폐자본(화폐의 가치는 당연히 불변인 것으로 전제되어 있다)을 더 많이 투하하는 것은, 그만큼 더 많은 량의 화폐자금이 노동자들의 수중에 있는 것을

---

*1 [역주] '비용가격'이란 상품을 생산하기 위해 소비된 '불변자본(c) + 가변자본(v)', 즉 '생산수단의 가격 + 노동력의 가격'이며, '생산가격'이란 '비용가격 + 평균이윤'이다. 이에 관해서는 제3권의 제1편 및 제2편에서 상세히 논해진다. (新日本出版社판에도 유사한 역주가 있다.)

*2 [역주] '불변적 가치 부분을 도외시한 상품의 생산가격'이란 결국 상품의 생산가격에 포함되어 있는 가치생산물(v + m)이며, 이때 m은 평균이윤이다.

의미한다. 그 결과 노동자들의 측에서 상품에 대한 더 많은 수요가 생긴다. 그 다음 결과는 상품들의 가격 상승이다. — 혹은 이렇게도 얘기한다: 임금이 오르면, 자본가들이 상품의 가격을 올린다. — 두 경우 모두, 임금의 전반적인 상승이 상품 가격의 상승을 야기하고 있다. 그리하여, 가격의 상승을 이제 이런 방식으로 설명하든, 다른 방식으로 설명하든, 상품들을 유통시키기 위해서는 더 많은 화폐량이 필요하지 않을 수 없다.

첫 번째 견해에 대한 답변: 임금이 상승하면 그 결과 특히 생활필수품들에 대한 노동자들의 수요가 증대한다. 보다 적은 정도로 지만, 사치품들에 대한 그들의 수요가 증가하거나, 이전에는 그들의 소비 영역에 속하지 않았던 물품들에 대한 수요가 나타날 것이다. 생활필수품들에 대한 돌연하고 대규모의 수요 증대는 무조건 그것들의 가격을 일시적으로 상승시킬 것이다. 그 결과: 사회적 자본의 보다 더 큰 부분이 생활필수품의 생산에 사용되고, 보다 더 적은 부분이 사치품들의 생산에 사용된다. 왜냐하면, 감소된 잉여가치 때문에, 그리하여 또한 사치품들에 대한 자본가들의 수요의 감소 때문에, 그것들의 가격이 하락하기 때문이다. 그에 반해서 노동자들 자신이 사치품을 구매한다면, 그들의 임금의 상승은 — 그 범위 내에서는 — 생활필수품들의 가격을 상승시키는 작용을 하지 않고, 단지 사치품의 구매자들을 바꿀 뿐이다. 노동자들이 지금까지보다 더 많은 사치품을 더 소비하고, 그에 비례하여 자본가들의 소비가 적어진다. 그뿐이다(Voila tout). 약간의 동요 후에 이전과 같은 가치의 상품량이 유통한다. — 일시적인 동요와 관련해서는, 그 결과는, 지금까지 거래소에서 투기를 하고 있었거나 외국에서 용처(用處)를 찾고 있던 유휴 화폐자본을 국내의 유통에 투입하는 것 이외엔 아무것도 없을 것이다.

제17장 잉여가치의 유통 521

두 번째 견해에 대한 답변: 만일 자본주의적 생산자들이 자기들의 상품의 가격을 임의로 인상할 수 있다면, 그들은 임금이 상승하지 않아도 그렇게 할 수 있을 것이고, 또 그렇게 할 것이다. 임금은, 상품가격들이 하락하는 경우에는 결코 상승하지 않을 것이다. 자본가계급은, 지금은 그들이 일정하고 특수한, 말하자면, 국지적인 사정 하에서 예외적으로만 실제로 하고 있는 것을 언제나 그리고 어떠한 사정 하에서도 할 수 있다면,[*1] ─ 즉, 임금이 상승할 때마다 그것을 이용하여 상품가격들을 훨씬 더 높은 정도로 인상하고, 따라서 더욱더 큰 이윤을 챙길 수 있다면,[*1] 노동조합(Trade-Unions)을 결코 반대하지 않을 것이다.

사치품에 대한 수요가 (사치품에 대한 구매수단들이 감소된 자본가들의 수요가 감소한 결과로) 감소하기 때문에 자본가들은 사치품의 가격들을 인상할 수 있다는 주장은, 수요와 공급의 법칙의 전적으로 독창적인(originell)[*2] 적용일 것이다. 사치품에 대한 구매자들이 단순히 교체되어, 자본가 대신에 노동자가 등장하지 않는 한 ─ 그리고 이 교체가 일어나는 한, 노동자들의 수요는 생활필수품들의 가격 상승을 일으키지 않는데, 왜냐하면 노동자들은, 임금 추가분 가운데 자기들이 사치품들에 지출하는 부분을 생활필수품들에 지출할 수 없기 때문이다 ─, 사치품들의 가격은 수요가 감소한 결과 하락한다. 그 결과 자본은, 사치품의 공급이 사회적 생산과정에서의 그 변화된 역할에 상응하는 정도로 축소될 때까지 사회적 생산으로부터 회수된다. 생산이 이렇게 감소됨

---

*1 [역주] "...ㄹ 수 있다면"이 독일어 원문에는, "da ... könnte", 즉 "...ㄹ 수 있을 것이기 때문에"인데, 영어판의 "if ... could"에 따라 번역하였다.

*2 [역주] 참고로, 'originell'에는, '기묘한·별난·우스꽝스러운' 등의 의미도 있다.

에 따라 사치품은, 그 외에 가치 변화가 없다면, 재차 그 정상 가격으로 상승한다. 이러한 수축 또는 이러한 평균화 과정이 진행되는 동안, 생활수단들의 가격이 오르는 경우, 다른 생산부문으로부터 인출되는 만큼의 자본이, 그 수요가 충족될 때까지 생활수단의 생산에 마찬가지로 끊임없이 공급된다. 그러면 다시 균형이 잡히는데, 이 모든 과정의 결말로, 사회적 자본이, 그리하여 또한 화폐자본이 생필품의 생산과 사치품의 생산 사이에 분배되는 비율이 달라져 있다.

일체의 이론(異論)은 자본가들과 그들의 경제학적 알랑쇠들(Sykophanten)의 공갈협박(Schreckschuß)이다.

이러한 공갈협박에 구실을 제공하는 사실들은 3종류가 있다.

1) 유통하는 상품의 가격 총액이 증대하면 — 가격 총액의 이 증대가 동일한 상품량에 대해서 발생하든, 아니면 증대된 상품량에 대해서 발생하든 —, 다른 사정들이 불변인 경우, 유통하는 화폐량이 증대한다는 것은, 화폐유통의 일반적 법칙이다. 그런데 결과가 원인과 뒤바뀌고 있다. 임금은, 생활필수품들의 가격이 상승함에 따라서 (드물게 그리고 예외적으로만 비례적으로지만) 상승한다. 임금의 상승은, 상품가격 상승의 결과이지, 그 원인이 아니다.

2) 임금이 부분적으로 혹은 국지적으로 상승하는 경우에는 — 즉, 단지 개별적 생산부문들에서만 상승하는 경우에는 — 이에 의해서 이 부문들의 생산물들의 국지적 가격 상승이 뒤따라 일어날 수 있다. 그러나 이조차 많은 사정들에 달려 있다. 예컨대, 여기에서는 임금이 비정상적으로 억눌려 있지 않았고, 그리하여 이윤율이 비정상적으로 높지 않았다든가, 이들 상품의 시장이 가격 상승에 의해서 좁아지지 않았다든가 (따라서 그 가격 상승을 위

해서 그 공급을 미리 축소할 필요가 없다든가), 등등.

3) 임금이 전반적으로 오르는 경우, 가변자본이 우세한 산업부문들에서 생산되는 상품들의 가격은 상승하지만, 그 대신 불변자본 혹은 고정자본이 우세한 부문들에서는 하락한다.

단순 상품유통에서(제1권, 제3장, 제2절) 명백히 드러난 것처럼, 어떤 일정한 상품량이나 유통의 내부에서는 그 화폐형태는 단지 사라질 뿐이지만, 상품의 변태(變態, Metamorphose)의 경우 한 사람의 수중에서 사라지는 화폐는 반드시 다른 사람의 수중에서 자리를 잡는 것이며, 따라서 우선 먼저 상품들은, 전면적으로 교환되거나 서로 대체될 뿐 아니라, 이 대체는 또한 화폐의 전면적인 침전(沈澱)에 의해서 매개되며,[*1] 또 그 침전을 수반한다. "상품에 의한 상품의 대체는 동시에 제3자의 수중에 화폐상품을 남겨둔다. 유통은 끊임없이 화폐를 분비하는 것이다."(제1권, S. 92.[*2]) 이 동일한 사실이 자본주의적 상품생산의 기초 위에서는, 자본의 일부분은 끊임없이 화폐자본의 형태로 존재하며, 잉여가치의 일부분도 마찬가지로 그 소유자의 수중에서 끊임없이 화폐형태로 있다는 것으로 표현된다.

이 점을 도외시하면, 화폐의 순환— 즉, 그 출발점으로의 화폐의 환류 —은, 그것이 자본의 회전의 한 계기를 형성하는 한에서는, 일련의 손을 거치면서 그 출발점으로부터 끊임없이 멀어져가

---

*1 [역주] "매개되다(vermittelt werden)"가 영어판에는, "촉진되다(be promoted)". 또한 참고로, "매개되며"는 "성사되며"로 번역할 수도 있다.

*2 [*MEW*, 편집자주] *MEW*, Bd. 23, S. 127[채만수 역, 제1권, 제1분책, p. 191]을 보라.

는 것을 표현하는(제1권, S. 94.*¹) 화폐의 회류33와는 전혀 다른, 아니 심지어는 상반되는 현상이다. 그럼에도 불구하고, 회전의 가속화는 당연히(eo ipso) 회류의 가속화를 포함하고 있다.

우선, 가변자본과 관련해서는: 예컨대, 어떤 500파운드 스털링의 화폐자본이 가변자본의 형태로 1년에 10번 회전한다면, 유통 화폐량의 이 약수(約數) 부분이 자신의 10배의 가치량 = 5,000파운드 스털링을 유통시킨다는 것은 명백하다. 그것은 1년에 10번 자본가와 노동자 사이에서 회류한다. 노동자는 유통하는 화폐량의 동일한 약수 부분으로 1년에 10번 지불받고 또 지불하는 것이다. 생산규모가 동일한 경우 만일 이 가변자본이 1년에 1번 회전한다면, 5,000파운드 스털링의 단 1번의 회류가 일어날 것이다.

나아가서: 유동자본의 불변적 부분이 = 1,000파운드 스털링

---

*1 [*MEW*, 편집자 주] *MEW*, Bd. 23, S. 128/129[채만수 역, 제1권, 제1분책, pp. 193-194]를 보라.

33 중농주의자들은 아직 이 두 현상들을 뒤죽박죽 혼동하고 있지만, 하지만 그들은 화폐의 출발점으로의 그 환류를 자본 유통의 본질적인 형태로서, 즉 재생산을 매개하는 유통의 형태로서 강조하는 최초의 사람들이다. "≪경제표(Tableau Économique)≫를 보면 알 수 있듯이, 다른 계급들이 생산적 계급으로부터 생산물들을 구매하는 화폐는 생산적 계급이 주며, 다른 계급들은 다음 해에 생산적 계급으로부터 동일한 구매들을 함으로써 이 화폐를 생산적 계급에게 돌려준다. ... 따라서 여기에서 보는 것은, 재생산이 뒤따르는 지출과, 지출이 뒤따르는 재생산의 순환; 즉 지출과 재생산을 측정하는 화폐의 유통에 의해서 운행되는 순환 이외의 아무것도 아니다."(케네(Quesnay), ≪상업과 수공업자의 노동에 관한 대화(*Dialogues sur le Commerce et sur les Travaux des Artisans*)≫, 데르(Daire) 편, ≪중농주의학파(*Physiocrates*)≫, 제1부, p. 208, 209.) "이러한, 자본의 끊임없는 선대와 환류는, 화폐유통이라고 불러야 하는 것을 형성하는 것이며, 이 유용하고 생산적인(fruchtbar) 화폐유통은 사회의 모든 노동이 활기를 띠게 하고, 정치적 단체에서의 운동과 생명을 유지하여, 동물의 신체에서의 혈액순환과 비교하는 것은 전적으로 정당하다."(뛰르고(Turgot), ≪부의 형성과 분배에 관한 고찰(*Réflexions*, etc.)≫, 데르 편, ≪저작집(*Oeuvres*)≫, 제1부, p. 45.)

이라고 하자. 이 자본이 10번 회전한다면, 자본가는 자기의 상품을 1년에 10번 판매하고, 따라서 그것들의 가치의 불변적 유동부분도 1년에 10번 판매한다. 유통 화폐량 가운데 이 동일한 약수 부분(= 1,000파운드 스털링)이 1년에 10번 그 소유자의 수중에서 자본가의 수중으로 넘어간다. 이는 어떤 한 사람의 수중으로부터 다른 사람의 수중으로의 이 화폐의 10번의 위치변환이다. 둘째로: 자본가는 1년에 10번 생산수단들을 구매하며; 이는 다시 어떤 한 사람의 수중으로부터 다른 사람의 수중으로의 화폐의 10번의 회류이다. 1,000파운드 스털링이라는 액수의 화폐로 10,000파운드 스털링어치의 상품이 산업자본가에 의해서 판매되고, 다시 10,000파운드 스털링어치의 상품이 구입되는 것이다. 화폐 1,000파운드 스털링의 20번의 회류에 의해서는 20,000파운드 스털링의 상품 재고가 유통된다.

마지막으로, 회전이 빨라지는 경우, 잉여가치를 실현하는 화폐 부분도 보다 더 급속히 회류한다.

그에 반해서, 보다 더 급속한 화폐 회류가 거꾸로 반드시 보다 더 자본 회전, 따라서 또한 화폐 회전을 포함하는 것은 아니다. 다시 말하면, 생산과정의 단축과 보다 더 급속한 갱신을 반드시 포함하는 것은 아니다.

보다 급속한 화폐 회류는, 동일한 화폐량으로 보다 많은 량의 거래가 수행될 때마다 일어난다. 이러한 경우는, 자본의 재생산 기간이 동일한 경우에도, 화폐 회류를 위한 기술적 시설들*1이 변화된 결과로 있을 수 있다. 나아가서는: 현실적인 상품매매를 표현하지 않고도, 화폐가 회류하는 거래의 량이 증대할 수 있다

---

*1 [역주] 원문은 "Veranstaltungen"인데, 영어판의 "facilities"에 따라 번역하였다.

(증권거래소에서의 차액 거래 등). 다른 한편에서는, 화폐 회류가 전혀 없을 수도 있다. 예컨대, 농부 자신이 토지소유자인 경우에는 차지농업가와 토지소유자 사이에 화폐 회류는 결코 발생하지 않으며; 산업자본가 자신이 자본의 소유인인 경우에는 그와 신용공여자 사이에 회류는 결코 발생하지 않는다.

한 나라에서의 축장화폐의 최초의 형성 및 소수자에 의한 그것의 획득과 관련해서는, 여기에서는 더 들어갈 필요가 없다.

자본주의적 생산양식— 그 기초는 임금노동이며, 따라서 또한 노동자에게의 화폐로의 지불이고, 무릇 현물지급의 화폐지급으로의 전화이다 —은, 유통과 유통에 의해서 야기되는 축장화폐의 형성(준비금 등)을 위해서 충분한 화폐량이 국내에 현존하는 곳에서 비로소 보다 더 넓은 범위에서 그리고 보다 더 심도 있게 발전할 수 있다. 이것은 역사적 전제이다. 그렇다고 해서 문제를, 우선 충분한 축장화폐량이 형성되고 나서야 비로소 자본주의적 생산이 시작된다고 이해해서는 안 되지만. 그렇지 않고, 자본주의적 생산은 그 조건들의 발전과 동시에 발전하며, 이들 조건의 하나가 귀금속의 충분한 공급이다. 그리하여 16세기 이래의 귀금속의 공급 증대는 자본주의적 생산의 발전사(發展史)에서 하나의 본질적인 계기를 형성하고 있다. 그러나 자본주의적 생산양식의 기초 위에서 필요한 화폐재료의 보다 더 많은 공급이 문제인 한에서는, 한편에서는 생산물 속의 잉여가치가, 그것의 화폐화를 위해 필요한 화폐 없이, 유통에 투입되며, 다른 한편에서는 금(金) 속의 잉여가치가, 생산물의 화폐로의 사전(事前)의 전화 없이, 유통에 투입된다.

화폐로 전화되어야 하는 추가적인 상품들이 필요한 화폐량을 발견하는 것은, 다른 한편에서 상품으로 전화되어야 하는 금(과 은)이, 교환에 의해서가 아니라, 생산 그 자체에 의해서 유통에 투입되기 때문이다.

제2절 축적과 확대재생산

축적이 확대된 규모에서의 재생산이라는 형태로 이루어지는 한에서는, 그것이 화폐 유통과 관련한 어떤 새로운 문제도 결코 제기하지 않는다는 것은 명백하다.

증대되는 생산자본의 기능을 위해서 필요한 추가적 화폐자본과 관련해서는, 그것은, 실현된 잉여가치 가운데, 수입(收入)의 화폐형태로서가 아니라 화폐자본으로서 자본가들에 의해서 유통에 투입되는 부분에 의해서 공급된다. 그 화폐는 이미 자본가들의 수중에 있다. 단지 그 사용이 다를 뿐이다.

그런데 이제 추가적인 생산자본에 의해서 추가적인 상품량이 그 생산물로서 유통에 투입된다. 이 추가적 상품량과 더불어 동시에 그것을 실현하기 위해서 필요한 추가적 화폐의 일부분이, 즉 이 상품량의 가치가 그것을 생산하는 데에 소비된 생산자본의 가치와 같은 한에서는, 유통에 투입되었다. 이 추가적 화폐량은 바로 추가적 화폐자본으로서 선대되어 있었으며, 따라서 자본가의 자본의 회전에 의해서 그에게로 환류한다. 여기에서 다시 위에서와 동일한 문제가 등장한다. 지금 상품형태로 현존하는 추가적 잉여가치를 실현하기 위한 추가적 화폐는 어디에서 오는가?

일반적인 대답은 다시 동일하다. 유통하는 상품량의 가격 총액이 증대한 것은, 소여(所與)의 상품량의 가격이 상승했기 때문이 아니라, 지금 유통하고 있는 상품의 량이 이전의 유통 상품의 량보다 더 크고, 이것이 가격의 하락에 의해서 상쇄되지 않았기 때문이다. 더욱 큰 가치를 가진 더욱 큰 이 상품량의 유통을 위해서 필요한 추가적 화폐는, 유통하는 화폐량의 가일층의(erhöht) 절약— 지불 등의 상쇄에 의해서든, 동일한 화폐조각들의 회류를 가속하는 수단들에 의해서든 —에 의해서, 아니면 또한 축장화폐 형태로부터 유통하는 형태로의, 화폐의 전화에 의해서 조달되지 않으면 안 된다. 이 후자는 단지, 유휴상태에 있는 화폐자본이 구매수단 혹은 지불수단으로서 기능하기 시작한다는 것; 혹은 또한 이미 준비금으로서 기능하고 있는 화폐자본이, 그 소유자에게 준비금의 기능을 수행하는 동안, (끊임없이 대출되는 은행 예금의 경우처럼) 사회를 위해서 활발히 유통한다는 것, 따라서 이중의 기능을 수행한다는 것만을 포함하지 않고, 정체해 있는 주화준비금이 절약된다는 것도 포함하고 있다.

"화폐가 주화로서 끊임없이 유동하기 위해서는, 주화가 끊임없이 화폐로 응고되지 않으면 안 된다. 주화의 끊임없는 회류는, 주화의 크고 작은 부분들이, 유통의 내부에서 전면적으로 발생하며 유통의 조건이 되는 주화 준비금으로서 끊임없이 정체(停滯)되는 것을 조건으로 하는데, 이 주화 준비금의 형성·분배·해소 및 재형성은 끊임없이 교체되며, 그 존재(Dasein)는 끊임없이 소멸하고, 그 소멸은 끊임없이 거기에 있다. 애덤 스미스는, 주화의 화폐로의 그리고 화폐의 주화로의 이 부단한 전화를, 어느 상품소유자나 그가 판매하는 특수한 상품과 나란히, 그가 구매하기 위해서 이용하는 일정액의 일반적 상품을 언제나 준비해두지 않으면 안 될 것이라고 표현했다. 이미 본 바와 같이, 유통 W-G-W에서 두 번째 고리 G-W는 끊임없이 일련의 구매들로 분열되어, 그들 구매를 단번에 수행하지 않고, 시간상 순차적으로 수행하며, 그리하여 G의 한 부분이 주화로서 회류하는 동안에 다른 부분은 화폐로서 쉬고 있다. 이 경우 화폐는 사실상 단지 정지된 주화일 뿐이며, 회류하는 주화량의 개별적 구성부분들은 끊임없이 교체되면서, 때로는 이러한, 때로는 저러한 형태로 나타난다. 유통수단의 화폐로의 이 첫 번째 전화는 그리하여 단지 화폐 회류 자체의 한 기술적 계기를 표현할 뿐이다."(칼 맑스, ≪경제학 비판을 위하여(*Zur Kritik der Politischen Oekonomie*)≫, 1859, S. 105, 106.[*1] ─ 여기에서 화폐와 대비(對比)된 "주화"는, 다른 기능들과는 대립적으로 단순한 유통수단으로서만 기능하는 화폐를 지칭하기 위해서 사용되고 있다.)

이들 모든 수단이 충분하지 않다면, 추가적인 금이 생산되지 않으면 안 되는가, 혹은, 결국 동일한 결과로 되지만, 추가적 생산물의 일부분이 금─ 귀금속을 생산하는 나라들의 생산물 ─과 직접적 혹은 간접적으로 교환된다.

유통의 도구로서의 금과 은의 년간 생산에 지출되는 노동력과 사회적 생산수단들의 총액은, 자본주의적 생산양식의, 무릇 상품생산에 기초한 생산양식의 공비(空費, faux frais)의 중대한 항목을 이루고 있다. 그것은, 이용가능하고(öglich) 추가적인 생산 및 소비 수단들 가운데, 즉 실제의 부 가운데 그에 상당하는 액을 사회가 이용하지 못하도록 빼앗는다. 주어진 생산 규모가 불변인

---

*1 [*MEW* 편집자주] *MEW*, Bd. 13, S. 104를 보라.

경우, 혹은 생산의 확장의 정도가 주어져 있는 경우, 이 값비싼 유통기구의 비용이 감소되면, 그로 인하여 그만큼 사회적 노동의 생산력이 제고된다. 따라서 신용제도와 더불어 발전하는 보조수단들이 이러한 효과를 가지고 있다면, 그것에 의해서 사회적 생산과정 및 노동과정의 커다란 부분이 실제의 화폐의 일체의 개입 없이 수행되든, 현실적으로 기능하고 있는 화폐량의 기능 능력이 제고되든, 그 보조수단들은 직접적으로 자본주의적 부를 증대시킨다.

이것으로, 현재의 규모의 자본주의적 생산이 (단지 이러한 관점에서만 보더라도) 신용제도 없이, 즉 단지 금속유통만으로 가능할 것인가 어떤가 하는 황당한 질문도 해결된다. 이는 명백히 불가능하다. 자본주의적 생산은 오히려 귀금속 생산의 규모에서 한계를 발견할 것이다. 다른 한편에서는, 신용제도가 화폐자본을 이용할 수 있게 한다든가, 유동(流動)시키는 한에서, 신용제도의 생산력에 관해 결코 어떤 신비한 관념도 가져서는 안 된다. 여기에서는 이에 관해서 더 이상은 개진(開陳)하지 않는다.

이제는, 실제의 축적, 즉 생산 규모의 직접적인 확대가 일어나지 않고, 실현된 영여가치의 일부분이, 나중에 생산자본으로 전화되기 위해서, 길거나 짧은 기간 동안 화폐준비금으로서 적립되는 경우가 고찰되어야 한다.

그렇게 축적되는 화폐가 추가적인 것인 한에서는, 사태는 자명하다. 그것은 금을 생산하는 나라들로부터 공급되는 여분의 금의 단지 일부일 수 있다. 이 경우에는, 수입되는 이 금의 대가인 국내의 생산물은 이미 더 이상 국내에 존재하지 않는다는 것을 알아야 한다. 그것은 금의 대가로 외국에 넘겨져 있다.

그에 반해서, 이전과 동일한 량의 화폐가 국내에 있다고 가정하면, 적립된 그리고 적립되고 있는 화폐는 유통으로부터 흘러나온 것이며; 단지 그 기능만이 전화되어 있다. 그것은, 유통화폐로부터, 서서히 형성되고 있는 잠재적 화폐자본으로 전화되어 있다.

이 경우, 적립되는 화폐는, 판매된 상품의 화폐형태이며, 그것도 이 상품의 가치 가운데 그 소유자에게 있어서 잉여가치를 표현하는 부분의 화폐형태이다. (신용제도는 여기에서는 존재하지 않은 것으로 전제되어 있다.) 이 화폐를 적립한 자본가는 그만큼 (pro tanto), 구매하지 않고, 판매했다.

이 과정을 부분적으로[*1] 본다면, 아무것도 설명해야 할 것이 없다. 자본가들 중 일부분은 자신의 생산물의 판매에 의해 실현된 화폐의 일부를, 그 대신으로 시장에서 생산물을 인출하지 않고, 보유한다. 그에 반해서 다른 부분은, 사업 경영에 필요한, 끊임없이 되돌아오는 화폐자본을 제외하고는, 자신의 화폐를 전부 생산물로 전화시킨다. 잉여가치의 담지자로서 시장에 투입된 생산물의 일부는, 생산수단들이나 가변자본의 실제의 요소들, 즉 생활필수품들로 이루어져 있다. 따라서 그것은 곧바로 생산을 확대하기 위해 이용될 수 있다. 왜냐하면, 자본가들의 일부는 화폐자본을 적립하는 반면에, 다른 부분은 자신의 잉여가치를 전부 소비해버린다고 가정되어 있는 것이 결코 아니라, 단지, 자본가들의 일부는 자신의 축적을 화폐형태로 수행하는 반면에, 즉 잠재적 화폐자본을 형성하는 반면에, 다른 부분은 실제로 축적한다고,

---

[*1] [역주] "부분적으로(partiel)"가 영어판에는, "단지 개인적인 현상으로(merely an individual phenomenon)".

즉 생산 규모를 확대하고, 자신의 생산자본을 실제로 확장한다고 가정되어 있기 때문이다. 교대로 자본가들의 일부는 화폐를 적립하는 반면에, 다른 부분은 생산 규모를 확대하든, 그 역이든, 현존하는 화폐량은 여전히 유통의 필요를 위해서 충분하다. 한편에서의 화폐의 적립은 게다가, 현금(現金, bares Geld)[*1] 없이, 단지 채권의 적립만으로도 이루어질 수 있다.

그러나, 자본가계급 내에서의 화폐자본의 부분적인 축적이 아니라 일반적인 축적을 전제하면, 어려움이 발생한다. 이 계급 외에는, ― 자본주의적 생산의 일반적이고 배타적인 지배라는 ― 우리의 가정에 따르면, 노동자계급 외에 무릇 그 어떤 계급도 존재하지 않는다. 노동자계급이 구매하는 모든 것은 그들의 임금 총액과 같다. 즉, 총자본가계급에 의해서 선대되는 가변자본의 총액과 같다. 이 화폐는, 자본가계급의 생산물을 노동자계급에 판매함으로써 자본가계급에게 환류한다. 그들의 가변자본은 그럼으로써 다시 화폐형태를 취한다. 가변자본의 총액은 = x × 100파운드 스털링, 즉 1년 동안에 선대된 가변자본이 아니라 충용된 가변자본의 총액이라고 하자. 회전속도에 따라, 얼마나 많은 혹은 적은 화폐로 이 가변자본이 1년 동안 선대되는가는 지금 고찰되고 있는 문제를 조금도 변화시키지 않는다. 이 x × 100파운드 스털링의 자본으로 자본가계급은 어떤 일정한 량의 노동력을 구매한다. 즉 어떤 일정한 수의 노동자들에게 임금을 지불한다 ― 첫 번째 거래. 노동자들은 이 동일한 금액으로 일정 량의 상품을

[*1] [역주] 노파심에서 참고로 말하자면, 여기에서의 "현금(現金, bares Geld)"은, 전반적 위기가 항상화 · 격화된 나머지 은행권의 금태환을 전면적으로 중지한 시기에 '현금'으로 통칭되는 국가지폐, 즉 국가지폐화된 중앙은행권이 아니라, 현물로서의 금이고, 금화폐이다.

자본가들에게서 구매하고, 그와 더불어 x × 100파운드 스털링의 금액이 자본가들의 수중으로 환류한다 — 두 번째 거래. 그리고 이것이 끊임없이 반복된다. x × 100파운드 스털링라는 금액은 따라서 결코 노동자계급으로 하여금 생산물 가운데 불변자본을 표현하는 부분을 구매할 수 있도록, 하물며 자본가계급의 잉여가치를 표현하는 부분을 구매할 수 있도록 할 수 없다. 노동자들은 언제나 x × 100파운드 스털링으로 사회적 생산물 가운데 단지 선대된 가변자본의 가치가 표현되어 있는 가치부분과 같은 가치부분만을 구매할 수 있다.

이 전면적인 화폐축적이, 다양한 개별자본가들 사이에서의, 비율이야 어떻든, 추가적으로 수입되는 귀금속의 분배 이외의 다른 어떤 것도 표현하지 않는 경우를 도외시하면, — 총자본가계급은 어떻게 화폐를 축적해야 하는가?

그들은 모두, 다시 구매하는 일 없이, 자기들의 상품의 일부를 판매하지 않으면 안 될 것이다. 그들 모두가 어떤 일정한 화폐기금을 보유하고 있어, 그것을 그들이 자신들의 소비를 위한 유통수단으로서 유통에 투입하며, 그 가운데 어떤 일정한 부분이 유통으로부터 각자에게 다시 환류한다는 것은 전혀 아무런 신비한 일이 아니다. 그러나 이 경우 화폐기금은 바로 잉여가치의 화폐화에 의한 유통기금으로서 존재하는 것이고, 결코 잠재적 화폐자본으로서 존재하는 것이 아니다.

사태를 현실에서 일어나는 그대로 고찰하면, 나중에 사용하기 위해 적립되는 잠재적 화폐자본은 다음과 같이 구성된다:

1) 은행 예금; 그런데(und) 은행이 실제로 활용할 수 있는 것은 비교적 적은 화폐액이다. 여기에는 화폐자본이 단지 명목상으로만 적립되어 있다. 실제로 적립되어 있는 것은 화폐청구권이

며, (그것이 언젠가 화폐화되는 한에서는) 그것이 화폐화되는 것은 오직 인출되는 화폐와 예치되는 화폐 사이에 균형이 생기기 때문이다. 화폐로서 은행의 수중에 있는 것은, 상대적으로 단지 작은 금액뿐이다.

2) 국채. 이것은 무릇 결코 자본이 아니며, 국민의 년간 생산물에 대한 단순한 채권일 뿐이다.

3) 주식. 결코 사기가 아닌 한에서는, 이것은 어떤 회사에 속하는 실제의 자본에 대한 소유명의이며, 그 자본으로부터 매년 흘러나오는 잉여가치에 대한 배정요구증서이다.

이들 모든 경우, 어떤 화폐의 적립도 결코 존재하지 않으며, 한편에서 화폐자본의 적립으로 나타나는 것은, 다른 편에서는 화폐의 끊임없는, 현실적인 지출로서 나타난다. 이 화폐가 그 소유자에 의해서 지출되든, 아니면 채무자인 다른 사람에 의해서 지출되든, 그것은 사태를 아무것도 바꾸지 않는다.

자본주의적 생산의 토대 위에서는 축장화폐의 형성은 결코 그 자체가 목적이 아니며, 유통의 정체의 결과이든가 — 평상시보다 더 많은 화폐량이 축장화폐의 형태를 취하기 때문에 —, 혹은 회전에 의해서 생긴 적립의 결과이며, 혹은 마지막으로는: 이 축장화폐는 단지, 당분간 잠재적인 형태에 있는, 생산자본으로서 기능해야 할 화폐자본의 형성일 뿐이다.

그리하여 한편에서는 화폐로 실현된 잉여가치의 일부가 유통으로부터 인출되어 축장화폐로서 적립된다면, 동시에 잉여가치의 다른 부분은 끊임없이 생산자본으로 전화된다. 자본가계급 사이에서의 추가적 귀금속의 분배를 제외하면, 화폐형태에서의 적립은 결코 모든 지점에서 동시에 발생하지 않는다.

년간 생산물 가운데 잉여가치가 상품형태로 표현되는 부분에 관해서는, 년간 생산물 가운데 다른 부분에 대해서 타당한 것이 전적으로 동일하게 타당하다. 그것의 유통을 위해서는 어떤 일정한 화폐액이 요구된다. 이 화폐액은, 년간 생산되는, 잉여가치를 표현하는 상품량과 마찬가지로 자본가계급에 속한다. 그것은 자본가계급 자신에 의해서 최초로 유통에 투입된다. 그것은 유통 자체에 의해서 끊임없이 그들 사이에 새로 분배된다. 주화 일반의 유통에서처럼, 이 화폐량의 일부는 끊임없이 위치를 바꾸며 정체하지만, 다른 일부는 끊임없이 유통한다. 이 적립의 일부가, 화폐자본을 형성하기 위해서, 고의적이든 아니든, 사태는 아무것도 바뀌지 않는다.

여기에서는, 어떤 자본가가 다른 자본가의 잉여가치의 일부분 심지어는 그의 자본의 일부분까지 자기 쪽으로 잡아채고, 그리하여 화폐자본과 생산자본의 일방적인 축적과 집중이 일어나는, 유통의 모험들은 도외시되어 있다. 예컨대, A가 화폐자본으로서 적립하는, 노획된 잉여가치 부분은, B의 잉여가치 가운데 그에게 환류하지 않는 부분일 수 있다.

해설

[12] 여기에서 맑스는, 1867년 12월 2일의 ≪화폐 시장 평론(*Money Market Review*)≫에 발표된, 윌리엄스의 강연, "철도의 유지·보수에 관하여, 토목기사협회에서의 보고, 1866년 가을(On the Maintenance and Renewal of the Permanent Way)"을 인용하고 있다. (170, 181)

[13] 라드너(Lardner), ≪철도 경제: 새로운 운송기술 ... 에 관한 논문(*Railway economy: a treatise on the new art of transport ...*)≫에는 약 8%라고 말하고 있다. 정확히 8%인 경우, 본문에서 $12^1/_2$년이라고 하지 않으면 안 될 것이다. [* [역주] 영어판에는 "$12^1/_2$년"으로 되어 있다.] (172)

[14] 맑스는 그의 원고에서, 자본의 회전기간의 이런 식의 계산방법은 오류임을 지적하고 있다. 인용문 속에 제시된 1회전의 평균기간(16개월)은 $50,000의 총자본에 대한 $7^1/_2$%의 이윤을 고려하여 계산되어 있다. 이윤을 무시하면, 자본의 회전은 18개월이 된다. 이윤을 고려하지 않으면 이 자본의 회전기간은 18개월에 달한다. (186)

[15] 여기에 인용되고 있는 것은, 포터의 저서 ≪경제학: 그 대상, 용도, 그리고 원리(*Political Economy: its objects, uses, and principles*)≫, 뉴욕, 1841이다. 그 서문에서도 알 수 있는 것처럼, 이 저서의 한 커다란 부분은 실질적으로, 1833년에 영국에서 간행된 스크로프의 저서 ≪경제학의 원리(*Principles of political economy*)≫의 처음 10개 장(章)들의 복사(複寫)이다. 포터는 그것에 몇몇 변경을 가했다. [* [역주] 新日本出版社판에는, 위의 "커다란 부분"과 "영국"이 "제2부"와 "런던"으로 되어 있고, "포터는 그것에 몇몇 변경을 가했다."가 "포터는 여기에서 인용되고 있는 곳에서 원문의 파운드를 1파운드=5달러의 률(率)로 환산하는 등의 변경을 가했다."로 되어 있다. 여기에서 "파운드"는 물론 "파운드 스털링"이다.] (186)

[16] 존 스튜어트 밀(John Stuart Mill), ≪경제학의 일부 미해결 문제들에 관한 소론들(*Essays on some unsettled questions of political economy*)≫, 런던, 1844, p. 164. [* 新日本出版社 판 역주에는, p. 94를 가리키는 것으로 생각되며, p. 164라고 가리키는 것은 잘못일 것이라고 하고 있다.] (230)

[17] 램지(Ramsay), ≪부의 분배론(An essay on the distribution of wealth)≫, 에든버러, 1836, pp. 21-24. (230)

[18] 맥클라우드(Macleod), ≪경제학 요강(The elements of political economy)≫, 런던, 1858, pp. 76-80. (230)

[19] 패터슨(Patterson), ≪재정학. 실천적 논문(The science of finance. A practical treatise)≫, 에딘버러, 런던, 1868, pp. 129-144. (230)

[20] ≪마누 법전(Manava Dharma Sastra)≫ — 고대 인도의 법전(法典)으로, 그 종교적·제의적(祭儀的)·법률적 규정들은 브라만에 의해서 모든 신분들(Kasten)의 구속적 생활·행동 규범으로 고양되었다. 이 유명한 인도 법률의 작성자는, 전통적으로, 신화에 의해서 인류의 시조로 간주되는 마누(Manu)로 되어 있다.

맑스는, ≪마나봐 다르마 사스트라, 혹은 인도의 종교적·시민적 의무 체계를 포함한, 쿨루카의 주석(注釋)에 따른, 마누 법전.(Manava Dharma Sastra, or the Institute of Manu According to the Gloss of Kulluka. Comprising the Indian System of Duties, Relogious and Civil)≫, 제3판, 마드라스(Madras), 1863, p. 281 에서 인용하고 있다. (240)

도량형 및 화폐

무 게

1 톤 (영국 톤)	=20 헌드레드웨이트	1,016.05 kg
1 헌드레드웨이트	=112 파운드	50.802 kg
1 쿼터	=28 파운드	12.700 kg
1 스톤	=14 파운드	6.350 kg
1 파운드	=16 온스	453.592 g
1 온스		28.349 g
1 첸트너 (프로이쎈의)	=100 파운드	45.359 kg

귀금속·보석·약품의 중량

1 파운드 (트로이 파운드)	=12 온스	372.242 g
1 온스 (트로이 온스)		31.103 g
1 그레인		0.065 g

길 이

1 영(국) 마일	=5,280 퓌트	1,609.329 m
1 야드	=3 퓌트	91.439 cm
1 퓌트	=12 인치	30.480 cm
1 인치		2.540 cm
1 엘레 (프로이쎈의)		66.690 cm

면 적

1 에이커	=4 루드	4,046.8 m^2
1 루드		1,011.7 m^2

(현대의 1 루드[rood]는 $30^1/_4$ yd^2, 25.29 ㎡)

1 루트	14.21 m^2
1 아르	100.00 m^2
1 유겔름	2,523.00 m^2

곡물·액체의 량

1 쿼터	=8 부쉘	290.792 L
1 부쉘	=8 갤런	36.349 L
1 갤런	=8 파인트	4.544 L
1 파인트		0.568 L
1 쉐펠 (프로이쎈의)		54.96 L

통 화

(마르크 및 풰니히로의 환산률은
1871년 기준: 1 마르크 = 순금 $1/2790$ kg)

1 파운드 스털링	=20 쉴링	20.43 마르크
1 쉴링	=12 펜스	1.02 마르크
1 페니 (펜스)	=4 퐈딩	8.51 풰니히
1 퐈딩	=1/4페니	2.12 풰니히
1 기니	=21 쉴링	21.45 마르크
1 쏘브린 (영국의 금화)	=1 파운드 스털링	20.43 마르크
1 프랑	=100 쌍띰	80 풰니히
1 쌍띰 (프랑스의 보조화폐)		0.8 풰니히
1 리브르 (프랑스의 은화)	=1 프랑	80 풰니히
1 쎈트 (미국의 주화)		약 4.2 풰니히
1 드라크마 (고대 그리스의 은화)		
1 도카트 (유럽의 금화. 본래는 이딸리아의 금화)		약 9 마르크
1 마라베티 (스페인의 주화)		약 6 풰니히
1 레알 (레이스) (뽀르뚜갈의 주화)		약 0.45 풰니히